Claus Gerhard und Andreas Becker

Fliegen wo Fontane wanderte

Drachenflug-Abenteuer in der Mark Brandenburg

Die Deutsche Bibliothek - CIP-Einheitsaufnahme
Gerhard, Claus und Becker, Andreas:

Fliegen wo Fontane wanderte.
Drachenflug-Abenteuer in der Mark Brandenburg. / Claus Gerhard und Andreas Becker. -
Berlin: Silberstreif, 2002
ISBN 3-924091-06-4

Einzelne Beiträge wurden mit freundlicher Genehmigung den Zeitschriften „DHV-info“ „Fly and glide“ und „Der Lilienthaler“ entnommen.

Bestellungen über Dr. L. C. Gerhard, Oranienburger Str. 70, 13437 Berlin.

e-mail: KuddelAW@t-online.de

Umschlaggestaltung: Anika Nisser

Umschlagmotive: © Christian Barüske, Flight design und Claus Gerhard

Satz und Gestaltung: Andreas Becker und Claus Gerhard

Druck und Bindung: Druckerei Conrad GmbH, 13437 Berlin

Gedruckt auf säurefreiem und chlorfrei gebleichtem Papier.

Printed in Germany

Fliegen wo Fontane wanderte

Drachenflug-Abenteuer in der Mark Brandenburg

Claus Gerhard Andreas Becker

Mit Beiträgen von Constanze Flaskamp, Henry Maek, Neithard Müller und Ulli Schneider

Silberstreif Verlag
Berlin

Für Kuddel und Lisa

Vorwort

Fliegen ohne Motor ist mehr als nur ein begeisterndes Freizeitvergnügen, es greift tief hinein in das gesamte Leben. Berufliches und Privates muss sich unterordnen. Die wenigen Hammertage im Jahr richten sich nicht nach Werktagen und Wochenenden. Sie nehmen keine Rücksicht auf die Ausflugspläne der Familie. Und wer einen besonderen Flugtag vor sich hat, ist mit seinen Gedanken und Träumen schon lange vorher in der Luft.

Ja, Fliegen kann Lebensinhalt, Lebensform und Lebenssinn sein, mit allen Konsequenzen: Quelle für Kraft, Selbstbewusstsein und Lebensfreude, für langjährige Freundschaften und für Geselligkeit rund um die Welt. Aber auch die Gefahr fliegt mit, nicht nur die körperliche durch Unfall, auch das Zerbrechen beruflicher und privater Bindungen, denn Fliegen ist ein schmaler Grat zwischen Vernunft und Selbstüberschätzung, zwischen Selbstverwirklichung und Rücksichtslosigkeit.

In diesem Sinne ist Claus Gerhard ein Ausnahmepilot. Er gehört fliegerisch zu den besten in Deutschland, arbeitet mit hoher Verantwortung als chirurgischer Facharzt und sorgt liebevoll für seine Familie. Die Sorge um seine kleine Tochter, nach dem frühen Tod seiner Frau, veranlasst ihn jetzt auch, sich aus dem aktiven Luftsport zu verabschieden und zusammen mit seinem Freund Andreas Becker den weiten Bogen des Fliegerlebens in diesem einmaligen Buch aufblühen zu lassen.

Es enthält manches fliegerische Highlight, darüber hinaus Eindrücke aus der Vogelperspektive auf die Region Berlin-Brandenburg, die nach dem Ende der DDR, wie keine andere in Deutschland, zum Schmelztiegel für Ost und West wurde. Insofern dokumentieren die ungewöhnlichen „Draufsichten" dieses Buches auch ein Stück deutsch-deutscher Vereinigungsgeschichte.

Peter Janssen
Gründer des Deutschen Hängegleiterverbandes

Inhaltsverzeichnis

Kapitel 1

Luftsprünge

Der Traum

Fliegen wie ein Vogel – davon träumen Menschen seit jeher. So schreibt Heinz Rühmann in seinen Lebenserinnerungen (Rüh84): „Manchmal träume ich, ich fliege! Nicht mit dem Flugzeug oder Ballon, nein, selbst, ohne alles. Erst stoße ich mich vom Boden ab und mache lange elegante Sprünge; sie werden immer größer und höher. Jetzt geht es schon über Bäume und Häuser, und ich benutze zum ersten Mal die Arme. Es ist ein herrliches Gefühl zu spüren, wie ich die

Luft zerteile und wie sie mich trägt. Ich werde schneller, und es rauscht leise zu einer entfernten Musik, mit der ich im Rhythmus schwinge. In mir ist Glück. – Ja, das ist es: Fliegen als Glücksgefühl, als äußerste menschliche Möglichkeit, die Erdenschwere abzulegen."

Leider hat sich dieser uralte Fliegertraum noch nie vollkommen erfüllt. Moderne Technik gibt uns zwar einen Vorgeschmack von dem, was wirkliches Fliegen bedeutet, aber auch mit allen Hilfsmitteln bleiben wir vom einfachen Vogelflug meilenweit entfernt. Es darf also weiter geträumt werden. Nichtflieger fragen manchmal verständnislos, was das für ein Glück ist, das Gleitschirmpiloten, Drachen- und Segelflieger so mühsam und nicht ohne Gefahren am Himmel suchen. Selten sind die Antworten darauf überzeugend, denn es ist schwer, Blinden die Farbe zu beschreiben ...

Selbstverständlich können Texte und Bilder das Fliegen und den Genuss daran nicht ersetzen. Aber sie wollen Lust darauf machen, indem sie Flugerlebnisse nachzeichnen und die Schönheiten und Gemeinsamkeiten dieser besonderen Lebensart herausstellen. Vor allem möchten sie ermutigen, den einfachen Flug der Vögel nicht aus den Augen zu verlieren, der zweifellos zu den vollkommensten fliegerischen Genüssen zählt, die man erträumen kann. Motorlose Flieger sind diesem Ziel eine Flügelbreite näher als der Rest der Pilotenwelt, deshalb gilt ihnen die besondere Liebe und Aufmerksamkeit dieses Buches. Dass es sich hier überwiegend um Geschichten aus dem Leben eines kleinen Berliner Drachenflugvereins in Brandenburg handelt, ist nur ein Aspekt des großen gemeinsamen Menschenthemas der letzten 111 Jahre, der Faszination Fliegen.

Angst vorm Fliegen?

Meinen Glückwunsch! Wahrscheinlich sind Sie einer derjenigen, die mit beiden Beinen fest auf dem Boden der Realität stehen, ein gelegentliches Abheben in die Luft aber dennoch zu schätzen wissen. – Falls nicht, sieht es düster aus: Sie dürften zu jener bemitleidenswerten Minderheit gehören, die allein beim Gedanken ans Fliegen Herzrasen und schweißnasse Hände bekommt. Möglicherweise geht Ihr Stress sogar so weit, dass Ihnen auf der kleinsten Erhebung beim Blick nach unten schwindelig wird. Flugzeuge besteigen Sie nur unter Protest, und für Start und Landung brauchen Sie eine Portion Beruhigungstabletten, um nicht in jedem „Luftloch" panisch zu werden. – Schade eigentlich, Ihnen entgeht damit eines der schönsten und anregendsten Gefühle, die das Leben bereithält.

Trotzdem kann ich Ihre Flugangst voll verstehen, denn über viele Jahre litt ich selbst daran. Für mich hat die Luft auch heute noch keine Balken, und bei genauem Hinsehen muss man manchem Piloten gar potenzielle Selbstmordabsichten unterstellen. Jedesmal, wenn das Fernsehen Bilder von abgestürzten Flugzeugen oder missglückten Notlandungen zeigt, will mir das Blut in den Adern gefrieren. Dann erinnere ich mich mahnender Worte meiner Mutter, dass uns die Natur mit Flügeln ausgestattet hätte, falls die Luft unser Lebensraum wäre, und man solle den lieben Gott nicht versuchen. – Ähnliche Argumente gab es bereits zur Erfindung der Eisenbahn, womit ich sagen will: Hätten wir darauf gehört, dann säßen wir weiterhin auf den Bäumen und bewunderten neidisch die Vögel, wie sie so elegant ihre Kreise in den Himmel ziehen.

Zaghafter Versuch Irgendwann, nachdem ich etwa 30 Jahre lang allen Erfahrungen des Fliegens aus dem Weg gegangen war, wollte ich Gewissheit, selbst um den Preis der Lebensgefahr. So fiel an einem launigen Abend unter Freunden die folgenschwere Entscheidung, selbst zu erkunden, worin die legendäre Freiheit und erhabene Schönheit des Fliegens besteht und ob ich fähig bin, diesen Genuss zu erleben.

Viel zu bald wurde es damit ernst. Zwei Wochen Segelfliegen im Teutoburger Wald waren gebucht und bestätigt, was für ein Abenteuer! Gern hätte ich den mutigen Entschluss einfach vergessen, aber es gab hartnäckige Zeugen, die auf Konsequenz drängten. Die Vorstellung, vierzehn Tage nur von Fliegern und Flugzeugen umgeben zu sein, war entsetzlich. Schauer der Aufregung plagten mich bereits wochenlang im Voraus, obwohl ich durch wilde Geschäftigkeit ständig nach Ablenkung suchte – vergeblich. Es nahte der Anreisetermin, ein Sonntag, an dem man die Neulinge zum gemeinsamen Abendessen im Fliegerheim erwartete. Das konnte ich meinem schwachen Nervenkostüm unmöglich zumuten, denn bestimmt gab es in der Gesellschaft nur ein Thema: Fliegen und die Freude darauf. Mein Blutdruck würde so in die Höhe schnellen, dass ich vor Anspannung kein Auge zutun könnte, deshalb beschloss ich, den Abend und die Nacht allein in einer einsamen Pension des nächsten Dorfes zu verbringen, wo ich beim Lesen spannender Kriminalromane jeden Gedanken ans Fliegen vergessen wollte. Trotzdem schlief ich schlecht und erreichte am anderen Morgen den Flugplatz viel zu früh. Die kurze Einstimmung, in der es natürlich von Gefahrenhinweisen wimmelte, verpasste mir den Rest. Nur mit größter Überwindung betrat ich das „Schlachtfeld." Dort wartete erst einmal harte Arbeit, denn wir mussten die Flugzeuge, die in einer Halle verschachtelt über- und untereinander lagen, vorsichtig entwirren und einen halben Kilometer weit bergauf zum Startpunkt schieben. Den Jüngsten unter uns stellte man zum Autofahren ab, er sollte die 1000 Meter langen Seile nach jedem Schlepp von der Winde zurück zum Start ziehen. War das etwa Fliegen?

Aufregendes Procedere Nun folgte der Appell. Ein noch rüstig wirkender Weltkriegspilot gab sich als Fluglehrer zu erkennen, führte uns erneut den Ernst der Lage vor Augen und schloss seine Rede mit der knappen Frage: „Wer will zuerst?" Unwillkürlich trat ich einen Schritt zurück, denn eigentlich wollte ich ja gar nicht fliegen, was zur Folge hatte, dass alle anderen ihre kurzen Platzrunden drehen durften und begeistert waren. Nach jeder Landung schoben wir den schweren Vogel gemeinsam zur Startstelle zurück. Das wurde mit zunehmender Sonnenscheindauer immer schweißtreibender, lenkte aber ein wenig von meiner Flugangst ab. Irgendwann kurz vor Mittag war es dann so weit: Der Lehrer rief mich ins Flugzeug, wo ich mit zittrigen Fingern Gurt und Fallschirm festzurrte. Diese Konstruktion aus Eisenrohren, Holz und Plastikbespannung schien mir plötzlich furchtbar wackelig und unsicher. Etwas Trost spendete nur der Fall-

Abbildung 1.1: Oerlinghausen

schirm am Rücken, und während wir auf den Augenblick des Starts warteten, stellte ich mir immer wieder vor, wie man beim Absturz möglichst schnell aus der Kiste aussteigt und abspringt. Wirklich beruhigen konnten solche Gedanken aber nicht.

Dann kam der Moment, der mich in den Sitz presste und die Eingeweide umstülpte. Wir schossen steil nach oben, so dass ich nur noch Himmel sah, dabei drohten mir die Sinne zu schwinden. Plötzlich gab es einen lauten Ruck, als ob das Flugzeug zerbrechen würde, danach war alles still. Am Kabinenfenster spielte leise der Wind, ich sah vorsichtig hinaus und bemerkte, dass wir hoch über der Erde flogen. Jedenfalls kam es mir so vor. In Wirklichkeit trennten uns gerade mal 300 Meter vom Boden. Der Fluglehrer fragte, ob alles in Ordnung sei, und als ich tapfer bejahte, legte er das Segelflugzeug in eine steile Kurve. „Hier ist Thermik", verkündete er, und um sie zu nutzen, müssten wir drin bleiben. Schnell verstand ich, was er damit meinte, denn unser Vogel drehte immer weiter an derselben Stelle, während wir höher und höher stiegen. Bald drückte die eine Gesäßhälfte so sehr, dass ich nicht mehr sitzen konnte, aber nachdem ich mich endlich in die Kurve legte, wurde es besser.

Lohn der Angst Je höher wir flogen, um so kleiner schien die Welt. Der Teutoburger Wald, eben noch ein richtiges Gebirge, wirkte flach und eingeebnet, und unser riesiger Flugplatz war so winzig, dass ich Sorge bekam, ihn in der weiten Landschaft wiederzufinden. Manchmal ging ein Rütteln durch das Flug-

Abbildung 1.2: Windenschlepp-Start

zeug, das mir Angst machte, aber es hatte wohl keine Bedeutung. Als die Kreise nach einer halben Stunde immer noch nicht aufhörten, meldete sich das Frühstück zurück, deshalb kramte ich nach der Spucktüte. Da meinte der Lehrer, nun sei genug geflogen und außerdem Zeit für's Mittagessen, deshalb würden wir jetzt landen. Das war meine Erlösung. Der Brechreiz ließ nach, als das Flugzeug endlich geradeaus flog, und irgendwann berührte es erstaunlich sanft den Boden. Gott sei Dank, die Erde hatte mich wohlbehalten wieder. Mit weichen Knien entstieg ich dem Vogel wie im Traum. Die anderen aus der Gruppe kamen aufgeregt heran und riefen: „Na, wie war's?“ – „Toll natürlich“, behauptete ich, denn es musste ja so gewesen sein. Schließlich war mir die unverhoffte Ehre des ersten Thermikfluges zuteil geworden.

Zur „Strafe“ durfte ich an diesem Tag nicht mehr fliegen, weil alle in die Thermik wollten. Mir war's egal, ich musste meinen Jungfernflug erst einmal verdauen. Aber am nächsten Morgen stand für mich fest: Ich werde wieder in die Luft gehen! Der Knoten war geplatzt, Saulus hatte sich zum Paulus gewandelt. – Ob Ihnen das auch passieren könnte? Vielleicht überwinden Sie ihre Flugangst für einen Moment und probieren das Fliegen einmal aus. Es ist wirklich etwas ganz Besonderes und könnte Ihr Leben total verändern ...

Drachenfliegen lernen

Als ich vor 20 Jahren begann, mich für Drachenfliegen zu interessieren, war das der einzige bemannte Luftsport, den die Alliierten innerhalb West-Berlins duldeten. Alles andere – Segelfliegen, Fallschirmspringen, Motorfliegen oder Ballonfahren – konnte man nur mit viel Aufwand in Westdeutschland betreiben. Für jemand wie mich mit wenig Zeit zum Wochenende aber Interesse am motorlosen Fliegen war die Entscheidung deshalb einfach: Neben gelegentlichen Segelfliegerurlauben blieb als regelmäßiges Vergnügen nur der Drachenflug vom Berliner Teufelsberg. Allerdings verlangten die ersten „Hüpfer“ dort viel Mut, denn es gab noch keine Doppelsitzer-Schulung für Hängegleiter. Man lief einfach mit einem Drachen allein den Berg hinunter und flog irgendwann – entweder wie ein Vogel oder aber auf die Nase, was gelegentlich leichtere Verletzungen nach sich zog, war man doch trotz aller Anleitung ganz auf sich und sein Glück gestellt.

Eines schönen Sommertags fahre ich also hinaus zum Grunewald, um mir diesen waghalsigen Sport einmal aus der Nähe anzusehen. Fehlanzeige: Trotz des herrlichen Wetters weit und breit kein Drachenflieger am Himmel! Auch die folgenden Tage verlaufen ergebnislos. Erst zwei Wochen später erfahre ich des Rätsels Lösung: Bei Ostwind kann man am Teufelsberg nicht fliegen. Als ich schließlich Jörg treffe, der mir die Schulung anbietet, steht mein Entschluss fest. Wir verabreden uns für den folgenden Samstag um fünf Uhr an der Rodelbahn. „Damit wir alleine sind,“ erklärt Jörg den ungewöhnlich frühen Übungstermin. „Zuschauer quatschen bloß dämlich.“

Am Übungshang Als erfahrener Teufelsbergpilot hat Jörg seine Ausrüstung mitgebracht, verpasst mir Helm und Gurtzeug und zeigt, wie die Aluminiumrohre zu einem Drachengestell zusammengesteckt und mit Segel überzogen werden. Die Trapezecken des Steuerbügels versieht er mit riesigen Ballonreifen, die von einer Schubkarre stammen. Sie sollen meine harten Landungen abfedern. Nachdem ich weiß, was eine Liegeprobe ist und der Drachen richtig im Wind steht, wird es ernst. Die Pulsfrequenz steigt ins Unermessliche, als Jörg das Startkommando gibt. Dann schreit er „Laufen, laufen, laufen!“ Ich versuche zu gehorchen, aber meine Beine sind nicht schnell genug. Nun ruft er „Drücken!“, doch da liege ich schon auf dem Bauch und rutsche den Berg hinunter. Wie gut, dass ich alte Klamotten trage und die Knieschützer dabei sind. Nachdem alles wieder zurechtgerückt ist und ich völlig außer Atem am Startpunkt stehe, kann es weitergehen. Auf Kommando loslaufen, spüren, wie der Drachen fliegen will, aber ehe es so weit kommt, schleife ich schon wieder über den Boden. Das geht einige Male so, und ich denke, dass diese Art zu Fliegen wohl die anstrengendste ist, die ich kenne, denn meine Kondition hat spürbar nachgelassen. Egal, ich will heute Drachenfliegen lernen, also weitermachen!

Irgendwann an diesem Samstag passiert tatsächlich das Wunder. Nach unzähligen Anläufen trägt das dreieckige Segelgestell für wenige Sekunden. Es ist unbeschreiblich aufregend und schön: Du läufst so lange, bis Dir der Drachen die Beine wegzieht und Du fliegst – ja, Du fliegst wirklich! Als ich Jörg frage,

Abbildung 1.3: 1978 am Berliner Teufelsberg

wie hoch ich denn war, meint er: „Vielleicht zwei Meter.“ Ich bin enttäuscht. Mir kam der Abstand zur Erde viel größer vor, wie richtiges Fliegen eben. Doch bis dahin ist der Weg wohl noch weit. Trotzdem lässt mich das Gefühl des Gleitens nicht los. Ich will jetzt weiterüben! Aber bei den nachlassenden Kräften werden die Flugversuche immer unkonzentrierter. Jörg rät, die Sache für heute ruhen zu lassen. Nächstes Wochenende sei bestimmt wieder gutes Flugwetter. Also fahre ich erschöpft aber wahnsinnig glücklich nach Hause, um am folgenden Morgen die Bescherung zu spüren: Jeder Schritt ist eine Qual, denn ich habe Muskelkater in den Beinen wie nie zuvor. Auch nach einer Woche bleiben alle Treppenstufen schmerzhafte Herausforderungen. Aber wer fliegen will, muss leiden. Also ab zum Teufelsberg, wo Jörg mit dem Drachen wartet. Dort passiert dann das Unglück. Gleich beim ersten Anlauf spüre ich den brennenden Schmerz im rechten Oberschenkel, das Bein versagt, ohne dass der Drachen abhebt, während ich zu Boden stürze. Jörg muss mir aufhelfen und stellt nach kurzer Untersuchung fest: „Muskelfaserriss.“ Er soll Recht behalten, denn im Krankenhaus bekomme ich eine Gipsschiene und darf sechs Wochen lang an Stützen humpeln. Nun bleibt viel Zeit zum Nachdenken, denn es wird Herbst, ehe die Flugübungen weitergehen können.

Prüfung im Schnee Inzwischen bin ich vernünftiger geworden und verlange von meinem Körper keine Höchstleistungen mehr. Die Hüpfer in der Rodelbahn klappen schon nach wenigen Übungstagen so gut, dass Jörg den ersten

Start von ganz oben erlaubt. Aufgeregt stehe ich am Rand des 50 Meter hohen Trümmerberges, der aus Weltkriegsschutt und Resten von Hitlers wehrtechnischer Fakultät besteht (RS85), und denke, dass 50 Meter verdammt hoch sind, wenn man hinunterfliegen will. Doch jetzt gibt es kein Zurück mehr. Anlauf nehmen, und schon trägt mich der Drachen über die Wipfel des Grunewalds – unbeschreiblich. Obwohl ich motorloses Gleiten bereits aus dem Segelflugzeug kenne, fühle ich mich diesmal wie neu geboren. Das ist es – richtiges Fliegen, frei wie ein Vogel, mit Wind um die Nase und unter den Flügeln, die jetzt ein Teil meines Körpers sind. Viel zu schnell endet alles am Boden, denn ein Teufelsbergflug dauert weniger als eine Minute, er schreit deshalb förmlich nach Wiederholung. Erst als ich den Drachen zum zehnten Mal hoch trage und völlig fertig bin, kann ich aufhören. Jedoch bleibt die Freude an dieser Art zu fliegen ungebrochen. Mit Gerd, der ebenso verrückt ist wie ich, bilden sich in den folgenden Wochen regelrechte Wettflüge heraus. Am 4. Dezember, es liegt bereits Schnee in Berlin, erhalten wir nach bestandener Prüfung den begehrten Lernschein und sind überglücklich, denn die Lizenz soll uns zu Höherem befähigen.

Verpatzter Höhenflug Aus den Wünschen wird erst im nächsten Osterurlaub Wirklichkeit, als ich mit Freunden nach Kössen in Tirol fahren kann, damals das Eldorado für Drachenflieger, heute mehr ein Tipp für Gleitschirmflieger. Gespannt verladen wir die Drachen auf die Seilbahn und lassen uns 550 Meter hoch zur Mittelstation des Unterberghorns bringen. Welche Überraschung! Hier oben liegt Schnee, und zum Starten hat man eine lange Gummimatte ausgelegt, damit die Piloten beim Anlauf festen Halt finden. Während ich das Treiben beobachte, wird mir immer mulmiger zumute, denn fast jeder zweite Drachenflieger legt einen Fehlstart hin. Meist geht er glimpflich im Schnee ab, aber einige landen auch in den Bäumen und müssen mühsam mit Leitern und Seilen geborgen werden. Na, das scheint ja ein gefährliches Vergnügen zu werden. Eberhard, der mich moralisch betreut, zieht sofort die rote Karte und bestimmt: „Du fliegst jetzt nicht!“ Das hätte ich unter den Umständen auch nicht versucht. Erst als die flache Startstelle aus einem Rotor herausgelegt wird, darf ich Anlauf nehmen und in die Tiefe stürzen.

Leider war die theoretische Flugvorbereitung durch die Berliner Freunde etwas dürftig. Weder hat man mich vor dem Einflug ins „Bermuda-Dreieck“ links vom Startplatz gewarnt, noch weiß ich, wie man Thermik findet. In Ermangelung eines Varios folge ich dem scheinbar simplen Rat: „Wenn die Luft ruckelt, musst du einkreisen, dort geht's hoch.“ Dass es auch dann in der Luft ruckelt, wenn man ins Lee fliegt und absäuft, weiß ich noch nicht, soll es aber sofort erfahren. Glücklich über den gelungenen Start und das gigantische Bergpanorama suche ich sogleich nach Aufwinden, damit der Flug möglichst lange dauern möge. Als ich nach links über die bewaldeten Hänge gleite, wird die Luft unruhiger. Hier muss die berühmte Thermik sein, also einkreisen und drinbleiben! Das Kurvenfliegen nimmt meine Aufmerksamkeit so in Anspruch, dass ich im Sinkflug die näher kommenden Baumwipfel erst bemerke, als ein Ausweichen nicht mehr möglich ist. Die linke Tragfläche streift die Äste, reißt mich herum, ich stürze in die Tiefe, kann im Fallen den Drachen noch herausdrücken, und

Abbildung 1.4: Baumlandung

schon liege ich völlig verdutzt auf einer feuchten Lichtung zwischen weidenden Bergkühen.

Nicht aufgeben! Auch die Tiere sind von dem plötzlichen Besuch überrascht und schauen entsprechend drein. Ich fasse mir ein Herz, prüfe alle Glieder und kann es nicht glauben: Außer einer Schramme am Hals bin ich völlig heil. Dafür hat es den Drachen um so mehr erwischt. Der linke Flügel hielt wohl die Aufprallenergie ab, denn er ist arg zerstört. Welch ein Glück für mich! Ich tue das Nächstliegende und ordne die Trümmer für den Abtransport, da kommen auch schon die Freunde den Berg hinaufgehetzt. Große Erleichterung, als sie sehen, dass ich okay bin. Sie tragen mein geliebtes Fluggerät zur Talstation, während ich zerknirscht hinterhertrabe. Das war's wohl mit dem Drachenfliegen zu Ostern. Als Eberhard den Schaden begutachtet, klärt er mich über die Fehler auf und verkündet anschließend: „Morgen fahren wir nach München und besorgen neue Rohre für den „Atlas", damit du übermorgen wieder fliegen kannst." In meiner Depression mag ich das nicht glauben, doch am nächsten Tag sind wir wirklich in München und bekommen Ersatzteile, die Eberhard nachmittags zu einem vollständigen Drachen zusammenschraubt, den ich am Gugelhupf einfliegen darf. Hurra, der Urlaub ist gerettet! Ab jetzt fliege ich „richtig" und bin begeistert über die Eindrücke dieser wunderbaren Bergwelt.

Bei all dem Schönen trifft uns zum Schluss ein harter Wermutstropfen. Man erzählt von einem Holländer, der mit seinem Drachen versehentlich in der Tiroler Ache landete und sich wegen der Strömung nicht aus seinem Gurtzeug befreien konnte. Er ertrank, obwohl das Wasser hier kaum einen Meter hoch steht. – Wie sagte doch Otto Lilienthal: „Opfer müssen gebracht werden!" und meinte damit wohl, dass selbst große Gefahren uns nicht vom Fliegen abhalten können, wenn wir es nur stark genug begehren. So sind wir Menschen eben …

Kapitel 2

Als Mauersegler unterwegs

Saisonstart für einen Flieger

Karfreitag – dieser Name passt so gar nicht zu heute. Karfreitage sollten von Amts wegen trübe Tage sein, damit sie uns auf die Leidensgeschichte Christi einstimmen. Statt dessen ist der Frühling mit einem Paukenschlag hereingebrochen, dass mir die Gefühle übergeschwappt sind, und jede Minute dieses Tages hat bisher nur Leben verheißen. Nach den dunklen langen Winterwochen strahlt heute überall Sonne, Sonne, Sonne!

Dieser Frühling hat mich völlig verändert – und nicht nur mich: Die Leute auf den Straßen sind bester Laune wie sonst nur selten in Berlin. Mit ihren bunten Kleidern wirken sie offen und verführerisch. Fahrradfahrer, Bootseigner und Flieger haben endgültig den Winterschlaf abgestreift. In den Zügen der Wannseebahn, die an meinem Fenster vorbeirattern, drängen sich Ausflügler wie sonst nur bei gutem Badewetter, und würde nicht jeder Blick auf die kahlen Bäume dagegen sprechen, so fühlte ich mich mitten im herrlichsten Sommer. Dabei muss gestern ein ähnlicher Tag gewesen sein, den ich unter der Anstrengung meines Krankenhausdienstes einfach verpasst habe. Zwar wehte manchmal durchs offene Fenster Frühlingsluft in das alte Gemäuer, auch kamen die Menschen mir anders vor als sonst, doch blieb alles mehr unbewusst.

In meinem Leben hat es schon viele Sonnentage gegeben. Dass dieser mich so aus der Fassung und in Stimmung bringt, kann nur an dem schroffen Gegensatz zu den letzten Monaten liegen. Für mich ist über Nacht Frühling geworden. Was wiederum zeigt, wie relativ Empfindungen sind, wie sehr wir Unterschied und Abwechslung brauchen. Das ewige Einerlei tötet starke Gefühle. Dieser Sonnentag ist nur deshalb so aufregend, weil er sich kraftvoll von allen bisherigen Wintertagen abhebt. Eingeschlagen hat er wie eine Bombe, hat alles verändert. Nun ist das Fehlen der grünen Blätter allenfalls eine Kleinigkeit, die sich von selbst erledigen wird.

Heute ist der Tag zum Heldenzeugen – für mich ein Tag zum Fliegen. Also krame ich den verstaubten Drahtesel hervor und radele erwartungsvoll durch

Abbildung 2.1: Heinz Schröder mit VK3 am Teufelsberg

den Grunewald zum Teufelsberg, wo sich Drachen- und Gleitschirmflieger treffen. Morgen, wenn der Dienst aus den Knochen ist, fliege ich mit. Bald gibt es Urlaub – Zeit zum Fliegen. Hoffentlich bleibt mir der Himmel dafür noch eine Weile gewogen …

Porta – das Tor zum Himmel

Am letzten Wochenende im September sind Gerd und ich zum ersten Mal an der Porta Westfalica geflogen, und dies war für uns ein unerwartet schönes Erlebnis. Das Gerücht, dort sei die Luft bei gutem Wetter ausgesprochen aluminiumhaltig, hatte uns bisher vom Fliegen am Wiehengebirge abgehalten. Aber nach dem frustigen Sonnabend im Nieselregen auf dem Goslarer Rammelsberg und später an der Weper, wo wir mit dem Wagen beinahe im Schlamm steckengeblieben wären, sollte am Sonntag der Wind auf Südwest drehen, und für diese Wetterlage gibt es im Norden Deutschlands weit und breit keinen anderen passenden Berg.

Also machten wir uns mit skeptischen Erwartungen am späten Vormittag von Einbeck aus auf den Weg, wo wir die Nacht im Doppelzimmer einer miesen Pension zugebracht hatten. Der Nebel lichtete sich nach und nach, so dass wir die letzten Kilometer entlang der Weser im strahlenden Sonnenschein zurücklegten und unsere Stimmung erste Wellen der Vorfreude schlug. Gerd schniefte erbärmlich. Vermutlich war ihm der nasskalte Sonnabend in sämtliche Nasennebenhöhlen gefahren, was ihn aber am Genuss seiner Rothändle ohne Filter nicht hinderte.

Vorbereitungen Nach der Ankunft in Porta folgt die übliche Routine: Fahrt zum Landeplatz, Kontaktaufnahme und erste Geländebesichtigung, Auffahrt zum 200 Meter hoch gelegenen Startplatz vor der Wittekindsburg, Scheine vorweisen und Tagesmitgliedschaft erwerben (reichlich teuer!), erneute Geländeeinweisung anhand schriftlicher Hangflugordnung, letzte Tipps zum Obenbleiben und Drachen runter vom Wagen zum Aufbauplatz, wo bereits ein buntes Treiben herrscht.

An den hell gedeckten Tischen der Burgterrasse lagern Scharen von Ausflüglern in der Sonne. Schwarz gekleidete flinke Kellnerinnen balancieren unermüdlich sahnebeladene Kuchenportionen über Kinder und Hunde hinweg ins Freie. Vor der Startrampe drängen sich Schaulustige, und weil vorerst niemand fliegen will, sind sie eifrig in die üblichen Gespräche vertieft, spekulieren übers Wetter und den Mut der Piloten, träumen laut von eigenen Heldentaten, etwa nach dem Muster: „Wenn ich jünger wäre, würde ich das auch mal probieren“, oder aber: „Hier kriegen mich keine zehn Pferde hinunter!“ Auf der Wiese und unter den hohen Laubbäumen ist viel Platz, denn bei dem schwachen Wind haben nur wenige ihren Drachen aufgebaut. Nachdem der erste Testflieger in kürzester Zeit den Landeplatz erreicht, gibt man sich gelassen: „Abwarten, das wird heute noch besser!“ In der dunstigen Ferne des gegenüberliegenden Weserufers starten und landen derweil Segelflugzeuge, die aber nicht zu uns herüber an den Hang kommen.

Spannung am Start Also an die Arbeit und den Drachen aufgebaut! In sparsamen Bewegungen folgt Handgriff um Handgriff mit ausgefeilter konzentrierter Routine. Letzter Blick auf Windsack und Wolken, aber noch bevor ich meinen Startentschluss fassen kann („Wenn ich absaufe, bleibt genügend Zeit für einen zweiten Versuch“), sind bereits zwei Piloten an die Rampe vorgerückt. Das heißt hinten anstellen und warten. Es vergehen nur wenige Augenblicke, bis der erste losläuft und aufsteigt. Sofort kommt Bewegung in die Menge. Mein Vorflieger klettert in die Startposition und sinkt nach wenigen Kurven vor dem Hang immer tiefer, doch das kann mich nicht mehr bremsen. Einer fliegt und gewinnt über uns Höhe, das gilt es nachzumachen! Rauf auf die Startrampe und in der nächsten guten Phase renne ich los. Problemlos hebt der Drachen mit wenigen Schritten ab, geht willig nach rechts über die Bäume, und schon spüre ich Wind unter den Flügeln, der mich schwungvoll und doch sanft den Hang hinaufträgt. Hurra, ich fliege! Während ich mich an diesen Gedanken gewöhne, stellt sich bereits ein unbeschreiblicher und traumhafter Genuss ein.

Herrliches Gleiten Ich beobachte den Fahrtenmesser: Nur nicht zu schnell fliegen, damit durch unnötige Geschwindigkeit die Höhe nicht verheizt wird! Wie nah kann ich an die Bäume heran, um im optimalen Steigbereich zu bleiben?

Jetzt keine hektischen Flugmanöver, die mich Höhe kosten! Wo fliegt der andere Drachen und kommen wir uns nicht ins Gehege? Wer weicht wie aus? All' das geht mir blitzschnell durchs Gehirn, während ich in weicher Herbstluft langsam aber stetig den Hang hinaufgleite. Die Weser glänzt als silbernes Band im Gegenlicht, und plötzlich merke ich im Dahinschweben, dass der Bergkamm bereits überstiegen ist, denn der Blick wird frei nach Nordosten. In der warmen Nachmittagssonne breiten sich weite bunte Felder aus, die zu kleinen Siedlungen gehören. Wo die Weser in sanften Schleifen am Horizont verdämmert, dort muss Minden liegen ...

Ich kann es nicht glauben, dass der Höhenmesser bereits mehr als hundert Meter über dem Startplatz anzeigt. Die Bergkette, die eben noch steil aussah, wirkt flach, fast eingeebnet, und die bewaldeten Hügel verlieren sich in kaum erkennbaren fernen Bögen. Platzen könnte ich vor Glück angesichts der ins kräftige Sonnenlicht getauchten Landschaft mit ihrer üppigen spätsommerlichen Farbenpracht. Schade, dass ich das Gefühl jetzt nicht mit anderen teilen kann. Diese Art zu fliegen ist wie eine Sucht: Man will das Erlebnis immer wieder. Und wenn dann endlich Wind um die Flügel weht, sind all' die anstrengenden Vorbereitungen, die langen Anfahrten und die verwarteten Stunden vergessen. Ein guter Flug wiegt sie alle mühelos auf.

An der ersten Hangeinbuchtung fliege ich in vorschriftsmäßiger Kehre zurück. Das Steigen lässt kurzfristig nach, aber je näher es wieder zum Berg geht, um so heller piept das Variometer. Noch immer sind wir zu zweit in der Luft, und zum Ausweichen ist überall Platz. Unten an der Startrampe warten die Drachen inzwischen dicht gedrängt auf thermische Ablösungen, in denen einer nach dem anderen zügig heraufsteigt. Wie klein sehen sie von hier oben aus! Frei und unbeschwert fliege ich über ihnen auf das Kaiserdenkmal zu, das sich wuchtig aus der Waldkante herausreckt. Die Einheimischen haben gewarnt, dass dort, wo die Weser den Berg zerschneidet, der Hang nicht mehr trägt, deshalb kehre ich vorher am rot-weißen Sendemast in flacher Kurve um.

Mehr als Hangaufwind Nun sind auch die Segelflieger herangekommen. Angelockt durch unsere Höhe suchen sie hier Aufwind, und es wird eng am Himmel. Ich muss nach allen Seiten sehen, die Flugmanöver der anderen möglichst im Voraus erahnen und rechtzeitig reagieren, besonders bei den Segelflugzeugen. Sie sind so unglaublich schnell. Nach kurzer Zeit merke ich, wie diszipliniert und umsichtig alle fliegen. Richtig höflich geht es zu, keiner nimmt dem anderen das Vorflugrecht, lautlos gleitet man in gehörigem Abstand aneinander vorbei. Es knistert förmlich vor guter Stimmung in der Luft. Manchmal wir die Enge erdrückend, wenn einer scheinbar den besten Aufwind nutzt, was die anderen stets wie Mücken zum Licht lockt. Mehrmals habe ich den Mut, dorthin bewusst nicht zu fliegen und bin erstaunt, dass es anderswo ebenso gut geht. Dies muss ein Supergelände sein!

Das Vario piept aufgeregter. Ein kurzer Blick in die Runde, und vorsichtig kurve ich ein. Tatsächlich, das Steigen hält an, und in mehreren Vollkreisen geht es weiter nach oben, während unter mir die Landschaftsdetails wie in einem riesigen Flickenteppich versinken. Dann habe ich den Bart auf einmal verloren.

Zwar kreist über mir ein Segelflugzeug, aber auch mit mehreren Suchschleifen ist kein Anschluss an seinen Aufwind zu finden. So gleite ich einfach irgendwohin und genieße aus der sicheren Höhe über den anderen Drachen die Natur in vollen Zügen. Manchmal spüre ich, wie die Thermik mich hebt, und gern gebe ich ihrem Drängen nach. Dann wieder stemme ich mich kraftvoll gegen den Wind und zwinge den Drachen in meine Richtung.

Kampf ums Obenbleiben Gerd, mit dem ich sonst um die Höhe wetteifere, ist diesmal nicht heraufgekommen. Wahrscheinlich plagt ihn immer noch der Schnupfen. Wolken sind inzwischen über uns aufgezogen, und in stetigem Abwärtsgleiten steuere ich die letzten sonnenbeschienenen Flecken in der Hoffnung auf Höhengewinn an. Auch meine Mitflieger halten sich kaum noch am Hang. Einer nach dem anderen dreht ab und setzt zur Landung in den Weserwiesen an. Noch fliege ich über der Bergkette, jetzt wieder dichter am Hang und kämpfe um jeden Meter meiner Höhe. Zum Glück kommt die Sonne noch einmal hervor und spendet die rettende Thermik – wie schön. Während ich dicht über den Baumwipfeln schwebe, ragt unter mir aus den Blätterkronen ein steinerner Aussichtsturm hervor, auf dessen Plattform sich freundliche Ausflügler drängen. Sie winken, rufen und fotografieren. Ich grüße zurück und tolle in wilden Steilkurven über ihnen hin und her. Doch unversehens geht dabei so viel Höhe verloren, dass ich unterhalb der Hangkante fliege. Ist es die nachlassende Konzentration nach eineinhalb Flugstunden, oder hat die Thermik mit sinkender Sonne an Kraft verloren? Aus ist es jedenfalls mit der übermütigen Freiheit, das Ringen ums Obenbleiben bestimmt wieder den Daseinskampf.

Ich versuche noch, ein paar erfolgversprechende Stellen anzufliegen, bin dabei wahrscheinlich viel zu hektisch, denn trotz aller Anstrengung kommt die Erde zügig näher, und das Landen lässt sich nicht mehr aufschieben. Jetzt braucht es noch einmal höchste Aufmerksamkeit. Während ich den Windsack am Landeplatz überfliege und meine verbliebene Höhe abschätze, ist der Reißverschluss des Gurtzeugs bereits geöffnet, die Füße sind gelockert und zum Ausstieg bereit. Der Wind hat etwas aufgefrischt und kommt hier unten aus West. Für meine Landeeinteilung bedeutet das einen etwas höher als bei Windstille angesetzten Endanflug parallel zur Weser gegen die sinkende Sonne.

Glückliche Landung Mühelos nehme ich aus der Luft Maß für einen Vorgang, der so lange Zeit nervenaufreibend weil überwiegend Glücksache war. Einmal eingeleitet kann man ihn nicht unterbrechen. Unaufhaltsam führt er in wenigen Augenblicken zu Boden, und Wind und Wetter nehmen keine Rücksicht darauf, wo und wie man unten ankommt. Alles hängt von der richtigen Einschätzung und Einteilung ab. Fliegen ist Landen! Wie wahr empfinde ich jetzt diesen Spruch. Autofahrer können das vermutlich nicht verstehen, denn sie haben jederzeit die Möglichkeit anzuhalten, rückwärts zu fahren oder einfach umzudrehen, wenn es ihnen nötig erscheint. Auch ein Motorflugzeug kann den Landevorgang bis zu einem gewissen Punkt abbrechen, durchstarten und wiederholen. Bei Gleitfliegern ist das anders. Jedesmal, wenn die Erde näherkommt, gibt es nur

Abbildung 2.2: Wittekindsburg im Wiehengebirge

einen Versuch. Jede Landung muss passen, es könnte sonst die letzte gewesen sein! Nicht umsonst gönnen Drachenflieger vor dem Start ihrem vorgesehenen Landeplatz mehr als einen flüchtigen Blick. Von unten wirkt er oft überraschend anders als aus der Luft.

Inzwischen bin ich so tief, dass kein voller Kreis mehr möglich ist. Aufmerksam beobachte ich den Luftraum und beginne mit dem Gegenanflug. Die Landewiese immer links im Augenwinkel, geht es auf eine Baumreihe zu, an die mehrere Fischteiche grenzen. Dorthin darf ich keinesfalls treiben! Da ich mit dem Wind jetzt sehr schnell über Grund bin, drehe ich frühzeitig ein und bleibe in respektvoller Parallele zu den Bäumen, um kurz vor einer hohen Pappel am Parkplatzrand in den Endanflug einzudrehen. Jetzt gibt es nur noch minimale Korrekturmöglichkeiten. Erleichtert stelle ich beim Einschweben ins Landefeld fest, dass alles wieder einmal ohne große Mühe passt. Wie oft habe ich früher den Landeplatz verfehlt, bin in Zäune geflogen, mal auf einer Straße gelandet, in Büsche geknallt oder auf dem Bauch in Gräben gerutscht – jeder Drachenflieger kennt vermutlich ähnliche Erlebnisse.

Hoch aufgerichtet gleite ich dicht über dem Boden aus, spüre den Augenblick, in dem die Luftströmung am Flügel abreißen will, und sofort wird der Steuerbügel entschlossen nach vorn gedrückt. Der Drachen bäumt sich auf, bremst, zwei leichte Schritte und ich stehe nur wenige Meter vor dem Landepunkt auf der Wiese. Etwas außer Atem aber total glücklich über diesen unerwartet schönen Flug löse ich mein Gurtzeug und trage den guten alten Vogel zum Abbauplatz hinüber, wo bereits geschäftige Enge herrscht.

Unterdessen schweben die letzten Flieger herein, und es ist jedesmal spannend, wie sie herunterkommen. Oft gibt es etwas zum Lachen, wenn sie mit dem Wind kämpfend hereintanzen oder regelrecht im Boden einschlagen. Durch einen lauten Knall werde ich plötzlich aus meiner Beschaulichkeit gerissen. Ein Drachen hat in der Endanflugkurve die große Pappel am Parkplatz gestreift, ist aber zum Glück nicht an ihr hängengeblieben. Während ein paar abgerissene Ästchen zu Boden taumeln, beendet der Pilot seine Landung, als sei nichts gewesen. Nicht auszudenken, wenn er von dem Stoß herumgerissen und aus ca. 10 Metern Höhe auf den asphaltierten Parkplatz gestürzt wäre!

Es dauert ein paar tiefe Atemzüge, bis ich diese beklemmende Vorstellung verdaut habe. Aber dann steckt mich wieder die glückliche und entspannte Stimmung an, die über allen hier unten, Drachenfliegern wie Zuschauern liegt, und während die Spätsommersonne ihre vorletzten Strahlen über die Weserwiesen schickt, machen Gerd und ich uns zufrieden auf den Rückweg ins heimische Berlin und schwelgen in Gedanken an einen Flug, der uns noch lange in bester Erinnerung bleiben wird.

Gesellenstück im Segelflug

Was für eine Aufregung! Seit dem späten Vormittag versuchte ich, meinen Überlandflug nach Höxter durchzuführen, aber es wollte und wollte nicht funktionieren. Dabei war ich extra für zwei Wochen nach Oerlinghausen gekommen, weil es an den Wochenenden mit dem 50-Kilometer-Flug bislang nicht geklappt hatte. Nun bestand zwar die ehrenvolle Erlaubnis, aber aus der Winde heraus hatte ich bisher nur peinliche Absaufer produziert. Eigentlich sah das Wetter nicht schlecht aus, darum riet der Fluglehrer zu einem F-Schlepp auf 700 Meter Höhe: „Damit du endlich Thermikanschluss bekommst." Aber auch diesmal fehlte das kleine Quäntchen Glück, denn nach einer schweißtreibenden halben Stunde saß ich entnervt wieder am Boden. Sozusagen als Abschluss der Unternehmung bat ich um einen letzten Windenstart, den die Gruppe mir im sicheren Wissen um meine Niederlage großzügig gewährte.

Und dann passierte es: Nach dem Ausklinken des Windenseils stolperte ich schon auf dem Weg zu den Hängen des Teuto in einen soliden Ein-Meter-Bart, der mir 700 Höhenmeter schenkte. Nach kurzem Suchen verdoppelte sich die Steigrate sogar, und obwohl die Varionadel bei 1200 Metern weiterhin nach oben zeigte, musste ich wegen der mangelnden Sicht aussteigen, es ging nämlich direkt in die Wolken. Der Westwind hatte aufgefrischt und mich beim Thermikkreisen bereits hinter den Bombenplatz versetzt. Das war meine Chance: Wenn ich wegfliegen wollte, dann jetzt!

Hindernisse Sofort spürte ich die ungeheure Erregung in mir aufsteigen. Dieser Entschluss, das erste Mal die Flugplatzumgebung zu verlassen in dem Bewusstsein, nicht mehr zurück zu können und das Risiko einer Außenlandung auf sich zu nehmen, ließ mir das Herz bis zum Hals schlagen. Ich gab mir einen Ruck und meldete kurz über Funk: „Delta neun fünf haut jetzt ab." Es blieb eine Weile still im Funkgerät, dann fragte eine fremde Stimme: „Wo willst du denn hin?" – „Ich fliege wie besprochen nach Höxter." – „Na dann viel Glück!" Zu der Aufregung kam die Erkenntnis, dass mein Fluglehrer bereits vom Platz gegangen war. Er hatte mich und mein Vorhaben anscheinend längst abgeschrieben. Egal, ich versuchte Orientierung zu gewinnen und auf Kurs zu gehen, was zunächst recht einfach war. Der rot-weiße Sendemast im Teuto musste knapp rechts bleiben, denn hier verläuft die nördliche Grenze des Luftbeschränkungsgebietes ED-R 112 A. Geradeaus vor mir lag das Hermannsdenkmal, und links in der Ferne konnte ich Detmold mit seinem Militärflugplatz gut erkennen. Bis hierher war ich schon einige Male geflogen, aber alles, was nun folgen sollte, kannte ich allein aus der Luftfahrerkarte. Sie lag zusammengefaltet mit dem richtigen Ausschnitt nach oben zwischen meinen Knien auf dem harten Holzsitz der K 8. Oft hatten wir in den letzten Tagen zusammengesessen und versucht, uns die Merkmale dieser Flugroute aus der Karte einzuprägen. Jetzt würde sich zeigen, ob ich sie auch in der Natur wiederfände.

Nur durch Zufall und intensives Nachbohren bei den Fluglehrern war herausgekommen, dass es ungünstig ist, geradeaus nach Osten durch die thermisch sehr schwache Steinheimer Börde zu fliegen. Auf ihren Feldern sollen schon manche

Anfängerflüge vorzeitig zu Ende gegangen sein. Mit Reinhard aus der Nachbargruppe hatte ich vereinbart, die südliche Route zu nehmen, also zuerst Kurs 120 Grad an den weiten bewaldeten Hängen des Teuto entlang, um dann bei Nieheim mit Kurs 90 Grad direkt auf Höxter zuzuhalten. So weit, so gut. Aber wo befand sich Reinhard? Er, der von seinem Lehrer ebenfalls die Erlaubnis zum Überlandflug erhalten hatte, war zuletzt kurz vor mir gestartet. Ich glaubte, ihm beim Thermikkreisen einmal begegnet zu sein, aber er meldete sich über Funk nicht. Also musste ich alleine los.

Das Wetter sah dicht unter den Wolken längst nicht mehr freundlich aus. Überall schien es diesig zu sein. Das Vario meldete weiter „Steigen“ und ich begriff, dass dieser Zustand in Geschwindigkeit umzusetzen war, wollte ich nicht ganz in den Wolkenfetzen verschwinden. Geschwindigkeitsmesser und Vario zeigten mir an, dass die alte K 8 bei 120 km/h immer noch leicht stieg, erst bei etwa 140 Sachen zischte sie mit gleichbleibender Höhe dahin. Nachdem die starken Ruderkräfte dieser Fluggeschwindigkeit ausgetrimmt waren, atmete ich auf. Das fing ja gut an! Unter den Wolken, die mir jetzt begegneten, gab es überall großflächige Aufwinde, kurbeln war nicht nötig, wenn man nur dicht genug unter ihnen blieb. Also richtete ich das Tempo jeweils so ein, dass damit die Höhe gehalten wurde.

Das ging gut bis etwa Horn–Bad Meinberg, welches ich an einem qualmenden Schornstein zu erkennen glaubte. Obwohl mein Flugzeug langsamer und langsamer flog, stieg es nicht mehr. Jetzt hieß es aufpassen! Mit der Geschwindigkeit des besten Gleitens steuerte ich gespannt die nächste Wolke an, doch das Sinken änderte sich nicht. Ich zwang mich zur Ruhe und zielte auf eine andere Wolke, während die Sekunden zur Ewigkeit gerieten. Laut Höhenmesser waren schon 300 Meter verloren, was mir bei der geringen Basishöhe fast wie das Ende meines Fluges erschien. Erst als ich die Wolke bereits hinter mir wähnte, kam die Erlösung. Das Vario pendelte sich bei einem Meter Steigen ein, ich drehte, konnte den Aufwind zentrieren, und nach wenigen Kreisen hatte ich die alte Höhe unter den Wolken wieder erreicht. Uff, das war noch einmal gut gegangen! Nun hieß es, schleunigst in Kursrichtung weiterzufliegen.

Nach einigen Korrekturen zeigte die Kompassnadel wieder 120 Grad, und ich war erstaunt, wie gut man aus der Höhe die Waldränder des Eggegebirges als Leitschiene erkennen konnte. Während es mit etwa 130 km/h dahinging, manchmal vorbei an tiefer hängenden Wolkenfetzen, denen ich wie Eisbergen im Meer der Lüfte auswich, ertönte plötzlich im still gewordenen Funkgerät die Frage von Peter, einem unserer Fluglehrer: „Delta neun fünf, wo steckst du denn?“ Nach einem Blick auf den Höhenmesser meldete ich betont sachlich: „In 1200 Metern kurz vor Nieheim!“ – „Na, dann hast du's ja fast geschafft“ ermunterte er mich. „Melde dich mal, wenn du den Flugplatz Höxter siehst.“ Okay, er hatte Recht. Nach meiner Schätzung waren noch knapp 20 Kilometer mit dem Wind zurückzulegen. Wenn mir unterwegs nicht eine fürchterliche Abwindzone begegnete, würde diese Höhe für den Gleitflug bis Höxter reichen.

Spannende Neuigkeiten Beim nächsten Ort, den ich aus der Luft für Nieheim hielt, versuchte ich, die markanten Kartenmerkmale mit dem Landschaftsbild

Abbildung 2.3: Streckenflugwetter in Oerlinghausen

unter mir in Einklang zu bringen. Die zweispurige Eisenbahn nach Altenbeken und die sich um sie herum schlängelnde Straße waren zweifelsfrei erkannt; sie lagen hinter mir. Die Straße, der ich jetzt folgte, kreuzte laut Karte nördlich von Nieheim einen von Höxter kommenden Weg in Form einer Unterführung und hatte im nordöstlichen Winkel eine großzügige Verbindungsschleife. Tatsächlich, die Wirklichkeit unter mir entsprach dieser Vorgabe, und andere Orte in meinem Blickfeld zur Linken kamen dafür nicht in Betracht. Ich war begeistert, dass man aus Tausend Metern Höhe solche Details erkennen konnte und begann, die K 8 genau auf Ostkurs zu bringen.

Der Himmel hatte sich inzwischen bezogen, doch blieben die Steigraten meines Segelflugzeugs unverändert gut. So konnte ich ohne Höhenverlust mit etwa 120 km/h weiter geradeaus fliegen. Mir fiel ein erster großer Stein vom Herzen: Egal, ob ich Höxter erreichte oder nicht, die 50-Kilometer-Distanz in Richtung Osten war so gut wie geschafft. Und damit würde mein Überlandflug auf jeden Fall gewertet – es sei denn, ich machte bei der Landung noch Bruch. Bei dem Gedanken an eine Außenlandung in dem hügeligen Gelände kehrte sofort die Aufregung zurück. „Hoffentlich finde ich den Flugplatz!“ schoss es mir durch den Kopf. Dieser letzte Teil des Fluges musste sozusagen freihändig absolviert werden, da markante Geländemerkmale fehlten. Zwar konnte ich anfangs einer Straße folgen, diese änderte dann aber ihre Richtung. Irgendwo rechts vom Kurs sollte an einem Bach ein Schloss liegen. Aus der Luft blieb beides verborgen.

Plötzlich schreckte mich das Geräusch von Düsentriebwerken auf, deren lautes Dröhnen den Himmel erfüllte. Obwohl die Flugzeuge nicht auszumachen waren, mussten sie ganz nahe sein. Einen Augenblick lang hatte ich Sorge, ob die Piloten mich rechtzeitig sähen, doch der nachlassende Düsenlärm signalisierte Entwarnung. Wahrscheinlich waren die Jäger irgendwo weit unter mir her gedonnert, ohne dass man ihre Tarnfarbe von den braungrünen Bodentönen unterscheiden konnte.

Mein Blick richtete sich wieder nach Osten. Dort irgendwo an einem Bergrücken nahe der Weser sollte der Flugplatz liegen. Den Fluss konnte man sicher nicht unbemerkt überqueren, also würde mir beim Absuchen des linken Weserufers die Piste irgendwann begegnen. Als nördlichen Fixpunkt hatten die Kameraden den Köterberg erwähnt, hier stände ein weithin sichtbarer Fernsehturm. Mit einem Mal fiel es mir wie Schuppen von den Augen, so dass ich heute nicht mehr weiß, was zuerst ins Blickfeld kam: Wie hingezaubert lag weit voraus die Landebahn des Flugplatzes, dahinter die silbern glänzenden Flussschleifen der Weser, an deren Ufer ganze Häuserreihen den Hang hinauf drängten, und links von mir – wie konnte es anders sein – war der wuchtige Fernsehturm des Köterbergs gar nicht zu übersehen.

Aufregende Landung Jubeln wollte ich vor Freude, denn mein Ziel lag nun zum Greifen nahe, aber bis zum Abschluss des Fluges schien Besonnenheit angebracht. Über Funk informierte ich zuerst die Schule, dass Höxter in Sicht sei. Nachdem mir Peter dies mit unverhohlenem Respekt bestätigt hatte, entnahm ich aus der Luftfahrerkarte die Funkfrequenz des Platzes, um dort meine Landung anzukündigen – doch mit der aufregenden Erkenntnis, dass diese Frequenz in meinem Funkgerät nicht zu rasten war. Nervös meldete ich den Sachverhalt nach Oerlinghausen. Peter erklärte beruhigend, dass eine Landung auch ohne Funkanmeldung möglich sei, wenn man nur das Signalfeld und die Platzrunde genau beachtete. Oh lala, das war ja zum Schluss eine unangenehme Überraschung, denn bei meiner geringen Erfahrung mit fremden Flugplätzen erschien mir die Ankunft ohne Funkkontakt besonders schwierig.

Gespannt flog ich auf den Platz zu, um die Verhältnisse aus der Nähe zu beobachten. Bald hatte ich Windsack und Signalfeld erkannt, die Graspiste neben der Asphaltbahn ausgemacht und festgestellt, dass ich bei den gegebenen Windverhältnissen von der Weser her in nordwestlicher Richtung, also auf der Landebahn drei zwo anfliegen und mit leichtem Seitenwind von links zu rechnen hätte. In Gedanken legte ich die Form der einzuhaltenden Platzrunde auf die Landschaft unter mir, suchte die Position, von der aus man den Landevorgang einleitet und rief mir ins Gedächtnis, dass der Höhenmesser an dieser Stelle noch etwa 300 Meter zeigen müsse, da ich ja von einem 120 Meter tiefer gelegenen Flugplatz gestartet war, vorausgesetzt der Luftdruck hatte sich inzwischen nicht verändert. Nachdem die Landung sozusagen theoretisch vollzogen war, wurde ich ruhiger und konnte die Landschaft und das Erlebnis des Fliegens wieder mehr genießen. Ich kramte die Kamera hervor, um noch ein paar Luftaufnahmen zu machen – wohl aus der seltsamen Befürchtung heraus, ohne solche Beweise würde vielleicht niemand glauben, dass ich wirklich hierher geflogen sei.

Während die Erde in weitschweifigen Kurven langsam aber stetig näher kam, tauchte tief unter mir ein weißes Segelflugzeug auf, das offensichtlich hier niedergehen wollte. Da man am Platz keinerlei Segelflugaktivitäten erkennen konnte, musste es ebenfalls von außerhalb kommen. Ich war erleichtert, denn das Flugzeug würde mir die Landung vormachen. Nun ging es wieder darum, Höhe und damit Beobachtungszeit zu behalten. Dabei hatte man wie so oft aus der Luft den Eindruck, das Flugzeug streife jeden Augenblick die Bäume, so dicht schien es über dem Boden zu sein, aber erst jetzt begann es seinen Landeanflug. Ich staunte, wie weit es sich im Gegenanflug vom Platz entfernte, und versuchte, mir seinen Weg einzuprägen. Der weiße Vogel landete im ersten Drittel der Piste und rollte halb schräg aus der Bahn. Wie oft hatte man mir genau das verboten! Es könnte ja dicht hinter mir jemand im Landeanflug sein, den mein Manöver im letzten Moment zum Ausweichen zwingen würde.

Der Pilot war ausgestiegen, aber niemand half ihm, sein Flugzeug zur Seite zu schaffen. So blieb die Tragfläche als Hindernis für mich in der Landebahn liegen – sehr ärgerlich! Ich würde wohl rechts vorbeikommen, aber sicherer wäre es, hoch anzufliegen und weiter hinten zu landen. Laut Höhenmesser war ich jetzt unwiderruflich an der Reihe, den Vogel heil zur Erde zu bringen. Die Anspannung wuchs, während ich den Fotoapparat verstaute und in Richtung Position segelte. Hier reichte es noch für ein paar Vollkreise bis zum Beginn des Gegenanfluges in 300 Metern. Die Landebahn ständig links im Augenwinkel, hielt ich nun gespannt auf die große Waldfläche zu. Einerseits durfte ich nicht zu weit vom Platz wegkommen, andererseits wäre ein zu nahes Anfliegen ebenso schlecht gewesen, da die Piste nicht endlos lang war. Nach einem Blick in die Runde leitete ich instinktiv den Queranflug ein und drehte kurz danach ins Endteil. Von diesem Moment an war alles Routine. Den Blick nach vorn aufs Lande-T und das am linken Bahnrand liegende Segelflugzeug gerichtet, zog ich die Klappen, und meine Maschine bewegte sich mit gleichmäßiger Fahrt genau auf den Anfang der Grasbahn zu, so als wäre ich hier schon hundertmal gelandet. Hinter der Waldkante noch einmal Fahrt aufholen, die Landeklappen etwas zurück, um an dem Segler vorbeizukommen, dann setzte das Fahrwerk weich auf der Flugplatzwiese in Höxter auf.

Überschäumende Freude Hurra, ich war am Ziel und gut gelandet! Die Erde hatte mich wieder – nun aber nicht mehr als Platzadler sondern als Segelflieger, der soeben sein Gesellenstück abgeliefert hat – wunderbar! Mit vor Aufregung zitternden Fingern löste ich die Gurte, öffnete die Haube, und da kam auch schon der Pilot der anderen Maschine heran. Meine Güte, war ich glücklich, wollte es mir aber nicht anmerken lassen. Gemeinsam schoben wir die Flugzeuge aus der Bahn, und ich versuchte noch einmal, über Funk die gute Landung nach Oerlinghausen durchzugeben. Aber es kam keine Antwort aus dem Äther. Wahrscheinlich verhinderten die umgebenden Hügel den Funkkontakt von hier aus.

Vor dem auffrischenden Wind sicherten wir die Segelflugzeuge, dann gingen wir gemeinsam hinüber zum Tower, um die Landeformalitäten zu erledigen. Dort erhielt ich den begehrten Stempel ins Flugbuch, der meinen ersten Überlandflug bestätigte, und sogleich erzählten wir uns gegenseitig unsere fliegerischen Erlebnisse. Es war wieder einmal der stets untaugliche Versuch, anderen Menschen zu schildern, was einem selbst der Zustand des Fliegens, dieser luftigen Ausgelassenheit und Freiheit bedeutet, und jedesmal im schwärmerischen Erzählen spürt man nach wenigen Sätzen, dass die eigenen Gefühle und Erfahrungen der dritten Dimension sogar Fliegerkameraden nicht wirklich zu vermitteln sind. In solchen Gesprächen entsteht viel Fliegerlatein, Verzerrungen und Übertreibungen, die geboren sind aus dem Wunsch, mitteilen zu wollen, was nicht mitteilbar ist, denn die Erlebnisse über der Erde, das Glück und die Ängste des motorlosen Fliegens verspürt nur der wirklich, der sie selbst erlebt hat. Möglichst viel von dieser gestillten Fliegersehnsucht festzuhalten und sie vor den stets größer werdenden Lücken unserer Erinnerung zu bewahren, dazu dient dieser Versuch, sie in Worten und Bildern niederzulegen …

Streckenflug mit Hindernissen

Heute weiß ich, der 10. Juni 1989 war ein Hammertag. Im Alpenbereich wurden Strecken um 200 Kilometer und ein Weltrekorddreieck über 160 Kilometer geflogen. Als ich dagegen an jenem Mittag mit dem Drachen vom Ruhpoldinger Rauschberg abhob, hielt ich das für einen Riesenfehler, denn sofort nach dem Start ging es bergab. Der üblicherweise direkt vor der Rampe stehende Aufwind war ausgeblieben, und zusammen mit mir bewegten sich mehrere Drachenflieger unweigerlich in Richtung Landeplatz. Ich wollte nicht gleich aufgeben und flog zur schroffen Südwestflanke des Berges, wo ich mich im Konturenflug aber ebenfalls abwärts kämpfte, so dass im Nu 300 Höhenmeter verloren waren. Was für eine Enttäuschung!

Der Rauschberg als Prüfung In Erwartung eines hohen und weiten Fluges trug ich wieder einmal viel zu warme Kleidung, weshalb mir die engen Kurven vor den steilen Felsen den Schweiß aus allen Poren trieben. Die Freunde, die mich nicht sehen konnten und vergeblich über dem Gipfelkreuz nach mir Ausschau hielten, hatten ihre Startvorbereitungen unterbrochen, wunderten sich aber nach einer Weile, dass mein Drachen nicht am Landeplatz erschien. Da das Funkgerät wegen eines gelockerten Steckers ausgefallen war, konnte ich ihnen von meinem verbissenen Kampf ums Obenbleiben in der Steilwand nichts mitteilen. Für dieses Abenteuer gab es gedanklich eine Grenze: Bei 500 Metern über Grund wollte ich der Qual ein Ende machen und zum Landefeld beim Fischerwirt abgleiten. Die Höhe würde für den weiten Anflug gerade ausreichen.

Doch es kam anders. Dicht vor der selbstgewählten „Schmerzgrenze“ zeigte die Varionadel zaghaftes Steigen, so dass ich langsam und nicht ohne Rückfälle etwas Höhe gewann. Jetzt nur nicht nervös werden! Immer wieder tastete ich bestimmte vielversprechende Felskanten ab, ohne dabei den notwendigen Sicherheitsabstand zu unterschreiten, ständig auf der Hut vor einer unerwarteten Bö, die mich an den Berg werfen könnte, und schließlich gab es die Belohnung: Nach einer anstrengenden Dreiviertelstunde mit Saunaatmosphäre im Gurtzeug

Abbildung 2.4: Auffahrt zum Startplatz

flog ich erstmals an diesem Tag über den Rauschberggipfel – gerade noch rechtzeitig, um meinen Freund Pepe beim Start in den gewohnten Aufwind vor der Rampe zu beobachten. Der war so mit sich selbst beschäftigt, dass er meinen Drachen gar nicht wahrnahm. Außerdem wähnte er mich längst irgendwo in einer unwegsamen Gegend am Boden, keinesfalls aber über sich am Himmel.

Mit Leichtigkeit stiegen wir unabhängig voneinander an verschiedenen Stellen zur Wolkenbasis auf, die inzwischen 900 Meter hoch über dem Gipfel schwebte – herrlich! Aus dem schweißtreibenden Hangkratzen war auf einmal entspanntes Fliegen geworden. Wir spürten Thermik unter den Flügeln, drehten genussvoll ein, und schon ging es in ruhigen Spiralen stetig nach oben. So simpel müsste Drachenfliegen immer sein! Pepe berührte zuerst die Wolkenfetzen. Kurze Zeit später musste auch ich die großzügige Energiequelle verlassen, um nicht von der riesigen Wolke verschluckt zu werden.

Fehlentscheidung Weil ich zufällig im Südwesten einen Drachen davonfliegen sah, folgte ich spontan. Der Wind blies zwar aus der Richtung, war aber so schwach, dass man gut gegen ihn vorankam. Die Entscheidung sollte sich bald als falsch herausstellen. Dabei hätte die Tatsache, dass über dem voraus liegenden Unternberg nicht ein einziger Drachen flog, mir zu denken geben müssen. So kam, was bei größerer Umsicht vermeidbar gewesen wäre: Der Unternberg wurde an diesem Junitag meine zweite schwere Prüfung, denn auch hier ging es nur

Abbildung 2.5: Startaufstellung auf dem Rauschberg

abwärts. Ich wollte es nicht glauben, suchte die gängigen Stellen so lange ab, bis alle gewonnene Höhe vergeudet war, aber der Berg trug heute einfach nicht!

Inzwischen hatte ich mein Kabelproblem gelöst, und das Funkgerät arbeitete wieder. So erfuhr ich staunend, dass Pepe eine Strecke nach Nordosten flog. Das konnte nicht wahr sein! Während mir zum zweiten Mal der Absaufer drohte, machte er Kilometer. Es blieb nichts anderes übrig, als schleunigst einen neuen Aufstiegsversuch in der Südwestwand des Rauschbergs zu starten, wo ich mit weniger als 600 Metern ankam. Und wieder verlangte der Berg viel Schweiß, Besonnenheit und fliegerisches Können, um nicht vorzeitig landen zu müssen. Diesmal kämpften wir zu dritt in der Steilwand, was den Erfolg eher behinderte. Zwar zeigte das Sinken der anderen, wo es nicht zu fliegen lohnte, aber man musste nicht nur den Felsen sondern auch zwei Drachen im Flug ausweichen. Zu allem Überfluss wurde unsere Kleinarbeit um jeden Höhenmeter von Pepes euphorischen Funksprüchen begleitet, der über die Salzburger Autobahn hinaus weit ins Alpenvorland strebte.

Mit dem Wind nach Osten Irgendwann war es geschafft: Zum zweiten Mal am selben Tag hatte ich den Rauschberggipfel im Gleitflug bezwungen, wo sich gerade mein Freund Christian auf einen neuen Start vorbereitete. Er winkte freundlich herauf, während Pepe per Funk schon den Waginger See in Sicht meldete. Die Nachricht von solchem Streckenerfolg traf meinen Fliegerehrgeiz schwer, und obwohl die Kraft nach drei Flugstunden ziemlich verbraucht war, entschloss ich mich, einen neuen Versuch – diesmal in Windrichtung nach Osten zu starten, denn Volker hatte soeben hinter Inzell gute Steigwerte durchgegeben. Wieder musste eine große Wolke als Lift herhalten, dann nahm ich Kurs auf die in der Nachmittagssonne liegende Bergwand, von der mir Einheimische verraten hatten, dass sie gegen Abend gut trage. Auf halbem Weg zu der gewaltigen Felsplatte wurde das Sinken allerdings so stark, dass ich sie bestimmt nicht erreicht hätte. Verdammt! – Also zurück und zum dritten Mal Rauschberg-Höhe tanken!

Jetzt wollte ich es geschickter anstellen und die Bewegung der Wolken ausnutzen. Mit wiedergewonnener Abflughöhe wartete ich, bis meine Wolke über Inzell gezogen war, erst dann verließ ich ihren Aufwind in Richtung Falkenstein. Endlich stimmte die Rechnung, denn bei der Ankunft über dem Gipfel gab es sogleich einen stabilen Ein-Meter-Bart, der bald in zwei Meter Steigen überging, und nach wenigen Kreisen war die Basishöhe erreicht. Der Bann schien gebrochen.

Nun regte sich ein lang verdrängtes Problem, indem meine pralle Harnblase energisch Entlastung forderte. Ungeübt, wie ich in der Position war, kostete die Erleichterung einen schönen warmen Handschuh und viele Meter Flughöhe, aber nachdem alle Reißverschlüsse wieder verzurrt waren, fühle ich mich besser. Unterdessen meldete Volker am Funkgerät überraschend seine Landung in einem engen Tal vor Berchtesgaden, von wo er zurückgeholt werden wollte. Seine Stimme klang bedrückt. Ich gab die Nachricht an die Bodenmannschaft weiter, verspürte jedoch beim Anblick der wilden Gegend keine Neigung, ihm dort Gesellschaft zu leisten. Später konnten die Rückholer den ungemütlichen Landeort aus der Nähe begutachten: Auf einer abschüssigen Wiese hatte Volker im Anflug ein paar weidende Bergkühe erschreckt, deshalb musste er zeitweise um die eigene und die Unversehrtheit seines Drachens fürchten.

Vor mir lag nun die Kette der Staufenberge, die sich als Flugroute anbot. Über ihr schwebte zwar keine Wolke, aber weil sie sonnenbeschienen war, bestand dort Aussicht auf Thermik. Das sollte leider der nächste Irrtum werden, denn beim Überflug fand ich nirgends den erhofften Aufwind. Am Reichenhaller Haus ging es bereits so tief, dass ich den Gästen auf der Terrasse in die Gläser schauen konnte. Ob sie sich über die stille Begegnung wunderten? – Für mich jedenfalls bedeutete es sehr viel, allein mit der Kraft des Windes in diese großartige Gebirgswelt vorgedrungenen zu sein.

Aufwind am Predigtstuhl Da die Karte für den Flug leichtsinnigerweise zu Hause geblieben war, versuchte ich, meine spärlichen Ortskenntnisse mit der Wirklichkeit in Einklang zu bringen: Die Häuser rechts vor mir mussten zu Reichenhall gehören, denn links lag in bedrückender Nähe der Salzburger Flughafen. Seine Kontrollzone ist für Drachenflieger tabu, deshalb drehte ich nach Süden und entdeckte bei ständig abnehmender Flughöhe irgendwo am Stadtrand eine große Landewiese. Erst ein Nullschieber ließ die Hoffnung aufkommen, der Flug könne vielleicht doch nicht zu Ende sein, und verwegen begann ich, die gegenüberliegenden Sonnenhänge des weiten Talkessels nach Aufwindquellen abzusuchen. Jetzt wollte ich nicht mehr kampflos landen. Und wirklich:

unterhalb einer betonierten Seilbahnstütze – heute weiß ich, sie gehört zur Predigtstuhlbahn – endete der Sinkflug. Von oben sah ich Gleitschirmflieger herunterschweben, und einige schienen in der Luft sogar zu steigen. Das beflügelte mich enorm. Mit Spannung steuerte ich in eine schmale, bis zum Gipfel hinaufziehende Felsschlucht, wo sich der vermutete Aufwind bestätigte – super! Respektvoll von den Felsen entfernt flog ich überwiegend Achterschleifen, erst weiter draußen wurden daraus zaghafte Steigspiralen. Dass die Zurückhaltung lebenswichtig war, zeigte prompt eine Abwindbö, die mich völlig unerwartet nahe an den Berg schleuderte. Danach dauerte es einen schrecklich langen Augenblick, bis der Drachen wieder stabil flog.

Abbildung 2.6: Easy Thermik in den Dolomiten

Oh la la, das war noch einmal gut gegangen! Aber ich durfte jetzt nicht die Nerven verlieren und den Lift verpassen. Also tastete ich mich wieder an das schroffe Gestein, und schließlich markierten auch die Gleitschirmflieger weitere Thermikquellen, so dass die Gipfelstation immer näher rückte. Unbeschreiblich stark war es, als ich in 1700 Metern aufatmen und an dem alten Gemäuer des Berghotels lautlos vorbeisegeln konnte. Auf der langgezogenen Terrasse lehnten Wanderer, denen ich zujubelte, während mein Drachen vor ihren Augen übermütig Kurvenflüge in den Abendhimmel malte. Sie grüßten freundlich, als wollten sie mir zum Sieg über die Schwerkraft gratulieren. So traumhaft schön können Himmel und Erde an einem Thermiktag sein!

Hinter der Station stieg das Gelände in flachen Almwiesen und Waldformationen weiter an, denn der eigentliche Gipfel lag noch einmal 150 Meter höher.

Ich erkannte, dass der Berg mit seiner Westflanke genau in der Abendsonne stand und vom Höhenwind angeströmt war. In dem sicheren Vertrauen, Sonne und Wind würden ihre hebende Kraft schon beweisen, beendete ich die zähe Kurbelei und hielt frech auf den Hang zu. Und tatsächlich – wie vor einem Jahr an der langen Ostflanke des Hochfelln – konnte ich mühelos den Berg hinauffliegen. Es war ein wahnsinniges Gefühl, schnurstracks mit unsichtbarer Kraft lautlos in den Himmel zu steigen. Die Leichtigkeit dieses Höhenfluges betäubte mich besonders in dem Augenblick, als der Gipfelgrat nach unten verschwand und den aufregend schönen Blick ins nächste Tal freigab.

Die Reise ins Unbekannte Da ich nun überhaupt keine Ahnung mehr über meine Flugposition hatte, bestand neben der Freude über den geschafften Aufstieg vor allem die Sorge, wohin die Reise gehen und wie sie enden würde. Der Wind machte es einfach, denn er trieb mich ostwärts über eine Hochebene ins nächste Tal, durch das sich die Eisenbahn schlängelte. Spärlichen Erinnerungen zufolge musste diese Bahn nach Berchtesgaden führen, ich war also noch nicht am Ende meiner Welt. Ein paar günstig gelegene Notlandewiesen beruhigten den vorauseilenden Blick, als ich das breite Tal querte und auf ein Felsmassiv zuflog, das beim Näherkommen immer höher vor mir aufwuchs. Zielstrebig steuerte ich einen vorgelagerten Hügel an, hinter dem der Hang eine Felsrinne nach oben bildete. Hier sollte Thermik stehen, vermutete ich keck, während der tiefe Sinkton des Varios die Nerven spannte. Bange Sekunden vergingen, bis es dicht über den Bäumen am Hang endlich aufwärts ging. Mir fiel ein Stein vom Herzen. Noch brauchte ich nicht zu landen, die Reise ins Unbekannte konnte weitergehen.

Jetzt rückte auch die Wolke in Blickfeld, der ich kreisend entgegenflog. Welch ein Erlebnis, noch einmal an diesem Tag auf dem Weg zum Himmel zu sein, denn in der ruhiger gewordenen Luft machte der gleichmäßige Lift unglaublichen Spaß! Wieder konnte ich mühelos über einen Bergrücken schauen und voller Neugier sein, was das nächste Tal an Überraschung bringen würde. Doch vorerst gab es kein Tal. Unter mir hatte sich eine weitschweifige hügelige Hochebene aufgetan, an deren rechtem Rand ein merkwürdiger Turm ins Abendlicht ragte. Das konnte nur die Berchtesgadener Skisprungschanze sein. Erst unerreichbar weit voraus ahnte man die breite Senke. Unerreichbar um so mehr, als auf dem Weg dorthin der Himmel tiefstes Blau zeigte, nicht eine Wolke, die den rettenden Aufwind markierte!

Ich wollte wenigstens bis zum Rand des Hochlands fliegen und nur im äußersten Notfall unterwegs in der Einsamkeit niedergehen. Also begann ich meine Reise mit bester Gleitgeschwindigkeit, indem ich bei vermehrtem Sinken etwas schneller, im geringen Sinken langsamer flog. Obwohl das Vario unerbittlich nach unten zeigte, stellte ich schließlich fest, dass in der voraus liegenden Niederung ein Fluss lief, dessen Schleifen beim Weiterfliegen immer deutlicher wurden. Gott sei Dank, nun schien das Tal auch ohne Thermik erreichbar.

Salzburg Airport voraus Es sollte keine Täuschung sein. Mit komfortabler Höhe segelte ich in eine weite Ebene, links verdämmerte die Landepiste des

Salzburger Flughafens im Dunst, und unter mir, verwoben in die Flussschleife der Salzach, schlängelte sich die Autobahn. Das Häusergewirr an den Ufern musste Hallein sein, denn irgendwie entsann ich mich jener markanten Autobahnausfahrt nahe der Grenze. Eine endlos riesige Wiese vor dem Ort schien für die Landung wie geschaffen: Total eben und in optimaler Verkehrslage, so dass Telefon und Kneipe problemlos erreichbar sein würden. Der Anblick und die Aussicht auf ein kühles Getränk wirkten so einladend, dass ich einfach nicht mehr weiterfliegen wollte, zumal meine geographischen Vorstellungen hier endgültig versagten. Allenfalls gab es die dunkle Ahnung, dass ganz weit im Osten die Stadt Wien liegen müsse. Dazwischen zeigte die Landkarte in meinem Kopf nur weiße Flecken.

Noch etwas drängte zur Landung: Die in der Ferne einsehbare Betonpiste bewies mit unangenehmer Deutlichkeit, dass ich gerade die südliche Einflugschneise von Salzburg Airport kreuzte. Mein Blick schweifte aufmerksam in die Runde, um rechtzeitig ein nahendes Flugzeug zu entdecken. Trotzdem war klar, dass die Begegnung allein wegen der Luftverwirbelungen gefährlich sein würde, falls überhaupt ein Ausweichen möglich wäre. Ich redete mir ein, dass die Fortsetzung meines Kurses auch für den Gegenanflug der Salzburger Platzrunde Probleme bedeuten könnte. Also nichts wie hinunter auf die große Wiese an der Autobahn! Mit steilen Vollkreisen tobte ich in die Tiefe, nicht ohne den Wind anhand der Versetzung zu erfliegen. Er wehte nur schwach von Norden talaufwärts.

Durst ist schlimmer Während der Landevorbereitungen machte sich auf einmal die Verkrampfung meines Körpers bemerkbar. Besonders Nacken und Beine waren völlig steif und schmerzten. Ich führte schnell ein paar Lockerungsübungen im Gurtzeug durch, um Bauchlandung und Crash vorzubeugen, dann begann der aufregende Endanflug in eine fremde Gegend. Die gewählte Wiese war ideal. Aus samtweicher Luft berührte ich das kurz gefressene Gras einer Pferdekoppel dicht an einem Haus, wo ein Telefon bereitstand. Erst beim Sprechen fühlte ich den ausgedörrten Hals, in dem alle Worte klebenblieben. Nach und nach entspannte die sommerliche Wärme meinen Körper wieder. Dann legte ich in Rekordzeit den Drachen zusammen und lief ins erste Gartenlokal am Stadtrand, wo der Ober die Gläser nicht annähernd so schnell füllen konnte, wie ihr Inhalt in meiner trockenen Kehle verschwand. Welch' köstliche Erfrischung!

Schritt für Schritt kehrte nun auch das Denken wieder. Ich überlegte und staunte: Mehr als fünf Stunden Flugzeit für lumpige 35 Kilometer! Nie hätte ich geglaubt, so lange ohne Unterbrechung im Drachen fliegen zu können, aber die stets wechselnden Anforderungen hatten die Zeit nicht lang werden lassen. Höchst glücklich erlebte ich alle Phasen meines himmlischen Abenteuers noch einmal in Gedanken, während mir die letzten Sonnenstrahlen das Warten auf die Freunde versüßten. Dass am Ende dieses Hammertages nur eine relativ kleine Distanz stand, störte nicht im Geringsten. 35 hart umkämpfte Streckenkilometer, die im Repertoire eines Wettkampfdrachenfliegers kaum der Rede wert sind – für mich bedeuten sie eine großartige Lebenserfahrung, die so spannend und schön war, dass ich sie niemals missen möchte.

Heldenflugtage in den Alpen

Auf einem kleinen österreichischen Flugplatz in der Nähe des Kaisergebirges lebt unter Segelfliegern der Typ des jugendlichen Helden. Diese Pilotenspezies ist auch andernorts heimisch, nirgends jedoch traf ich ein solches Prachtexemplar, wie in den Alpentälern zwischen Salzburg und Stubai. Immer wenn der Himmel den wettkampferprobten Streckenjägern ein besonderes Abenteuermenu aus der Wetterküche verheißt, startet der tapferste Flieger früh als erster und landet am Abend zuletzt. Dazwischen liegen Stunden, in denen er mit dem Segelflugzeug 500, 700, ja manchmal sogar 1000 Kilometer im Dreieck durch den Alpenhimmel rast. Wenn so ein Tausendsassa in der allerletzten Abendthermik mit stolzgeschwellter Brust nach Hause segelt, geht seine Meldung zwar über Funk, er darf aber nicht einfach landen und sagen: „Hallo, da bin ich wieder!“ Nach solchen Himmelsritten ist er dem Publikum ein besonderes Spektakel schuldig, und das könnte so aussehen:

Zum Auftakt der Endrunde zischt er mit 250 Stundenkilometern in Augenhöhe über die Landebahn, damit alle am Flugplatz merken: jetzt kommt das Finale. Im Hochsteigen seines eleganten Flugzeuges kippt er die letzten Liter Wasser, die er für diesen Augenblick aufgespart hat, aus den Flügeltanks über das andächtig am Boden ausharrende Verehrerhäuflein, und erst beim zweiten Anflug schwebt die weiße Superorchidee unter den bewundernden Blicken der

Abbildung 2.7: Am wilden Kaiser

Abbildung 2.8: Die Loferer Steinberge

Fans majestätisch herein. Kaum merkbar berührt ihr Fahrwerk die Erde, und zielgenau rollt sie vor die Fliegerterrasse, wo der Vogel die Flügelspitze vornehm ins feucht gewordene Gras sinken lässt.

Noch sind die wenigen Eingeweihten wahnsinnig gespannt, ob er diesmal tausend Kilometer geschafft hat. Zu Füßen des wilden Kaisers ist nämlich ein König der Lüfte heimgekehrt. Es liegt zwar kein roter Teppich, auch fehlen die feierlichen Reden, trotzdem hat dieses K.-und-K.-Zeremoniell etwas Beeindruckendes. Die Zuschauer stehen reglos in dem Bewusstsein eines großen Augenblickes. Langsam öffnet der Himmelsstürmer die Haube seiner Flugzeugkabine, worauf ihm aus der Schar der Getreuen zwei wunderschöne Grazien entgegengehen. Es sind dieselben, die ihm am Morgen den Fallschirm festzurrten, das Zugseil an seiner Maschine einklinkten und dem Vogel beim Anrollen die letzte Handreichung boten, bevor er am Himmel entschwebte.

Wie eine Hostie zum Altar trägt die eine der Feen das schwere Spornrad, das der Flieger am Boden zum Rollen braucht, die andere vor allem den Hut und die Sonnenbrille, damit Abendwind und sinkende Sonne die vom Warten empfindlich gewordenen Augen nicht reizen, und beide zelebrieren gemeinsam die Ankunft ihres königlichen Helden. Der gibt sich majestätisch gelassen, indem er Kuss und Umarmung nur flüchtig erwidert. Dann hilft er den rassigen Schönen beim Wegschieben seines edlen Flugzeuges. Mit hölzernen Schritten, als müsse er nach der langen Reise das Laufen erst wieder lernen, tritt er stolz in die heimische Fliegerrunde, wo Glückwünsche und ein kühles Weißbier schon warten.

Nun beginnt der zweite Teil dieses langen großartigen Flugtages, das gemeinsame Wiederkäuen all dessen, was der berühmte Flieger diesmal erlebt hat und seinen gespannten Zuhörern wie eine Beute zum Fraß hinwirft. Wohl dem, der dabei etwas für sich ergattern und es seiner flughungrigen Seele wie eine eigene Erfahrung anbieten kann, denn er vergisst für kurze Zeit, dass er heute drei Stunden entnervt ums Obenbleiben kämpfte, einmal nur knapp einer Außenlandung entging und wieder nicht über Zell am See hinauskam, obwohl eigentlich die Alpenquerung nach Italien angesagt war. Derweil genießt die Stammtischrunde jeden Rekord, den ihr segelfliegender Held zu berichten weiß. Mal fand er Steigen dort, wo andere immer nur zu Tal gleiten, mal umflog er geschickt eine Gewitterfront und erreichte unendliche Höhen, ja einmal stieg der Teufelskerl sogar bei Regen mit 4 m/sec in den Himmel.

Plötzlich hat der Held genug von all dem Schwelgen im Unglaublichen. Er verabschiedet sich artig, und gemeinsam mit seinen hübschen Begleiterinnen braust er im PS-starken Cabrio hinaus in die laue Sommernacht. Die weniger begnadeten Piloten wittern ihre Chance und suhlen sich in den alkoholverklärten Flugrekorden dieses Tages, aber nach dem fünften Weißbier sind die meisten so breit, dass sie unauffällig ins nahe Quartier verschwinden, wo manchen der Neid noch lange wachhält.

Ich schreibe mir meinen Fliegerfrust von der Seele, finde das Leben ungerecht und will nicht begreifen, dass ich eben nur ein mittelmäßiger Segelflieger bin. Andererseits – wenn ich besser fliegen könnte, bliebe wahrscheinlich keine Zeit zum Schreiben, denn ich müsste immerzu meine Fans beglücken. Mit derart versöhnlichen Gedanken sinke ich in einen tiefen traumlosen Schlaf. Für morgen hat uns der Wetterbericht schon wieder einen Heldenflugtag versprochen ...

Love is in the air ...

Oder: Was macht Segelfliegen so erotisch?

Um ein motorloses Flugzeug in die Luft zu bringen und sicher fliegen zu können, braucht man neben einiger Übung die Anstrengung vieler Helfer. Trotzdem ist Segelfliegen kein typischer Gemeinschaftssport, eher eine Art Notgemeinschaft: Wenn alle sich Mühe geben, kann jeder mal abheben, manchmal auch zwei gemeinsam, falls ein doppelsitziges Flugzeug zur Verfügung steht. Ansonsten gehört Segelfliegen in die Kategorie „einsames Abenteuer für kernige Mannsbilder", die den Kampf mit den Tücken des Himmels jeder für sich allein bestehen.

Apropos Mannsbilder: Weibliches findet man leider selten unter Segelfliegern – wahrscheinlich deshalb, weil die viel beschworene Fliegerkameradschaft immer ein Attribut von Helden war, und die sind nun mal überwiegend männlich. Frauen fallen am Flugplatz unspektakuläre Rollen zu. Flugzeuge waschen, Startlisten schreiben oder Essen vorbereiten nach einem anstrengenden Flugtag gehören in's nützliche Repertoire. Sollten sie außerdem Bewunderer männlicher

Fliegekunst sein, eignen sie sich ganz besonders für den harmonischen Betriebsablauf. Kurzum – auch in Fliegerkreisen bilden Frauen nur das Salz in der Suppe der Männer.

Gemeinsam für Auftrieb sorgen Eine besonders vergnügliche, wenn nicht gar die reizvollste Form, den Flugbetrieb auf weibliche Art zu würzen, bildet das gemeinsame Fliegen mit einer schönen Frau – vorausgesetzt sie ist schwindelfrei, und ein zweisitziges Segelflugzeug steht bereit. Damit der (männliche) Pilot während eines solchen Lustfluges nicht auf Abwege gerät, haben Flugzeugbauer und Gesetzgeber festgelegt, dass der (weibliche) Fluggast hinten sitzen und fest angeschnallt sein muss. So scheint gewährleistet, dass der Pilot sich vorne ganz auf's Fliegen konzentrieren kann. An dieser Stelle darf nun die Bedeutung erotischer (Auf-)Triebkräfte im Segelflug nicht unterschätzt werden. Von allen Himmelsstürmern ist nämlich der Segelflieger zweifellos der Sinnlichste, denn seit den Anfängen der Fliegerei fühlt er sich immer den schönsten und aerodynamisch bestgeformten Konstruktionen zugetan. Nicht ihre Technik erregt sein primäres Interesse sondern die schlanken makellosen Rundungen der Flugzeuge, die ihm stets wie weibliche Idealfiguren erscheinen. Wen wundert es, dass Kapitäne solcher Flugzeugleiber nicht nur aerodynamisch sondern auch erotisch besonders sensibel sind und ein in ihren Augen vollkommenes Flugzeug ebenso genießen, wie sie sich einer schönen Frau hingeben, ja manchmal sogar versuchen, beides miteinander zu verbinden.

Verständlicherweise kann gegen solche Empfindungen die erwähnte Sitzplatzordnung in einem Segelflugzeug wenig ausrichten. Auch findet sich nirgends der aus dem öffentlichen Personennahverkehr bekannte Hinweis, dass während der Fahrt mit dem Wagenführer nicht zu sprechen sei. Deshalb mag es geschehen, dass weibliche Fluggäste ihren Segelflugzeugführer ansprechen, ja sogar „anmachen“ und ihn damit vom Fliegen ablenken. Da er angegurtet sich ausschließlich dem fliegerischen Handwerk widmen muss, ist er wehrlos. Die Schöne hat ihn bestens im Blickfeld, er nur den Horizont, aber seine Gedanken kreisen längst nicht mehr um Steuerknüppel und Seitenruder, während er ihren unruhigen Atem im Nacken fühlt und der weibliche Duft ihm die Sinne benebelt. Falls sie nicht selbst das Fliegen gelernt hat, besteht ab sofort akute Gefahr für beider Leib und Leben – eine Tatsache, die Frauen trotz Loreley-Legende oft erst bewusst wird, wenn es zu spät ist.

Aus jüngster Erfahrung darf ich bestätigen, dass an diesem Punkt die Sicherheitsbestimmungen der privaten Luftfahrt eine Lücke aufweisen, die geschlossen werden sollte. Grund dafür ist nicht allein die Schönheit des weiblichen Geschlechts mit ihrer oft verheerenden Anziehungskraft auf den Segelflieger sondern auch die frauliche Beredsamkeit, die sich unter Höhenflugbedingungen gelegentlich zu überschäumenden Gefühlsausbrüchen steigern und jeden Piloten flugunfähig machen kann. Unter diesem Aspekt sollten meines Erachtens alle Unfälle der letzten Jahre mit mehrsitzigen Maschinen noch einmal aufgerollt werden. Mit Sicherheit käme dabei Erstaunliches zutage, wie folgende Geschichte belegt, die ich am eigenen Leib durchlitten habe.

Zu zweit allein am Himmel Es war Frühsommer in Franken. Seit den ersten Thermiktagen der Saison hatte ich Regina versprochen, gemeinsam mit ihr zu fliegen. Heute weiß ich, es war ein Fehler. Regina ist noch recht neu auf dem Flugplatz, jung, blond, sehr hübsch und anschmiegsam, kurzum Balsam für meine einsame Fliegerseele; allerdings nicht nur für meine. Auch der (Flug-) Platzhirsch in Gestalt des Vereinsvorsitzenden hatte ein Auge auf Regina geworfen, indem er sie ständig zum Fliegen einlud. Ähnliche Angebote hatte ihr bereits der Schriftführer gemacht, zeigte sich aber lauthals enttäuscht, als Regina einmal während eines längeren Segelfluges bei ihm im Rücksitz eingeschlafen war. Liebte sie die Abwechslung oder den Reiz des Neuen oder gar mich? Sie drängte jedenfalls immer wieder zu einem gemeinsamen Flug, so dass ich ihrem Wunsch schließlich mit gespannter Erwartung nachgab.

Abbildung 2.9: Segelflieger-Hochzeit

An einem Sonntag war die Gelegenheit günstig, und wir bestiegen unter allgemeiner Aufmerksamkeit ein Flugzeug. Es dauerte lange, bis sich das Zugseil der Winde straffte und unser Segler endlich abhob. Um neidischen Anzüglichkeiten keine Angriffsfläche zu bieten, musste ich besonders exakt starten, was mir auch gelang. Sekunden später waren wir der Erde entrückt und allein am großen weiten Himmel. Wir lauschten den zarten Tönen des Windes, spürten die knisternde Spannung, die sich über unser luftiges Treffen legte und fühlten uns glücklich. Während ich Aufwind suchte, begann Regina, munter aus ihrem Leben zu plaudern. Sie sprach von Zukunft, Freundschaft, Liebe und betonte, dass sie nicht immer wieder neue junge Männer ausprobieren sondern einen bereits gefestigten wolle, der wirklich zu ihr passe. Von dieser Offenheit war ich so verblüfft, dass ich die Thermik mehr und mehr vergaß. Schade, denn statt aufzusteigen flogen wir dadurch unaufhaltsam zur Erde zurück. So vergab ich die Chance, länger mit Regina allein zu sein.

Absturz aus seligen Träumen Als ich endlich merkte, wohin die Reise ging, war es zu spät, denn der Himmel blieb unerbittlich. Beim Einfliegen in die Platzrunde musste ich im Schnellverfahren Auskunft über mein Leben geben. Dabei ließ sie nicht locker, wollte Beziehungsdetails wissen und meine Vorstellungen zur Partnerschaft. Dann kam der Landeanflug, und im Endteil fragte sie, ob ich junge Frauen wie sie mag. Das war zu viel für mich. Während ich fieberhaft überlegte, was ich antworten sollte, geschah, was mir in 10 Jahren Segelflugerfahrung noch nie passiert ist: Ich flog zu langsam und wir stürzten ab. Unbewusst wollte ich wahrscheinlich den Moment mit ihr verlängern, aber das Gegenteil war der Fall. Noch bevor ich ihr meine Zuneigung gestehen konnte, sackte das Flugzeug durch und prallte mit lautem Getöse aus ca. 2 Metern auf den Boden.

Wie vom Donner gerührt erwachte ich aus Träumen und versuchte krampfhaft, die Flugzeugkabine zu verlassen. Dabei bemerkte ich, dass meine Knie bluteten und der Rücken fürchterlich schmerzte. Hinter mir war es ganz still. Angstvoll fragte ich Regina, ob sie okay sei. Nach einer Ewigkeit kam ihr leises „Ja“, und mir fielen ganze Gebirge von der Seele. Dann waren die Kameraden heran und halfen uns aufgeregt aus den Trümmern. Im Weghumpeln fand ich, dass das Flugzeug von weitem fast normal aussah.

Regina habe ich seitdem nie wieder am Flugplatz gesehen. Das Segelflugzeug ist längst repariert, und äußerlich erinnern nur noch die Knienarben an unser gemeinsames Flugerlebnis. Tief im Innern aber quält mich der nagende Vorwurf, ich hätte dem jungen Ding die unschuldige Fliegerfreude gestohlen, und in ruhelosen Nächten träume ich sehnsuchtsvoll von ihrem Telefonanruf, den sie mir einst lächelnd versprach. Inzwischen fliege ich wieder allein und kann es genießen. Sollte mich je noch einmal eine Frau besonders interessieren, werde ich sie bestimmt nicht zum Fliegen einladen, denn erstens sind zwei himmlische Genüsse gleichzeitig nicht immer ein doppeltes Vergnügen, und zweitens gibt es weit ungefährlichere Annäherungen an das weibliche Geschlecht als den Flug mit einer schönen Frau.

Abbildung 2.10: Russischer Wachtturm am Flugplatz Döberitz

Kapitel 3

Start in den ostdeutschen Himmel

Zur Warnung

Als die Schweden im 30-jährigen Krieg das Königreich Preußen überfielen, kamen sie weder aus der Luft, noch brachte ihnen die Gegend zwischen Elbe und Oder dauerhaftes Glück. Selbst Napoleon fühlte sich auf seinem Feldzug durch die märkische Streusandbüchse nicht lange wohl. Auch kannte er keine Flugverbindungen nach Brandenburg. Erst die Russen lernten Luftwege in Fontanes Heimat schätzen und konnten sich auf diese Weise fast 50 Nachkriegsjahre im Osten Deutschlands behaupten. Von den vielen großen Betonpisten, die unser Führer rund um Berlin anlegen ließ, bevor er endgültig selbst den „Abflug“ machte, schafften die Russen später alles nach Hause, was in große Transportflugzeuge hineinpasst: zum Beispiel ihre Panzer, die einmal Deutschland erobert hatten, aber auch so manches Nobelauto reicher Berliner, das den Versicherungen als unauffindbar gemeldet wurde, obwohl Polizei- und private Videokameras die russische Luftbrücke beobachteten.

Inzwischen darf in der Mark Brandenburg wieder hoch und weit geflogen werden – sogar mit Drachen oder Gleitschirmen, was unter DDR-Regie eine Straftat war. Aber auch jetzt müssen Fremde, die hierzulande einen motorlosen Streckenflug planen, mit unangenehmen Überraschungen rechnen. Neben der Tatsache, dass nirgends vernünftige Startberge existieren, stellt die Landung häufig vor Probleme. Der von Ahnungslosen für selbstverständlich gehaltene Telefonanschluss fehlt in der Regel weit und breit (die Telekom bemüht sich zwar weiterhin redlich), oder das mitgeführte Handy findet sein Netz nicht. Auch die Landschaft selbst hat ihre Tücken, denn wo Sumpf und Sand einst ganze Heere verschluckten – man denke nur an die Schlacht bei Fehrbellin – kann leicht ein Drachenflieger tagelang spurlos abtauchen. Um derartigen Gefahren eines Bevölkerungschwundes vorzubeugen, setzte die DDR vermutlich auf Versorgung aus der Luft und legte überall Agrarflugplätze an.

Abbildung 3.1: Häufiger Hinweis in Brandenburg

Alpenflieger, die von großen Landefeldern träumen, finden in Brandenburg, was ihr Herz begehrt. Aber Vorsicht: Was aus der Luft so einladend wirkt, entpuppt sich fast immer als verlassenes oder neu genutztes Militärgebiet. Bei kleinen Staubwölkchen im Sand bitte jeden Millimeter Thermik mitnehmen und weiterfliegen, denn hier wird gerade wieder Krieg gespielt! Wer trotzdem landen muss: Auf eine saftige Strafe gefasst sein und bitte ganz weich aufsetzen und umsichtig bewegen! In der deutschen Vereinigungshektik konnten die Russen wirklich nicht jeden Blindgänger entsorgen, bevor sie das Land verließen. Man sollte auch nichts anfassen oder gar essen, selbst wenn die Pflänzchen gesund aussehen, denn alles starrt vor Gift: Chemische Kampfstoffe, Dioxine, Asbest sowie jede Menge Öl und Sprit. Wer bei schönstem Sommerwetter sein Landefeld an einem der vielen märkischen Seen wählt: Die Wiesen stehen häufig unter Naturschutz und gelegentlich unter Wasser, deshalb nur mit genügend Bargeld (wegen des möglichen Strafmandates) und mit Gummistiefeln im Gepäck dort niedergehen. Einmal war unser Spitzenpilot Andreas in der gottverlassenen Gegend um Knoblauch gestrandet und nur noch über seine gefunkten GPS-Koordinaten mittels einer langwierigen Rettungsaktion aus den Sümpfen zu befreien. Kein Wunder, dass sich große Teile Brandenburgs auch heute noch der westlichen Zivilisation erfolgreich entziehen.

Diesen Umstand haben sich neben den Störchen vor allem die Großtrappen, eine angeblich vom Aussterben bedrohte Vogel-Sorte, zunutze gemacht, indem sie hier heimisch sind. Trotz ihrer beträchtlichen Körpergröße von über einem Meter kennen nur engagierte Naturschützer sie von ihren einsamen Wanderungen, denn es blieben wenige Exemplare. Außer einigen im Rhinluch leben etwa 30 bei Belzig. Für die ICE-Strecke nach Hannover wollte man zuerst einen kilometerlangen Tunnel unter der Trappenkolonie graben. Dann wurden es große Erdwälle zu beiden Seiten der Strecke, um zu verhindern, dass die Tierchen den blitzenden Schienenstrang mit einer Start- und Landebahn verwechseln. Zusätzlich haben Naturschützer verlangt, dass der ICE sein Tempo auf die Fluggeschwindigkeit der Vögel reduziert.

Bei ihrer Liebe zur Natur verstehen die sonst so verträglichen Brandenburger keinen Spaß, denn nachdem sich weder russisches Militär noch DDR jemals um den Umweltschutz geschert haben, will man jetzt der arg geschundenen Landschaft mit allen Mitteln Erholung verschaffen. Dazu entwickelte Brandenburg das bundesweit schärfste Naturschutzgesetz. Es kennt für Umweltstörer kein Pardon, denn ehrenamtliche Naturschutzwarte sorgen für die Einhaltung der Vorschriften. Als ich einmal bei der Suche nach Flugmöglichkeiten auf einer Bürgerversammlung in Sommerfeld sagen sollte, wie ich als Drachenflieger die Landung auf einer brütenden Großtrappe vermeide, und nicht gleich eine ordentliche Antwort parat hatte, wurde mir entschieden nahegelegt, das Drachenfliegen in dieser Gegend zu lassen. Angesichts der Übermacht hielt ich das auch für klüger.

Da hatte es der alte Fontane (Fon77) leicht, denn er wollte zu Fuß gehen und nicht fliegen. Seine „Wanderungen durch die Mark" zieren heute den Bücherschrank aller heimatbewussten Berliner. Zwar weiß man aus jüngsten Forschungen (Hel95), dass Fontane längst nicht so viel gewandert ist, wie er vorgab, der Schlingel, trotzdem finden seine Bücher reißenden Absatz, denn nach den Mauerjahren zieht es die Hauptstädter zurück aufs Land. Vielerorts ist das immer noch nur mit Geländewagen und Amphibienfahrzeugen möglich, und es bestehen Chancen, dabei die Orientierung zu verlieren, vor allem wenn alte DDR-Landkarten als Wegweiser dienen. Sie enthalten absichtlich Fehler, weil man den kapitalistischen Feind verwirren wollte. Wem also in Brandenburg ein schöner Streckenflug gelungen ist, der kann erst nach erfolgreichem Heimweg endgültig aufatmen. Schon aus der Luft empfiehlt sich deshalb die Prüfung, ob Gehöfte verlassen oder Bahnhöfe an einsamen Strecken geschlossen sind. Selbst Burgen und Schlösser können zur Falle werden, weil sie fast immer leer stehen. Wer zufällig eine Mark dabei hat, kann sie kaufen, was aber selten lohnt, weil sie erst mühsam bewohnbar gemacht werden müssen.

Fazit: Vor einer Drachenlandung in unbekannten Brandenburger Gefilden sollte man nach untrüglichen Zeichen der Zivilisation Ausschau halten. Dazu gehören beispielsweise neue West-Autos, Satellitenschüsseln an den Häuserwänden und Menschen, die sich bewegen. Sie sind im Gegensatz zu anderen deutschen Stämmen meist freundlich und neugierig. Um einem Drachenflieger aus der Klemme zu helfen, tun sie was sie können, wozu in erster Linie Speis und Trank, aber auch ein Dach über dem Kopf zählen, denn es mag verdammt lange dauern, bis die Rückholmanschaft den verschollenen Streckenflieger aufspürt und erlöst. Besonders vorsichtigen Piloten sei deshalb der Spätsommer als XC-Zeit empfohlen. Bei problematischen Außenlandungen finden sich mit Sicherheit je nach Saison entweder Kirsch-, Apfel- oder Birnbäume, aber auch Brombeeren und Pflaumen sowie essbare Pilze, die den Erschöpften eine Weile am Leben erhalten. In dieser Hinsicht darf man dem alten Fontane uneingeschränkt vertrauen. Also dann: Viel Spaß beim Drachenfliegen in der Mark Brandenburg!

Am Hausberg Otto Lilienthals

Wir fahren die alte B 5 von Berlin aus in Richtung Nordwesten. Die breite Landstraße diente bis zum Bau der Hamburger Autobahn als nördliche Transit-Verbindung ins Bundesgebiet. Die seit Jahren verinnerlichte Beklemmung des West-Berliners beim Grenzübertritt will sich nicht mehr einstellen, und unversehens entwickelt sich unsere Fahrt zur historischen Sight-seeing-Tour. Vorbei geht es am alten Staakener Flugplatz, der seine Blüte während der Zeppelin-Ära

Abbildung 3.2: Im olympischen Dorf von 1936

erlebte. Wir fahren durch Dalgow, das olympische Dorf von 1936, das immer noch ein russisches Militärlager ist, an Bredow (derer von Bredow) und Ribbeck (der mit dem Birnbaum im Garten) vorbei bis nach Stölln im Havelland, wo sich Otto Lilienthal beim Fliegen an seinem Hausberg vor einem Jahrhundert den Hals gebrochen hat (Sch79). Fast auf den Tag genau vor zwei Jahren standen wir hier und ließen vom Gollenberg sehnsüchtige Blicke in den Himmel schweifen. Wir hatten davon geträumt, aber nie daran geglaubt, dass wir je an dieser

Stelle selbst abheben und fliegen würden – wie er, Otto Lilienthal. Heute soll dieser Traum Wirklichkeit werden.

Bis zur Wende war der Segelflugplatz Stölln militärisches Sperrgebiet. Auf dem Gollenberg lagen russische Soldaten, und vom Turm der benachbarten Rhinower Berge hörte die Stasi westliche Telefonate ab. Jetzt ist der Platz durch die hier gelandete russische Verkehrsmaschine Il 62 zur Touristenattraktion geworden, denn das Flugzeug wird als Lilienthal-Museum und Standesamt genutzt. Die Segelfliegerkameraden, die straff in der GST organisiert waren, dürfen endlich mit uns reden und haben uns beim Treffen in Laucha, dem offiziellen Anfliegen in der DDR, zum Fliegen eingeladen. Auf dem hügeligen Gelände treffen wir eine junge Frau wieder: „Wegen euch habe ich drei Tage Flugverbot erhalten“, sagt sie mit gespieltem Vorwurf, während ihre braunen Augen funkeln. Unglaublich, dass unser damaliges Interesse für die jungen Segelflieger(innen) sofort als unerwünschter Westkontakt geahndet worden war.

Abbildung 3.3: Windenstart auf dem Flugplatz Stölln

Mit der Winde sollen wir dem neugegründeten Drachen- und Segelflieger-Verein ein wenig Starthilfe geben. Als Gastgeschenk für den Club haben wir einen gebrauchten Drachen im Gepäck. Und während sich am Himmel die ersten Cumuli formieren, ziehen wir das tausend Meter lange Seil aus, mit dem zum ersten Mal Drachenflieger über dem Havelland aufsteigen dürfen. Die Premiere wird schnell zum Erfolg. In dem Supergelände steht an jeder Waldkante, an jedem Hügelchen ein Bart. Eindrehen und Aufdrehen sind in der weichen

Flachland-Thermik ein Kinderspiel. Schon erleben wir, was Otto Lilienthal in dieser Perfektion nie vergönnt war: Der freie vogelähnliche Menschenflug über die Mark Brandenburg. Die Segelflieger, die erstmals Aufwinde mit Drachenfliegern teilen, sind völlig überrascht, wenn wir sie mit unseren bunten Vögeln im Zentrum der Thermik übersteigen. Dem gemeinsamen Fluggenuss tut das keinen Abbruch.

Weit unter uns liegt die Absturzstelle des Flugpioniers mit dem Gedenkstein. Seinen großartigen Traum vom Fliegen hat er dort in einem kleinen Lee-Rotor für immer ausgeträumt. Damals dauerte es einen ganzen Tag, um ihn mit gebrochenem Halswirbel 80 Kilometer zurück nach Berlin zu transportieren, wo er noch am Abend im Krankenhaus verstarb.

In dem soliden Zwei-Meter-Bart über dem Gollenberg sind die erlaubten 450 Höhenmeter auch bei großzügiger Auslegung schnell ausgekurbelt. Entspannt genießen wir im Gleitflug die wunderschöne klare Landschaft der Mark. Bei 250

Metern heißt es wieder einsteigen in den Bart an der Waldkante, und ab geht der Lift auf 450 Meter über Grund. Bald spielen mehrere Drachen- und Segelflieger gemeinsam dieses Spiel: Aufdrehen bis zur erlaubten Höhe, wegfliegen und rechtzeitig zurückkommen, um unten den Anschluss an den Fahrstuhl nicht zu verpassen. Nach einiger Zeit löst diese bewusst nach oben begrenzte Thermik mehr und mehr Frust aus. So kommt, was an diesem Tag einfach kommen muss: Bei drei von uns brennen die Sicherungen durch. Das Ergebnis ist eine erflogene Basishöhe von 1800 Metern. Leichtsinnig und wohl auch gefährlich war es schon, denn über Stölln liegt zu dieser Zeit noch der nördliche Luftkorridor der Alliierten, in dem auch große Flugzeuge unterhalb 3000 Metern bleiben müssen.

Inzwischen ist das alles Schnee von gestern. Die Alliierten samt ihrer damals so lebenswichtigen Luftverbindungen in den Westen sind schon fast vergessen, und der Himmel über der Mark Brandenburg gehört den Drachenfliegern ebenso wie allen anderen Luftsportlern. Auch die jährlichen Lilienthal-Feste Anfang August in Stölln dienen wieder ihrem ursprünglichen Zweck, Treffen von Flugbegeisterten zu sein – im Andenken an den Mann, der uns vor mittlerweile 111 Jahren das Fliegen gezeigt und es hier mit seinem Leben bezahlt hat. Zwei Tage lang steht das kleine Havelnest jedesmal Kopf, wenn rund um den Gollenberg nicht getrauert sondern kräftig gefeiert und geflogen wird. Auch wir sind dabei und genießen in vollen Zügen die himmlischen und irdischen Schönheiten des Rhinower Ländchens, ganz im Sinne der Vision des Flugpioniers: „Wenn gar von Zeit zu Zeit ein richtiges Wettfliegen veranstaltet wird, so dürften sich bald ähnliche Volksfeste herausbilden wie bei anderen sportlichen Wettkämpfen."

Ausbildung im UL-Schlepp

Wer mit dem Drachen Streckenflüge unternehmen will, braucht nach dem Start einen sicheren Thermikanschluss. An den Steilhängen von Gebirgen stellt das normalerweise kein Problem dar, bei uns im Flachland aber schon, denn hier benötigen Hängegleiterpiloten statt Startrampen zum Sprung in die Tiefe Seilwinden, die sie hoch in die Luft ziehen – wobei Thermik längst nicht immer erreicht wird. Wesentlich effektiver für den Anschluss an die Aufwinde der Ebene sind Ultraleichtflugzeuge, weil sie die Drachen genau dorthin schleppen können, wo ein Bart steht. Diese Startarten erfordern Zusatzausbildungen. Was lag somit näher, als nach dem DDR-Mauerfall möglichst bald einen UL-Schleppkurs für Drachenflieger in der Umgebung Berlins zu organisieren?

Am 12. Oktober 1990, als wir zum ersten Mal so weit waren, streikte nach wenigen Flügen die Klinke von Pepes Schlepptrike und ließ sich nicht mehr reparieren – wie ärgerlich! Ersatz gab es nicht, deshalb fiel der Kurs ins Wasser, noch ehe er richtig begonnen hatte. Das enttäuschte sogar die Piloten zweier sowjetischer Kampfhubschrauber, die uns aus der Luft beobachtet hatten, denn sie verschwanden wieder.

Danach schien alles gegen uns zu sein. Mal fehlte ein Fluglehrer, mal stand der Flugplatz nicht zur Verfügung und immer wieder blies der Wind zu stark oder aus der falschen Richtung. Kein Wunder, dass die Zahl der interessierten

Piloten abnahm. Am Freitag, dem 1. Februar 1991, als endlich wieder alles zusammenpasste, lag noch Schnee. Wir hatten Mühe, den Pauschal-Lehrgang mit 8 Teilnehmern einigermaßen kostengünstig durchzuführen, zumal das Wetter

wirklich nicht einladend war. 10 Grad Minustemperatur lautete die Prognose für's Wochenende, und die Meteorologen sollten Recht behalten. Aber wir brauchten ja keine angenehmen Drachenflüge sondern eine Schulung im UL-Schlepp, also warm anziehen, heißen Tee einpacken und los geht's!

Landungen mit Gipsbein In Beetz, 40 Kilometer nordwestlich von Berlin, hatte uns die LPG „Roter Oktober" ihren alten Agrarflugplatz zum Training überlassen. Kurt Ufer und sein Schlepppilot Steffen Jungkunst waren mit ihrem Fluggerät im Anhänger extra aus Kulmbach angereist, um uns die Technik des UL-Schlepps beizubringen. Zunächst beeindruckte Steffens phantastische Beherrschung des Trikes, denn trotz seines Gipsbeins landete er mit dem UL stets auf dem vorgesehenen Punkt. Da jeder von uns 20 Ausbildungsflüge brauchte, kam es für die beiden zur Verfügung stehenden Tage vor allem auf Geschwindigkeit und Präzision an, in der winterlichen Kälte geriet deshalb niemand in die Verlegenheit zu frieren, auch hielt uns das Erlebnis eines völlig neuen Fluggefühls in dauernder Anspannung.

Das 60 Meter lange Schleppseil, das zwischen UL und Drachenflieger gespannt wurde, wies zwei Sollbruchstellen zur Überlastungssicherung auf und war gleich dreimal vorhanden, denn anfangs knackten die Sollbruchstellen so häufig, dass sie ständig gewechselt werden mussten. Um dabei nicht in Zeitverzug zu geraten, benutzte man sofort das nächste bereitliegende Seil zum Schleppen, während andere Piloten die zerrissene Sollbruchstelle in Ruhe austauschen konnten.

Die größte Aufregung für mich bot das Fliegen dicht hinter dem UL, denn normalerweise bleiben Drachenflieger in der Luft viel weiter voneinander entfernt. Das schnelle Flugtempo von ca. 60 km/h am Seil machte fast jedem von uns Probleme, weil Drachen dann ein anderes, meist ungewohntes Steuerverhalten annehmen und sich durch Übersteuern leicht aufschaukeln. Zudem war es schwieriger als gedacht, bei böigem Wind dem UL exakt hinterherzufliegen und das Schleppseil immer gespannt zu halten. Dabei kommt es besonders auf gleichbleibende Flughöhe an, denn zu tief gerät man in die Wirbelschleppen des Trikes, während eine zu hohe Position den Steigflug des Schleppverbandes bremst. Als Windenflieger wider Willen schätzte ich die angenehme horizontale Fluglage im UL-Schlepp, nicht nur wegen ihrer größeren Sicherheit sondern auch deshalb, weil sie das Fliegen wieder zum Genuss für die Sinne werden lässt. Die Vorstellung, dass wir bei schönem Wetter zuverlässig in die Thermik kommen würden und uns außerdem so hoch schleppen lassen könnten, wie wir wollten, löste nach wenigen Starts eine regelrechte Euphorie bei mir aus. Nach den vielen frustrierenden Windenschlepp-Erfahrungen schien das der Hoffnungsschimmer für die Flachlandfliegerei zu sein, auf den ich so lange gewartet hatte! Jetzt kam es nur darauf an, einen stets bereiten Schlepppiloten zu finden.

Prüfung in Winterkleidung Aber noch war das kein Thema, denn der Kurs sollte am Sonntag mit praktischer und theoretischer Prüfung enden. Bis dahin musste noch viel gelernt und eine Menge Flüge abgespult werden. Zum Glück lief alles unfallfrei und problemlos. Bei der Suche nach einem geeigneten Prüfungsraum stießen wir auf den großen Tanzsaal von Meyhöfers Gasthaus am Ruppiner Kanal zwischen Kremmen und Sommerfeld. Die Wirtsleute heizten den völlig ausgekühlten Saal zwar, so gut es mit dem Kachelofen ging, dennoch saßen wir während der Tests in dicken Mänteln und froren beim Ausfüllen der Fragebögen vor uns hin. Als Prüfer taten Lukas und Ali ihr Bestes, damit niemand ohne den begehrten Schein nach Hause gehen musste. Insofern hatte sich der verrückte Winterflugeinsatz für alle gelohnt, und entsprechend ausgelassen war die Stimmung am Ende – trotz der eisigen Kälte.

Erst viel später wurde klar, dass wir damit nur am Anfang standen, denn es braucht weit mehr Übung, als man denkt, um hinter dem UL sicher in die Thermik zu kommen. Außerdem finden sich an thermischen Tagen selten willige Schlepppiloten, so dass uns schließlich nichts anderes übrig blieb, als zusätzlich auch die Trike-Ausbildung mit Schleppberechtigung zu durchlaufen. Aber das ist eine andere Geschichte, die bis heute kein Ende gefunden hat ...

Zielflug nach Gutengermendorf

Der Ausgangspunkt meines ersten Streckenfluges in die Mark Brandenburg sollte also auf einem lieblichen Flecken Erde am Südzipfel des Ruppiner Sees liegen, nahe dem verschlafenen aber traditionsreichen Dorf Wustrau. Früher, das heißt vor dem 9. November 1989, wusste ich mit dem Namen nichts anzufangen, denn er ruhte, wie fast die gesamte DDR, in einem Meer unbekannter sozialistischer Orte, aus dem zwischen Helmstedt und Moskau lediglich die Insel West-Berlin herausragte. Seit ich aber Fontanes „Wanderungen durch die Mark“ (Fon77) lese – und ich begann damit erst nach der Wende – kenne ich Wustrau und weiß von dem alten Zieten, der dort zwischen seinen Schlachten in einem Schloss am See lebte.

Für Berliner Drachenflieger bietet Wustrau drei große Vorteile: Man findet hier einen frei angeströmten und wenig frequentierten Flugplatz. Darüber hinaus ist das Gelände nahe der Hamburger Autobahn in weniger als einer Dreiviertelstunde vom Stadtzentrum aus zu erreichen, und es liegt bereits am Rand der Berliner Luftraum-Höhenbeschränkung, so dass man hier unbeschwert nach oben in die Thermik starten kann. Also trafen wir uns – Christian und ich – mit einigen UL-Fliegern an jenem thermisch vielversprechenden April-Sonnabend auf der großen Wustrauer Wiese, während die Windenflieger sich weiter nördlich in Gutengermendorf verabredet hatten.

Seilverlust Nach den üblichen Vorbereitungen und einigen Verzögerungen hob mein Drachen endlich gegen 15 Uhr hinter Franks UL vom Boden ab. Schon nach wenigen Höhenmetern löste das an der Basis angebrachte neue Kartenbrett in einer heftigen Steuerbewegung die Schleppseilklinke aus, deshalb wurde ein

Abbildung 3.4: Schloss des Alten Zieten in Wustrau

zweiter Start nötig. Der gelang mir zwar besser, aber in 500 Metern Höhe riss plötzlich die vordere Sollbruchstelle, woraufhin ich mit dem 50 Meter langen Seil am Bauch einerseits versuchte, oben zu bleiben, andererseits das Seil direkt über dem Platz abzuwerfen. Beides misslang gründlich: Zwar ließ ich unter lauten Rufen das Seil, wie ich meinte, auf die Piste fallen, aber erstens beachtete niemand mein Zeichen, und zweitens hatte ich die Windabdrift völlig falsch berechnet, so dass das Seil unbemerkt und weit entfernt in einem Feld niederging. Mit letztem Schwung suchte ich im Lee des Flugplatzes nach Thermik, fand jedoch keinen rettenden Bart und musste schließlich auf einem Acker landen, der glücklicherweise kaum bewachsen war. Das schlechte Gewissen und die Furcht vor wütenden Bauern im Nacken stapfte ich grummelnd zur Startbahn zurück, wo mich die Freunde mit Spott empfingen.

Wo aber war das Schleppseil? Niemand hatte den Abwurf beobachtet. Ein Zuschauer meinte, sich an etwas Fallendes zu erinnern, jedoch ohne eindeutige Richtungsangabe. Meter für Meter suchten wir nun in breiter Reihe das angrenzende Feld ab, unterstützt von zwei UL-Piloten, die im Tiefflug über unsere Köpfe hinwegsausten. Erst nach 20 Minuten fand Christian das Seil zufällig zwischen den Grünpflanzen und konnte endlich seinen ersten Schleppflug beginnen. Mittlerweile ging es auf 16 Uhr, und die Wolkenbildung hatte zugenommen. Trotzdem war Christian vom Thermik-Pech verfolgt und setzte nach wenigen Minuten wieder zur Landung an. Erneut kam so die Reihe an mich.

Pepe schleppte diesmal auf 700 Meter, im Luv des Platzes klinkte ich aus, und mit einem schwachen aber stetigen Bart gelang der Aufstieg bis zur 1000-Meter-Marke.

Pfadfinder wider Willen Ärgerlicherweise war beim Lösen des Schleppseils auch das Kartenbrett abgerissen und in endlosen Spiralen zu Boden geflattert. Obwohl ich mir die Aufschlagstelle aus der Luft einzuprägen versuchte, um die Karte später wiederzufinden, nützte das im Augenblick gar nichts, denn ich musste ohne Orientierungshilfe los. Als Christian unten wieder am Seil startete, drehte ich bereits unter einer Wolke und suchte angestrengt nach bekannten Bodenmerkmalen. Der Flugplatz war längst im Dunst versunken, aber in dem sozialistischen Einheitsgrau der Wustrauer Häuser konnte man das helle Zieten'sche Schloss am See leicht erkennen. Auf der anderen Seite lugten aus dem Kiefernwald russische Militäranlagen hervor, die ich früher einmal im Vorbeifahren bemerkt hatte. Von oben lag alles offen da: Große Munitionsbunker, Fahrzeugunterstände, ein Bahnanschluss an die Ruppiner Strecke und dicht am Ufer ein großes schmutziges Wasserbecken. Während ich so in 1300 Metern über dem See kurbelte und die Sorge vor einer Wasserlandung längst verflogen war, zogen die Gedanken Vergleiche zur DDR-Zeit. Damals hätte mich ein solcher Flug mit Fotos von militärischen Anlagen Kopf und Kragen gekostet. Jetzt kümmerte das alles niemanden mehr.

Weiter ostwärts im Luch erkannte ich die Orte Beetz und Wall und musste an Tage im Februar denken, als wir dort bei Schnee und minus 10 Grad den UL-Schleppkurs absolvierten. In majestätischer Höhe von 1500 Metern ging es an der LPG „Roter Oktober" und ihrem Agrarflugplatz vorbei direkt auf die Schleuener Heide zu. Trotz des besser gewordenen Steigens, das sogar den Delphin-Flugstil erlaubte, war mir mulmig zumute, denn die „Heide" besteht hier aus einem etwa 10 mal 10 Kilometer großen dichten Wald. Lediglich meine Höhe und die Aussicht auf Landemöglichkeiten am südlichen Rand gaben mir den Mut zum Überflug. Trotzdem legte ich den Kurs erst dann wieder nach Nordwesten, als das Waldende erreichbar schien. Zwischen der Bäumen taten sich jetzt seltsame Gebäude auf, die symmetrisch in einem Kreis standen. Ein schauriger Gedanke durchfuhr mich: Das konnten nur Raketenstellungen der ehemaligen NVA sein, die hier nach Erzählungen der Anwohner versteckt sein sollten. Sicher hatten sie dem Beschuss West-Berlins gegolten, waren aber hoffentlich inzwischen verschrottet. – Aus der Höhe blieb das unklar.

Weit voraus lag nun ein See, der an dieser Stelle auf der Karte in meinem Kopf nicht existierte. Während ich im Süden den Flugplatz Oranienburg zu erkennen glaubte, suchte mein Gehirn nervös nach weiteren Orientierungshilfen und erinnerte sich an die Bundesstraße 96, die bei Nassenheide vierspurig ausgebaut ist. Erst im Überqueren erkannte ich sie, folgte ihr mit den Augen nach Norden und entsann mich endlich an den See bei Teschendorf, dessen Größe ich offensichtlich unterschätzt hatte. Nun war dahinter auch Löwenberg in Sicht, und es galt, eine Entscheidung zu treffen, denn seit längerem hatte ich die Funkkommandos der Windenflieger im Ohr und deshalb mit dem Gedanken gespielt, sie in Gutengermendorf zu besuchen. Dagegen stand die Möglichkeit eines weiten Fluges mit dem Wind in eine allerdings völlig unbekannte Gegend.

Auf geknickter Bahn So verlockend die Idee des Zielfluges war, so schwierig schien ihre Ausführung, denn der Weg dorthin führte quer zum Wind in ein großes blaues Loch am Himmel. Trotzdem wollte ich es versuchen. Also nahm ich Kurs Nord und beobachtete gespannt das Variometer. Wie Eis zerschmolz die mühsam erreichte Höhe, während das Ziel erkennbar näher kam. Nicht nur, dass man Gutengermendorf bereits sehen konnte, ich hatte auch schon Funkkontakt aufgenommen und im Falle einer vorzeitigen Landung um Abholung gebeten. Zunächst herrschte Stille im Äther, weil man nicht glauben wollte, dass ich aus Wustrau kam, während in Gutengermendorf den ganzen Tag über niemand Thermikanschluss erreicht hatte. Dann folgten Beifall und Durchhalteparolen.

Über Löwenberg fand ich in 700 Metern erfreulicherweise einen schwachen Bart, der noch einmal 100 Meter zusätzlicher Höhe ergab. Nun hatten mich die Kameraden im Blick und drückten die Daumen für den Endspurt. Doch der schien zu misslingen, denn unaufhaltsam schwanden die letzten kostbaren Höhenmeter, so dass ich bereits nach Landefeldern suchte. Da kam mir unerwartet der Eisenbahndamm bei Neuhäsen zu Hilfe. War es Hangwind oder Hangthermik, die mich emportrug? Als ich einkreisen wollte, war der Aufwind verschwunden, aber es reichte nun für den Endanflug. Mit wackligen Beinen aber rundherum zufrieden stand ich kurz darauf im Feld neben der Schleppstrecke, wo mich die Kameraden freudig und ein wenig neidisch begrüßten. Welch ein wunderbarer Flug im Flachland der Mark Brandenburg! Weil er fast einen rechten Winkel bildete, ergab sich zwar keine große Distanz, – die Karte zeigte später nicht einmal 30 Kilometer Luftlinie – aber nach dem hindernissreichen Anfang waren diese $1\frac{1}{2}$ Stunden am Himmel ein herrlicher Genuss, den ich nach der langen Winterpause so sehr herbeigewünscht hatte.

Beim Abbau des Drachens folgten ausführliche Erlebnisschilderungen, dann war Andreas so lieb und schaukelte mich mit seinem VW-Bus über die Dörfer zurück zum Ausgangspunkt der luftig-schönen Reise, wo ich an meinem Wagen die Nachricht vorfand, dass die anderen bereits den Weg nach Berlin angetreten hatten. Also begab ich mich ebenfalls auf die Heimreise und schwelgte weiter in dem herrlichen Flugerlebnis vom 6. April 1991.

Erster DDR-Streckenflug

Zur frühen Nachwendezeit waren Windenschlepps in Brandenburg für ambitionierte Drachenflieger fast immer Frust-Erlebnisse, fanden sie doch häufig an ungünstigen Stellen und meistens mit zu geringen Seillängen statt, so dass man die Thermik nicht erreichte. Deshalb reizte es, nach anderen Startarten im Berliner Umland zu suchen, die mehr als Platzrundenflüge ermöglichten. An der Oder bei Reitwein hatten Piloten zum Beispiel ein Hangfluggelände entdeckt, das sie mit Erlaubnis der Naturschützer an der Startstelle von Büschen und Bäumen befreiten. Auch am Stöllner Gollenberg wurde zum Starten eine breite Schneise in den Wald des Südhanges geschlagen.

Ein kleiner Kreis von Drachenfliegern testete in den dünn besiedelten Regionen außerhalb des Speckgürtels mobile Autoschleppsysteme, mit denen man unter geeigneten Bedingungen wesentlich größere Ausklinkhöhen erreichen konnte als an der stationären Winde. Neben dem PKW waren dazu ein etwa 600 Meter langes Kunststoffseil sowie einsame hindernisfreie Schleppstrecken von etwa zwei Kilometern Länge erforderlich. Während Hannes Wujasin dabei athletisch im offenen Kofferraum seines PKW thronte, den Drachen mit den Händen am Seil hielt und dem Fahrer Kommandos über die erforderliche Geschwindigkeit zurief, die er aus der Zugkraft seiner Arme ableitete, favorisierte Til Kaiser mit seinem Auto die Ein-Mann-Schleppmethode. Ein installiertes Messgerät erlaubte ihm, die Fahrgeschwindigkeit direkt dem aktuellen Seilzug anzupassen. Überschreitungen eines Maximalwertes führten automatisch zur Zündunterbrechung und damit zum Stillstand des Wagens. Bei der Elastizität des verwendeten Seils blieb aber immer genügend Zeit für den Wiederstart des Motors, so dass der Schleppvorgang dadurch nicht gestoppt wurde.

Warmgeflogen An jenem Juliwochenende des Jahres 1991 waren wir mit vier Piloten in der Nähe des Militärflugplatzes Altes Lager, etwa 70 Kilometer südlich von Berlin, zum Autoschlepp verabredet. Til hatte bei dem kleinen Ort Zahna einen Feldweg entdeckt, der genau gegen die herrschende Nordostwindrichtung verlief. Leider bog er nach einem Kilometer an einem Kiefernwäldchen nordwärts ab, deshalb musste man aufpassen, dass sich das Seil in der Kurve nicht an den Bäumen verhakte. Der Autoschlepp „um die Ecke“ gelang jedoch gut, und beim zweiten Anlauf erwischte ich in 400 Metern Thermik, die den „Magic“ schnell unter die Wolken katapultierte. Was tut man mit einer so unerwarteten Flughöhe von 1600 Metern? Funkkontakt hatten wir nicht, abgesprochen war für den Thermikfall ebenfalls nichts, darum nutzte ich die Chance und flog mit dem Wind 10 Kilometer weit nach Süden zur Elbe. Der Fluss schien mir als Thermik-Barriere unüberwindlich und hätte bei einer Überquerung den Rücktransport sehr verzögert, so versuchte ich, gegen den Wind nach Zahna zurückzugleiten, was mir nach $1\frac{1}{2}$ Stunden auch mühsam gelang.

Unterwegs hatte ich eine eindrucksvolle Begegnung mit einem sowjetischen Transportflugzeug. Es startete vor meinen Augen in Altes Lager und verschwand nach einer überdimensionalen Platzrunde um mich herum nach Osten in den Wolken. Da dauerte es einige Minuten, bis sich meine Beklemmung wieder gelegt hatte. Ich musste an ein Ereignis denken, das sich 6 Wochen zuvor auf dem Militärflugplatz (Fre98) abgespielt hatte: Frauen und Kinder der Soldaten hatten die Start- und Landebahn für mehrere Tage blockiert, weil sie verhindern wollten, dass ihr Regiment im Rahmen der Rückführung nach Russland in die Nähe eines Atomtestgebietes verlegt wurde. Derart offener Protest gegen eine unliebsame Maßnahme der sowjetischen Armeeführung wäre ein paar Jahre früher sicher undenkbar gewesen.

Kurz vor der Landung heftete sich noch ein mausgrauer Trabbi aus Zahna an meinen Schatten. Der Plastikbomber raste so über die holprigen Feldwege, dass er durch die Schlaglöcher mehr sprang als fuhr. Ohne irgendein konkretes Schuldbewusstsein regte sich bei mir sofort das schlechte Gewissen, und ich befürchtete eine sozialistische Zurechtweisung. Doch dem Wagen entstiegen keine Vopos sondern zwei fidele alte Herren, die unbedingt wissen wollten, wer und was da vor ihrem Dorf vom Himmel kam. Da war ich gerührt und glücklich über den temperamentvollen Empfang, den wir später gemütlich vertieften.

Abbildung 3.5: Die Volkspolizei: Dein Freund und Helfer

Auf großer Strecke Der Sonntag brachte wieder strahlenden Sonnenschein, allerdings hatte der Wind über Nacht auf Ost gedreht. Til empfahl, den nahegelegenen Flugplatz Reinsdorf mit seiner zwei Kilometer langen Graspiste für unsere Schlepps zu nutzen. Helmut Colditz, der den Platz von den Russen übernommen hatte, war sofort einverstanden, als wir ihm unser Vorhaben erklärten und wies uns auf dem riesigen Gelände einen Streifen zu, wo wir den übrigen Flugverkehr nicht störten. Nachdem ich diesmal vorsichtshalber eine Startmeldung mit Zielpunkt Bitterfeld ausgefüllt hatte, klappte der Thermikanschluss sofort, und in einem kräftigen Aufwind stieg mein „Magic" bis zu den spärlich gewordenen Wolken, trieb dabei aber schnell über die Flugplatzgrenze hinaus, so dass eine Rückkehr unmöglich schien. Jetzt war ich zum Erfolg verdammt. „Go West!" hieß die Devise, während mein Drachen in Richtung Elbe driftete.

Doch schon nach wenigen Kilometern segelte ich in stetigem Sinkflug einem Manövergebiet entgegen, das aus kilometerlangen Schießbahnen und einem riesigen Flugfeld bestand. Zwar konnte man weder Panzer noch Geschütze erkennen, aber im Gelände bewegten sich Personen und Fahrzeuge. Bei 800 Metern Höhe blieb mir keine Wahl. Wenn es jetzt nicht zu einer peinlichen Landung kommen sollte, musste ich hier sofort Thermik finden und auskurbeln. Obwohl die Fliegerkarte keine Luftsperrgebiete für die Region zeigte, schien mir die Situation äußerst heikel. Vielleicht fühlten sich die Russen von mir beobachtet oder wollten meinem Drachensegel aus Jux ein paar Löcher verpassen. Die Spannung ließ erst nach, als ich den rettenden Aufwind erreicht hatte und in sichere Höhen gelangte. Nun konnte ich erleichtert Kurs auf das Elbe-Knie bei Jessen nehmen.

Abbildung 3.6: Die Elbe bei Elster

Dort aber lauerte das nächste Problem, die Querung der breiten Elbauen. Mit größtmöglicher Ausgangshöhe von 1800 Metern segelte ich bei Elster über den Strom in Richtung Kemberg, wo ich nach einem langen Gleitflug die erlösende Thermik am Rand der Dübener Heide erreichte. Jetzt wurde das Fliegen mit jedem zurückgelegten Kilometer einfacher, denn die Kiefernwälder der Braunkohleregion um Gräfenhainichen hielten, was sie versprachen, so dass mein Drachen bis auf 2000 Meter Höhe stieg. Es war ein herrliches Gefühl, so hoch über allem zu schweben, und im Traum hätte ich jetzt nicht daran gedacht, in Bitterfeld zu landen. Bei Renneritz wurde ich plötzlich von mehreren Segelflugzeugen eskortiert, deren Piloten neugierig heranflogen und mit den Tragflächen wackelten. Stolz grüßte ich zurück, und in so nobler Begleitung ging es problemlos zum Flugplatz Halle-Oppin, wo mich die Segelflieger wieder verließen. Immer noch „brüllte" die Thermik, aber leider endete hier meine Landkarte und mit ihr die Orientierung. Bedeutete das automatisch auch das Ende der Strecke? Bei der traumhaften Flughöhe sträubte sich alles in mir gegen den Gedanken, und so segelte ich einfach weiter der sinkenden Sonne entgegen.

In unbekannte Gefilde Die Stadt Halle an der Saale war durch ihre Größe leicht zu erkennen. Am nördlichen Stadtrand überquerte ich den malerischen Fluss und wunderte mich über Weinberghänge und ausgedehnte Militäranlagen. Zwei Kalihalden, die ich ansteuerte, blieben ohne jedes Anzeichen von Thermik,

Abbildung 3.7: Kalihalden bei Wansleben

dann tauchte am Horizont genau in Kursrichtung eine riesige Betonbahn auf. Beim Näherkommen wurde der Verdacht zur unangenehmen Gewissheit: Vor mir lag nicht das neue Autobahnteilstück der A 38, sondern ein sowjetischer Militärflugplatz, dem ich schon viel zu nahe gekommen war. Der Gedanke an die schnellen MiGs machte mich ganz krank, deshalb drehte ich sofort aus der Einflugschneise nach Norden ab, nicht ohne einen scheuen Blick zurück zu werfen. In der nachlassenden Thermik hoffte ich inständig, dass die Flughöhe wenigstens für den Sprung aus der Kontrollzone reichen würde. Denn einen Drachenflug mit Landung neben einem Militärflugplatz hätte man der Deutschen Streckenflugmeisterschaft wohl kaum anbieten können, ganz abgesehen von den luftrechtlichen Konsequenzen, die solches Verhalten forderte.

Nun ging alles sehr schnell. Der Boden kam näher, über einem reifen Kornfeld löste sich die letzte Thermikblase, die den Drachen zum nächsten Dorf spülte, dort meinte es der Wind noch einmal gut mit mir und schob mich bis ans Ortsende, dann aber war endgültig Schluss mit Gleiten. Klein Osterhausen sollte der Zielpunkt dieses denkwürdigen $3\frac{1}{2}$-Stunden-Fluges werden. Leider fehlte weit und breit ein ordentlicher Landeplatz, denn die üppigen Felder waren nirgends gemäht, und im hohen Korn wollte ich nicht niedergehen. Da entdeckte ich als letzte Rettung einen Garten mit großer Wiese, den ich im Tiefflug unbeschadet erreichte.

Abbildung 3.8: Klein Osterhausen

Auf dem Boden der Tatsachen Mein Anflug verlief so zügig, dass eine Frau, die am Gartenzaun stand, den Drachen erst unmittelbar vor dem Aufsetzen bemerkte. Um so größer war ihre Überraschung. Nachdem sie das Ereignis ganz begriffen hatte, folgte ein herzlicher Empfang mit Begrüßungsschluck, Erinnerungsfotos und einem deftigen Abendessen in der Hollywoodschaukel. Familienangehörige und Nachbarn kamen herbei, und ich musste die 130 Kilometer lange Luftreise wieder und wieder beschreiben. Ich erfuhr so manche DDR-Biographie: Viele waren geprägt von den für die Nachwendezeit typischen Brüchen. Als wir auf den Fliegerhorst zu sprechen kamen, mit dem die Menschen hier seit Jahren lebten, klang es wie Musik in meinen Ohren, als ich vom Abzug der Russen vor vier Wochen hörte. Welche Erleichterung, nun hatte ich doch keine Luftraumverletzung begangen. Beim späteren Kartenstudium fand ich zudem heraus, dass mein Landepunkt tatsächlich außerhalb der Allstedter Kontrollzone lag – wie schön!

Bevor die Sonne unterging, wollte ich unbedingt die Gegend ein wenig zu Fuß erkunden. Vorher musste allerdings noch ein Telefonat mit Tils Freundin in Berlin geführt werden, denn sie diente uns als gegenseitige Informationsquelle. Der

Anruf war schwieriger als vermutet, weil es immer noch nicht genügend Telefone gab und die wenigen Leitungen nach West-Berlin ständig besetzt waren. Der einzig erreichbare Fernsprecher von Klein Osterhausen stand in der guten Stube einer alten Dame. Dort wählte ich mir eine halbe Stunde lang die Finger wund, bis ich erfuhr, dass Frank und Christian überhaupt nicht weggekommen waren, Til aber an der Elbe stand und mich später abholen würde. Prima, so blieb noch genügend Zeit, um die Landschaft in Ruhe zu genießen. Beim Spaziergang durch die Felder stieß ich zu meiner Überraschung auf eine Kirschbaumallee – in der DDR eigentlich nichts Ungewöhnliches, denn bis heute stehen an vielen Wegen und Straßen Obstbäume. Da die Süßkirschen gerade dunkelrot glänzten und ich für mein Leben gern Kirschen esse, konnte ich diesem Nachtisch nicht widerstehen. Erst nachdem der Magen und alle verfügbaren Taschen bis zum Rand gefüllt waren, und der Bauch wehtat, stieg ich wieder aus den Bäumen, um die Rückreise zu organisieren.

Eigentlich wollte ich die Freunde in einer Gaststätte erwarten, aber Klein Osterhausen hatte keine Kneipe. Meinen Landezeugen und Gastgebern war das Warten auf den Rücktransport nicht zuzumuten. Ich verabschiedete mich daher und verbrachte die halbe Nacht unter einer Laterne am Straßenrand im Gurtzeug, bis Til und Frank endlich um zwei Uhr eintrafen. Da wurde es bereits empfindlich kalt. Um so mehr freuten wir uns über den gelungenen Flug und seine Dokumentation. Dass vor Dienstbeginn am Montag Morgen nur noch eine Stunde Schlaf heraussprang, tat dem Glück keinen Abbruch, denn das großartige Erlebnis des ersten DDR-Streckenfluges – genau 100 Jahre nach Lilienthals ersten „Hüpfern“ in der Mark Brandenburg – überstrahlte für lange Zeit alles.

Zwischen Hamburger und Currywurst

oder: 214 Kilometer überm ostdeutschen Flachland

Angefangen hatte es mit dem Segelflugwetterbericht am Vorabend: Trockene Festlandsluft aus Südost, anfangs mäßige, später gute Wolkenthermik, Ausbildung von 1 bis 4 Achtel Cumulusbewölkung in Flugfläche 70 bis 90. Sofort rufe ich Andreas an, und der sagt auch nur „Hammertag“. Jetzt noch abchecken, wer die Winde fährt und dass sie auch rechtzeitig auf dem Gelände steht. Und dann war da noch dies und das, ICAO-Karte, Akkus, Startmeldungen und und und – und schon ist es zwei Uhr dreißig nachts, eigentlich viel zu spät, viel zu wenig Schlaf ... Immer noch besser als Andreas, der sitzt jetzt wahrscheinlich noch in der Taxe.

Um sieben Uhr morgens klingelt der Wecker, und das am Wochenende. Eigentlich total bescheuert, aber wer fliegen will, muss leiden. Drachen aufladen, Andreas abholen und schnell quer durch Berlin zum Schleppgelände bei Kittlitz, gut 100 Kilometer entfernt, südöstlich der Stadt. Mit Schnellsein, das war mal wieder nichts: Es ist Samstag Vormittag, und alle Berliner pilgern mit viel Zeit irgendwohin. Hunger. Genau, das Frühstück, völlig vergessen, worauf mir sofort irgendwelche Artikel irgendwelcher Toppiloten einfallen, in denen sie betonen, wie wichtig es sei, ausgeschlafen zu sein und ein gutes Frühstück eingenommen zu haben. Egal, heute muss eben mal McDonald's reichen: Hamburger, kleine Tüte Pommes, kleine Cola, Ketchup und einen Salat, alles in die große Papiertüte gepackt und weiter geht's. Spätestens jetzt, sollte man denken, ist für einen Rohkost-Fan der Tag fliegerisch gelaufen.

Am Schleppgelände sind wir die ersten; das ist gut so, wir müssen ja noch aufbauen. Drachen gecheckt, Startmeldung, Karte, Funke, Kompass, alles drin und dran, die Winde ist auch aufgebaut, es kann losgehen, doch wo bleiben die nur mit dem Seil? Eine halbe Stunde – eine Ewigkeit! – später ist es da. „Will jemand vor mir starten? Nein?" Um so besser, schon bin ich eingehängt. Liegeprobe, Schleppseil in die Klinke, Kommando „Pilot und Gerät startklar", da fragt mich Arno, der Startleiter, ob ich denn die Startmeldung fotografiert habe. Hat Arno einen siebten Sinn? „Halt, Stop!" Ich hatte sie tatsächlich nicht fotografiert.

Aber jetzt passt alles. Eine gute Phase, der Schlepp geht geradewegs in einen Bart, ich klinke bei 400 Metern, obwohl die Winde noch weit vor mir ist. Mit dem Schwung vom Schlepp in die Kurve, und das Vario enttäuscht mich nicht, ein paar Kreise und schnell das Startfoto. Der Bart ist stark versetzt, ich bin schon fast überm Startpunkt und fummel und mach' und das Foto ist in der Kiste, und ... das Vario sagt nichts mehr! Zurück zum Einstieg, in 250 Metern ist der Bart tatsächlich noch da. So, jetzt konzentrieren und nicht noch mal so einen Fehler. Mit mäßigen ein bis zwei Metern geht's zäh aber konstant aufwärts. Oben angekommen ist der Startplatz kaum noch zu sehen, und schnell sind die ersten 30 Kilometer Richtung Berlin geschafft. Wenn jetzt nichts mehr ginge, dann müssten abgeglitten immer noch 50 Kilometer drin sein, denke ich so – und von nun an ist der Stress weg.

Über Funk erfahre ich, dass Andreas keinen Thermikanschluss gefunden hat. So ein Mist, nun muss ich alleine auf Strecke. Die Bärte sind schwach, ich finde sie durch gezieltes Anfliegen der Wolken. Die liegen oft weit auseinander. Deshalb mache ich einen Umweg nach Norden zum Flugplatz Brand und treffe dort bessere Thermik. Sie trägt mich bis auf 2500 Meter, aber da oben ist es verdammt kalt. Bei Brandenburg gleite ich direkt über einen riesigen See und stelle mir vor, wie das wohl wäre, jetzt abzuspringen und mitten ins Wasser zu platschen. Dieser Gedanke hängt vielleicht mit meinem Durst zusammen – bin immerhin seit dreieinhalb Stunden unterwegs.

Dass ich heute schon weit gekommen bin, ist keine Frage, denn die Elbe-Querung bei der Atomkraftwerksruine von Stendal liegt hinter mir, und einen Moment lang denke ich: Es reicht, ich lande jetzt. Aber es geht doch noch. Landen wenn's noch geht? Nein. Irgendwann ist da so ein Punkt erreicht, an dem ich mich eins fühle mit meinem „Foil", dann kommen die Korrekturen beim Drehen automatisch; während ich an alles mögliche denke, geht das Fliegen wie von selbst. Nein, ich will nie mehr landen!

Kurz vor 19 Uhr geht dann aber nichts mehr. Ich gleite ab, fliege über die gut sichtbare ehemalige DDR-Grenze und bin mir sicher, dass ich 200 Kilometer geschafft habe. Jetzt noch einen schönen Landeplatz, denke ich und entscheide

Abbildung 3.9: Atomkraftwerksruine Stendal

Abbildung 3.10: Cargolifter-Halle am Flugplatz Brand

mich, obwohl noch 400 Meter hoch, für eine Wiese direkt am Gartower See. Dort sind Menschen, die ich zu Landezeugen machen kann.

Abbildung 3.11: Stendal mit historischem Stadtkern

Gedacht, getan, lande ich zwischen See und Schnellimbiss-Häuschen. Und wie sollte es anders sein: Der Tag endet nach 214 Kilometern überglücklich mit Currywurst, Pommes und einigen Bierchen. [Ulli Schneider]

Kapitel 4

Über sonnige Weiten

Flieg' nie nach Malz

Am letzten Augustsonntag hab' ich mit meinem guten alten Omnibus wieder einmal 50 Kilometer geschafft. Um Missverständnissen vorzubeugen: Mein Omnibus ist kein geheimnisvolles Fossil aus der Automobilbranche, sondern ein Flugdrachen Marke „Magic". Zwar verraten seine riesigen Flügel mit dem faltig gewordenen Segel und den runden Trapez-Rohren sofort den hoffnungslosen Oldtimer, aber in den vergangenen fünf Jahren ist mir der Vogel so ans Herz gewachsen, dass er mir fehlen wird, wenn uns der Drachen-TÜV demnächst scheidet.

Wahrscheinlich verdankt er es auch angenehmer Gewöhnung, dass ich ihn nicht längst für eine moderne Version verkauft habe, denn ich kenne alle Rohre und Schrauben, die ihn zusammenhalten, genau, und seine luftigen Launen sind mir bestens vertraut. Jeden Flügeldruck des Windes habe ich hundertmal gespürt und zu unterscheiden gelernt, ob er Auftakt eines Höhenfluges oder letztes Aufbäumen vor der unaufschiebbaren Landung war. Manchmal musste ich ihn mit harter Hand in Kreise zwingen, bevor er selbst zu eleganten und leichten Aufwärtsspiralen fand. An anderen Tagen nahm der Drachen wie von selbst den Drehimpuls an, so dass ich ihm bis zum Gipfel der Aufwinde freien Flügellauf lassen konnte. Dann schien motorloses Fliegen traumhaft schön und leicht wie ein Kinderspiel. Besonders in schwacher Flachland-Thermik, wenn es galt, die Grenzen zum Absaufen möglichst weit hinauszuschieben, blieb mein „Magic" unübertrefflich, und selbst in ungemütlichen Momenten, bei böigem und starkem Wind, konnte ich mich stets auf ihn verlassen. Zwischen den Extremen hat mein Omnibus alles geboten, was ich mir für einen freien Flug durch die Luft vorstellen kann – außer vielleicht, dass er ein wenig langsamer als neuere Drachen ist.

Auch nach zehn Fliegerjahren, in denen ich ULs, Segelflugzeuge, Motorsegler und einmotorige Maschinen kennengelernt habe, begeistert mich das einfache Drachenfliegen immer noch am meisten, und ich genieße nirgends so sehr den

Abbildung 4.1: Warten auf's Schlepptrike

Wind um die Nase und die Thermik in der Magengrube wie im Trapez meines „magischen“ Riesenvogels. Zwar haben sich die Erlebnishorizonte mit der Zeit verändert, geblieben ist aber die ursprüngliche Faszination dieses außergewöhnlichen Zustandes, der mir am Anfang mit dem Abheben des Körpers um wenige Zentimeter vom Boden bereits als Gipfel der Fliegerseligkeit erschien. Dabei wäre ich schon viel früher geflogen, hätte nicht meine große Flugangst jeden Lernversuch über lange Zeit verhindert. Aber das ist ein anderes Thema ...

Glück beim Seilriss Mehr als 50 Kilometer in $2\frac{1}{2}$ Stunden waren es also am Sonntag, wahrlich kein Rekord für Drachenflieger, denn die weiteste Europa-Flugstrecke beträgt inzwischen über 300 Kilometer, für mich dagegen ein bedeutsamer und spannender Flug, den ich in bester Erinnerung haben könnte, wäre da nicht am Ende die unglückselige Landung in Malz gewesen. Doch davon später. Schon der Start verlief extrem: In knapp 150 Metern riss das Schleppseil an der vorderen Sollbruchstelle des UL, als wir an der Waldkante in Segeletz einen kleinen kräftigen Aufwind durchflogen. Während ich reflexartig eindrehte, um den Lift nicht zu verlieren, vergewisserte ich mich, dass das herunterhängende Seilende nicht die Kiefernwipfel streifte. Beim ersten schwachen Heber war ich zum Kämpfen bereit, und nach vorsichtigem Zentrieren ging es mühsam meterweise nach oben. Dabei musste ich so eng kurven, dass das Schleppseil vor meinen Augen eine Spirale bildete.

Abbildung 4.2: Segeletz an der B 5

Noch nie zuvor habe ich mich im Flachland aus 150 Metern in den Himmel geschraubt. Einmal hinter Lohm, einem kleinen Dorf mitten im feuchten Rhinluch, waren die Füße in 200 Metern zum Ausstieg bereit, als aus einer Sandkuhle unerwartet der Fahrstuhl zu den Wolken führte. Was jener märkische Bauer wohl empfunden haben mag, der mich lautlos kreisend wieder entschweben sah? – Ich werde es nie erfahren. Mir gab es ein unbeschreibliches Glücksgefühl, denn mit dem unerwarteten Aufwind hatte ich eine neue Chance zur Überwindung des Schwerkraft bekommen.

In Segeletz erfüllte der enge Aufwind alle Erwartungen: Nach unendlich vielen Kreisen mit Schleppseil und Schirm am Haken lieferte er mich über Läsikow in 1500 Metern an der Wolkenbasis ab. Ich war selig über die gewonnene Höhe. Während tief unten ein Segelflugzeug den Weg kreuzte, konnte ich gelassen das Seil einziehen und zur nächsten Wolkenstraße im Norden springen, um an Berlin vorbei zur Oder zu fliegen.

Doch dabei beging ich einen typischen Anfängerfehler, denn die angesteuerte prächtige Wolke löste sich beim Näherkommen zusehends auf. Schon waren wertvolle Höhenmeter verschenkt. Also ab in Windrichtung und alles auf dem Weg mitnehmen, was die Thermik bot! Nach dem geglückten Start schien nun die Luft wie verhext, denn auch die nächste Wolke entpuppte sich als thermischer Versager. Immerhin hatte ich die Hamburger Autobahn erreicht, als der Himmel wieder einmal für Verblüffung sorgte: Weit über den Rhin-Wiesen ging es zaghaft aufwärts, obwohl eine Wolke nirgends zu sehen war. Von 600 Metern schaffte ich es auf 800 Meter, dann war wieder Schluss.

Über unlandbarer Gegend Inzwischen lag unser altes Schleppgelände von Wustrau seitlich fern ab, das Berliner Segelflieger seit geraumer Zeit nutzen. Ich konnte die Flugzeuge in der Platzrunde sehen, wie sie ohne Aufwind nach wenigen Minuten wieder landeten und beschloss, meinen kurzen Flug wenigstens bei ihnen zu beenden. Wie in alten Zeiten suchte ich beim Anflug nach letzten Ablösungen an der Waldkante südöstlich des Platzes, und diesmal mit Erfolg: In knapp 200 Metern fand ich einen zentrierbaren Bart, der aber so schwach war, dass er nur zentimeterweise zurück in den Himmel trug.

Bei aller Freude fühlte ich das Risiko, denn der Wind trieb mich in eine zwar herrliche aber völlig unlandbare Gegend: Unten das Schloss des alten Zieten, umgeben von engen Wustrauer Gärten, dahinter der Ruppiner See, im Süden dichter Wald und mitten drin als einzige Lücke ein russisches Panzerdepot. Auch wenn sie bald aus Deutschland abziehen: Den Soldaten würde mein unangemeldeter Besuch aus der Luft bestimmt nicht gefallen!

Also hieß es Nerven bewahren und aus dem Bart herausholen, was er hergab. Ein Vogelschwarm half mir, und irgendwann konnte ich aufatmen: Unter mir lagen wieder ganz normale Wiesen, die ich zum Landen nun nicht mehr brauchte, denn ich hatte stattliche 900 Meter erkämpft und wunderte mich, mit wie wenig man zufrieden ist, wenn die Thermik nachlässt. Im entspannten Gleitflug schwebte ich bei Ludwigsaue über das Luch. Bereits mehrmals hatte ich im Zentrum der schwachen Aufwinde kleine weiße Fetzen gesehen. Waren es Blütenblätter oder gar Schmetterlinge, die die Thermik so hoch getragen hatte? Ich konnte es nicht erkennen, aber jedesmal, wenn ich hinter ihnen einkurvte, war das die beste Stelle zum Steigen.

Schon näherte sich der riesige Wald der Schleuener Heide, den ich einmal kurz nach der Wende mit Herzklopfen, aber doch in sicherer Höhe, überflogen hatte. Damals war ich überrascht, wie viele Bunker und Raketenstellungen er verborgen hatte. Diesmal musste ich nach ihnen suchen. Verwüstet lagen sie, und der dichte Wald hatte sich bereits über sie gelegt. Irgendwie ist es beruhigend, dass die Natur zurückfordert, was ihr gehört. Auch die verlassenen Grenzanlagen, aus deren Überresten schon wieder Gräser und zarte Birkenpflänzchen wuchern, wirken auf diese Weise fast natürlich ...

Späte Genugtuung Mitten über dem Wald ließ mich die Thermik endgültig im Stich. Südwärts konnte ich eben noch nach Sommerfeld abgleiten, wo am Ende des Dorfes ein Agrarflugplatz liegt, auf dem wir vor drei Jahren einmal Windenschlepp probiert und uns eine der vielen Enttäuschungen der frühen Flachlandfliegerei eingehandelt hatten. Während des ganzen Flugtages ging damals eine einzige gute Ablösung über den Platz, doch da stand gerade ein Pilot am Start, den der „starke“ Wind erschreckte, und so machten wir alle nur Minutenflüge, obwohl das Wetter und die Gegend so vielversprechend aussahen.

Ich verspürte keine Lust, den Ort jenes Misserfolges wiederzusehen, suchte aber aus der Luft nach dem damals nicht gefundenen Thermik-Auslösepunkt in der Umgebung. Auf einmal schien alles sonnenklar: Wenige hundert Meter hinter dem Platz stand quer zum Wind eine gekrümmte Waldkante, die sich als Anflugpunkt geradezu aufdrängte. In 200 Metern, das sichere Landefeld neben einem Gehöft schon in Reichweite, verlief der Aufstieg wie im Lehrbuch: Über den Baumkronen stand mit entsprechender Versetzung der unentdeckt gebliebene Aufwind, der mir um 17 Uhr 30 noch einmal 900 Höhenmeter schenkte. Solches Glück schien wie eine späte Wiedergutmachung jener Gegend, der ich damals wohl aus mangelnder Erfahrung Unrecht getan hatte. Ich war gerührt und sehr stolz, mit den Flieger-Jahren dazugelernt zu haben.

Abbildung 4.3: Konzentrationslager Sachsenhausen

An der nächsten Waldkante musste ich ein paarmal mit dem Wind versetzen, und schon befand ich mich über der Einflugschneise des Flugplatzes Oranienburg, der wie ausgestorben wirkte, nicht nur wegen des Feiertages, sondern weil auch hier die Russen kurz vor der Heimreise stehen. Der ehemalige Werksflughafen der Heinkel-Flugzeugwerke (Hei00) (Mäc39) ist einer der beiden Plätze in der Umgebung von Berlin, auf dem russische Jets die Bevölkerung so genervt haben, dass sich schon zu DDR-Zeiten Protest gegen den Fluglärm regte, ein damals unerhörter Vorgang.

Noch einmal querte ich einen großen Wald und segelte nördlich von Oranienburg über Sachsenhausen hinweg, dessen KZ-Anlagen mit dem großen Turm in der klaren Abendluft gut erkennbar waren. Nach dem Überfliegen der Eisenbahnlinie lag bereits der Oder-Havel-Kanal zum Greifen nahe, auf dem sich

Lastkähne und Ausflugsschiffe munter tummelten. Am anderen Ufer leuchteten im Kiefernwald die neu gedeckten Ziegeldächer des Sanatoriums vom Grabowsee. Auch diese Heilstätte aus der Jahrhundertwende hatten sich die Russen unter den Nagel gerissen und verkommen lassen – ähnlich wie die Beelitzer Heilstätten, wo Honni zuletzt vor seiner Flucht unterkam.

Übermut Meine Flughöhe schmolz rapide dahin, so dass das Dorf Malz an der Schleuse zur schnellen Havel (vorher noch nie gehört!) ein sinnvoller Landeplatz schien. Doch dann ritt mich der Teufel: Als am Kanalufer ein letzter Aufwind zuckte, beschloss ich tollkühn, es noch einmal zu versuchen und das nächste Dorf im Wald anzusteuern. Aber es war zu spät. Um 17 Uhr 45 bot die Abrisskante der Uferpappeln nur noch einen müden Hauch von Thermik, und nach kurzem Endanflug fand ich mich unsanft auf einer Kuhweide mitten im Wald und gefährlich nah an einer Hochspannungsleitung wieder. Im hohen Gras musste erst mal ein Steuerbügel dran glauben, dann roch ich den Kuhmist, der überall klebte. Ich rappelte mich auf und staunte nicht schlecht über den Unterschied: Aus der Luft hatte die Wiese mit ein paar Kühen am Kanal harmlos ausgesehen. Jetzt war ich auf ihr gefangen. Kein Haus, kein Mensch, kein Telefon weit und breit. Statt dessen eine riesige Herde unberechenbarer junger Bullen, die mich zunächst aus sicherer Entfernung beäugte, dann eine dampfende schnaubende Mauer bildete, die auf mich zukam, an den Seiten ausfranste und im Nu den Kreis um mich schloss. War es nur der Geruch, der meine Kehle plötzlich zuschnürte?

Gefangen Nach dem anstrengenden Flugabenteuer nun diese irdische Gefahr! Echt spanischer Mut war gefordert, auf keinen Fall Unsicherheit! Während die muskulösen Tierleiber von hinten überall nachdrängten und den Kreis um meinen Drachen immer enger schnürten, legte ich hastig den roten Anzug ab, was aber niemand beruhigte. Ich drehte mich aufgeregt um die eigene Achse, wollte das Unheil frühzeitig erkennen und hatte doch nicht die leiseste Ahnung, wie ich ihm entkommen konnte. Warum gab es in der einsamen Gegend nicht wenigstens einen nahen Baum zur Rettung? Im doppelten Sinne war ich in die Scheiße geraten, was nun?

Schon hatten die mutigsten Jungbullen den Drachen erreicht und begannen daran zu knabbern. Die Spannung stieg, jetzt musste ich handeln! Verzweifelt griff ich mein Gurtzeug und schleuderte es wie ein Propellerblatt um mich herum in Richtung der vorwitzigsten Tiere. Sie sprangen erschreckt ein paar Meter zurück, ihre neugierigen Genossen am anderen Flügelende hinderte das aber nicht, noch näher zu kommen. Sofort rannte ich hinüber, schwenkte das Gurtzeug mit mäßigem Erfolg, sah das Kielrohr in Gefahr, musste dort eingreifen und bemerkte doch, dass die Gegenseite schon wieder bedroht wurde.

Während ich immer mehr außer Atem und mein Blut in Wallung geriet, wurde mir klar, dass die Niederlage so nicht zu verhindern war. Ich hielt einen Moment inne, sah mich gleichzeitig als Darsteller und Zuschauer in einem Film, der an tragischer Komik kaum überbietbar schien, und musste fürchterlich lachen.

Beim Nachdenken wurde ich wieder ernst. Falls ich meinen Drachen verloren gäbe und einen schnellen Ausbruch aus der Umzingelung wagte, könnte ich vielleicht das Ende der Wiese erreichen und wenigstens meine Haut retten, bevor die verdammten Bullen zum Angriff übergingen. Ich nahm das Gurtzeug als Waffe und stürmte plötzlich wild schreiend und gestikulierend los. Die Bullenmauer wich zurück, und als die Tiere merkten, dass ich diesmal weiter wollte, setzten sich immer mehr in Galopp, so dass auch die hinter mir stehenden der Gruppe folgten und ich tatsächlich die ganze Herde über die Wiese trieb. Ein erster kleiner Sieg war errungen! Mein Gurtzeug legte ich in sicherer Entfernung hinter den Zaun und wagte den Rückweg. Sofort spürte ich die vierbeinigen Muskelpakete wieder im Rücken. Doch diesmal wirkten sie weniger gefährlich. Ich begann, meinen Drachen abzubauen, machte in regelmäßigen kurzen Abständen brüllende und gestikulierende Drohgebährden und bemerkte nach einer Weile, dass das „tierische" Interesse an mir nachließ. Einige begannen zu fressen, die Belagerung löste sich auf.

Schließlich konnte ich nach einer schweißtreibenden halben Stunde meinen zusammengelegten Drachen schultern und den Waldrand ansteuern. Das fanden die Bullen sofort wieder interessant. Wie der Rattenfänger von Hameln hatte ich nach wenigen Schritten den ganzen Verein hinter und neben mir, und einige Vorwitzige fingen an zu stupsen. Ich stoppte, schrie so wild ich konnte, schwang dazu den Drachen wie eine riesige Keule, aber der Eindruck blieb gering. Im Weitergehen war ich schon wieder Teil der Herde. Unendlich später erreichte ich den sicheren Zaun, balancierte hinüber und ließ erschöpft den Drachen ins Gras sinken.

Umständliche Heimreise Meine Güte, das war noch einmal gut gegangen, jetzt aber wollte ich aus der elenden Gegend möglichst schnell nach Hause. Die Vorstellung, einen der vorbeischwimmenden Dampfer anzuhalten und um Hilfe zu bitten, verwarf ich als unnötig. Noch dachte ich, der Weg zum Dorf in Richtung der untergehenden Sonne wäre eine Kleinigkeit, doch weit gefehlt! In den saftigen Wiesen zwangen unpassierbare Gräben und dichtes Buschwerk zu großen Umwegen. Nur die feste Überzeugung, dass der Ort im Westen ganz nah sein musste, veranlasste mich, der unwegsamen Richtung konsequent zu folgen. Erst nach einer Stunde mühsamstem Fußmarsch durch den feuchten Urwald erreichte ich einen Weg, der Kurs auf das Dorf nahm, und irgendwann tauchten tatsächlich die Datschen von Malz auf. Eine barmherzige Seele verstaute meine langen Beine und das Gurtzeug in ihrem Trabbi und schaukelte mich über endloses Kopfsteinpflaster nach Oranienburg. Am Bahnhof rief ich Pepe an, der sich schon Sorgen machte. Zähneknirschend fuhr er mich zurück zum Startplatz, denn ich hatte gedankenlos meine Autoschlüssel mitgenommen.

So verging noch einmal eine Ewigkeit, bis ich bei inzwischen tiefer Nacht den abgelegten Drachen in der einsamen Gegend aufladen und nach Hause schaffen konnte. Im fahlen Mondlicht stand derweil die Bullenherde stumm am Zaun und sah mit starren Unschuldsblicken dem Abschied zu. Kein zufälliger Beobachter hätte auch nur geahnt, dass ich hier heute in Torero-Manier um mein Leben gekämpft hatte.

Zum Glück sind Überlandflüge im Drachen nur ganz selten so aufregend und anstrengend wie der vom vergangenen August, sie wären sonst nicht auszuhalten! Und in einem noch zu schreibenden Streckenflug-Führer würde mein unfreiwilliger Landeplatz bei Malz bestimmt keinen Stern der Anerkennung erhalten sondern mit einem dicken roten Ausrufezeichen versehen, was bedeuten soll: Achtung, hier nicht landen, Lebensgefahr! – Besser wäre es freilich, Sie fliegen überhaupt nicht in die Gegend ...

Riedels Route

Im Sommer 1935 hatte Peter Riedel (Rie90), Rhönflieger und Lufthansa-Pilot, eine verrückte Idee. Seinen Kollegen, die täglich Linienmaschinen zwischen Berlin und Hamburg hin- und herflogen, wollte er beweisen, dass man die 270-Kilometer-Strecke auch mit einem Segelflugzeug bewältigen kann. Sehr siegesgewiss war er bei diesem Vorhaben nicht, denn als er am 1. Juli in Tempelhof startete, wussten nur ganz wenige Freunde von dem ehrgeizigen Plan. Später beschrieb er in einem Artikel alle Höhen und Tiefen dieses Fluges, wobei er großen Wert auf die Bestätigung seiner Flusslauf-Theorie legte. Bei Südostwind hatte er nämlich mehrfach Aufwindreihungen entlang der Elbe gefunden, die sich fliegerisch sehr gut nutzen ließen. Die Riedel'sche Hamburg-Flugroute ist ebenso wie die 1936 von Ludwig Rotter geflogene Olympia-Zielflugstrecke Berlin – Kiel in die Segelfluggeschichte eingegangen, und seit der Wiedervereinigung hoffen Drachenflieger, an den Erfahrungen und Erfolgen von damals anknüpfen zu können. Am 23. April 1994, fast 60 Jahre später, gelang den „Segeletzern" ein erster großer Wurf, in die Fußstapfen ihrer fliegenden „Großväter" zu treten.

Wie so oft hatte der Wetterbericht für den Tag wieder einmal falsche Hoffnungen geweckt. Bis in Höhen von 3000 Meter sollte der Wind gleichmäßig aus 110 Grad mit nur 10 km/h wehen, bei hoher Wolkenbasis eine ideale Dreiecksvoraussetzung für Drachen, wie man sie nur selten im Flachland antrifft. Entsprechend hoch gesteckt waren die Erwartungen der Piloten. Um halb zwölf hatten auch die Meteorologen vom Deutschen Wetterdienst aus dem Fenster geschaut und ihren Irrtum bemerkt. Mit 25 bis 35 km/h gaben sie nun den Höhenwind aus 140 bis 150 Grad an. Also Dreieck-Träume wieder einmal begraben und Zielflug-Vorbereitungen treffen! Mittlerweile zeichnete sich am Himmel südlich des Platzes eine zarte Wolkenstraße ab, und Andreas, der alte Fuchs, peilte ihre Richtung mit dem Kompass. Er kam zu dem Schluss: 150 Grad sind zu viel, allenfalls weht der Wind in der Höhe aus 130 Grad. Dementsprechend legte er seinen Zielpunkt mehr nach Westen an die A 24 Richtung Hamburg, während ich weiter nördlich auf Schwerin als Ziel fixiert blieb.

Kurz vor 13 Uhr entließ mich das Schleppflugzeug mit 500 Höhenmetern in die zunächst schwache Thermik. Die üblichen Fotos zur Flugdokumentation klappten ohne Höhenverlust, und weit über dem Dreetzer Wald bildete die Luft endlich einen ordentlichen Aufwind, der mich bei dem kleinen Nest Lohm südlich der Hamburger Bahnlinie auf 1700 Meter trug. Wenn sich das Wetter an der Elbe nicht noch deutlich änderte, hatte Andreas mit seiner Windprognose recht. Ich vergaß deshalb vorerst meinen Wunsch, nach Schwerin zu fliegen und versuchte, das beste aus den Wolken zu machen. Schon tauchte voraus im Dunst das Elbe-Knie bei Glöwen mit den riesigen Überschwemmungen der Havelmündung auf. Wie oft hatte ich mir gewünscht, hier mit dem Drachen den Fluss zu erreichen. Nun waren die ersten 35 Kilometer geschafft, aber die kostbare Höhe schmolz unaufhaltsam dahin, obwohl über mir prächtige Wolken standen. Dichter an die Elbe musste ich heran, denn nördlich von Havelberg hatte Peter Riedel den rettenden Aufwind gefunden, als er 1935 in den feuchten Havelwiesen beinahe „gestrandet“ wäre. Und welch' Wunder: Auch heute stand dort der Fahrstuhl! Nach kurzem Suchen konnte ich in 700 Metern wieder in die Thermik eindrehen und aufatmen.

Abbildung 4.4: Wittenberge an der Elbe

„Vollgas“ an der Elbe Südlich von Bad Wilsnack schien Vorsicht geboten, denn die Segelflieger hatten dort vor einer Absauffalle gewarnt. Tatsächlich war das Wetter an der Elbe anders. Der Wind blies mehr in die vorhergesagte Richtung, und die Bärte gaben sich ruppig und kaum zentrierbar, so dass der Flug viel Kraft kostete. Vor Wittenberge demonstrierten zwei Segelflieger dann, dass die Riedel'sche Theorie immer noch gilt: Obwohl Teile der Stadt unter Wasser standen, trugen die Aufwinde auch mich problemlos über 2000 Meter, und zum ersten Mal an diesem Supertag flog ich dicht unter den Wolken lässig die Elbe entlang. Nun schien alle Erdenschwere überwunden, und der Himmel gehörte mir. Zur Rechten sah ich Perleberg zurückbleiben, wo gegenwärtig ein paar engagierte Piloten versuchen, einen Kriegsflugplatz zum Segelfluggelände zu machen, nachdem die Russen den riesigen Komplex geräumt haben. In den aufwindträchtigen Kiefernwäldern der Umgebung waren bis zuletzt Atomraketen vom Typ SS 20 versteckt, eine Vorstellung, die mich beim Flug über das zerfurchte Gelände sehr seltsam berührte. Wie hat sich unser Land in den letzten Jahren doch verändert, und wie groß ist die Berliner Fliegerfreiheit trotz der neuen Beschränkungen geworden!

Gegenüber auf dem südlichen Elbe-Ufer blinkte im Gegenlicht Gartow am See. Dort war vor einem Jahr Ulli Schneider bei einer sehr ähnlichen Wetterlage auf seinem 214-Kilometer-Flug, vom Spreewald kommend, gelandet. Er hatte damit den ersten Drachenflug über 200 Kilometer in den neuen Ländern und gleichzeitig den weitesten Deutschlandflug des Jahres 1993 geschafft. Heute konnte er leider nicht mitkommen, denn er war unser Schlepppilot.

Verpasste Wolkenstraße Hinter dem langgestreckten Rudower See bei Lenzen machte mich das Superwetter übermütig. Seit einer Weile war mir die prächtige Wolkenstraße 20 Kilometer weiter nördlich ins Auge gestochen, und die Hoffnung keimte, mit ihr doch noch Schwerin zu erreichen. So verließ ich in einer komfortablen Höhe von 2400 Metern Peter Riedels Spur und strebte Ludwig Rotter's Streckenführung zu. Doch in dem großen blauen Himmel wurde über Grabow die Höhe so knapp, dass nur mit Nullschiebern der Weg entlang der Eisenbahnlinie nach Ludwigslust zu schaffen war. Unterwegs halfen mir aufsteigende Thermikblasen, die sich vom Südrand des großen Militärareals lösten. Während ich keine von ihnen ausließ, kamen weitere Zeugen deutscher Fliegergeschichte ins Blickfeld. Am Rand des wunderschönen großherzoglichen Residenzstädtchens lagen mehrere heruntergekommene Flugzeughallen im Halbrund, Überreste unseres tausendjährigen Reiches, die die Russen anderweitig genutzt hatten. Offensichtlich sind im Krieg so viele Flugplätze in Deutschland entstanden, dass selbst unsere Besatzer sie nicht alle gebrauchen konnten.

Am Ludwigsluster Bahnhof trug der Himmel wieder, aber ich war geschafft. In greifbarer Nähe sah ich Neustadt-Glewe und wollte dort meinen Abenteuerflug beenden. Vielleicht würde mich ja ein Motorflieger nach Hause zurückbringen. Doch die Rechnung sollte nicht aufgehen. Der Weg zum Flugplatz gegen den frischen Wind war ein einziges „Saufen", und auch die neugierigen Segelflieger um mich herum verrieten keine Steiggebiete. So kam ich nur bis auf wenige Kilometer an den Ort heran und musste schließlich abdrehen, um mir am Südrand des Neustädter Sees ein Landefeld zu suchen, als ich völlig unerwartet in 300 Metern einen soliden Ein-Meter-Bart anschnitt. Unglaublich, der Aufwind war zentrierbar, und immer schneller ging es zurück in den Himmel zur Wolkenstraße über mir. Mit jedem Kreis stieg auch meine Stimmung, so dass ich schreien wollte vor Glück. Schwerin und Neustadt-Glewe mit meiner Fast-Niederlage waren schon verschmerzt. Ich hatte wieder Anschluss an die Himmelsenergie gefunden und wollte sie auskosten, so weit mich die Drachenflügel trugen.

Flug in den Westen Im spitzen Winkel querte ich die Autobahn vor Wittenburg und überflog den Zielpunkt von Andreas in majestätischer Höhe. Einerseits war ich froh, dass hier nicht auch mein Ziel lag, denn jetzt zu landen, schien mir wie ein Frevel an diesem herrlichen Flugtag. Schweben wollte ich, so lange es ging! Die laue Spätnachmittags-Thermik mit ihren ausgedehnten weichen Steigfeldern hatte mich regelrecht berauscht. Ich flog kaum noch Kreise sondern strebte – wie damals Ludwig Rotter – in großzügigem Delphinstil vorwärts nach Nordwest. Was machte es, dass ich dabei über den Kartenrand hinausgeraten war, irgendwann würden Ost- oder Nordsee meinen Höhenflug schon bremsen. Fliegen und Genießen hieß die Devise, diesen langen glücklichen Moment nicht enden lassen!

Abbildung 4.5: UL-Schlepp mit Dragonfly

Mit der sinkenden Sonne war ich in den Westen geflogen, deutlich erkennbar an der veränderten Siedlungsstruktur und den vielen herausgeputzten Anwesen. Als ich hoch über den Ratzeburger See glitt und in der Abendsonne das ziegelrote Häusergedränge auf der Insel bewunderte, hatten sich die Wolken vor mir aufgelöst. Jetzt stand der spannende Abstieg in eine völlig unbekannte ländliche Gegend bevor. Mit der Querung des Elbe-Lübeck-Kanals suchte ich bereits nach markanten Straßen und Bahnlinien, die für den Rücktransport günstig lagen. Plötzlich traute ich meinen Augen kaum, denn vor mir tauchte die Silhouette einer großen Stadt auf, die nur Lübeck sein konnte. Und richtig, weiter rechts lag der Flugplatz Blankensee, dem ich keinesfalls in die Quere kommen durfte.

Noch segelte ich oberhalb der Kontrollzone, deshalb strebte ich nach Westen, so weit der Wind trug. Bei Trenthorst war der Himmelsritt dann zu Ende. Ich schwebte über das schmucke Dorf mit dem kleinen See, sah die Bauern bei der Arbeit, drehte den Drachen in den Wind und landete wohlbehalten nach über $5\frac{1}{2}$ Stunden Flugzeit mit steifen Beinen am Rand eines großen Getreidefeldes.

Abbildung 4.6: Ratzeburg

Willkommen auf dem Land Es roch auf einmal nach Schleswig-Holstein, nach Sommerabend, Blütenduft und stiller Glückseligkeit. Während ich mich aus dem Gurtzeug schälte, rollte der Bauer mit dem Traktor heran, zunächst misstrauisch, wer da auf seinem Land niedergegangen sein mochte, dann sehr freundlich, als ich meine Geschichte erzählte. Es war wie so oft die Verwunderung, dass der Himmel an solchen Tagen derart weite schöne Flüge ohne Motorkraft zulässt. Nach den üblichen Formalitäten mit Landemeldung und Fotos wurde der Drachen zum nahen Hof gebracht und erst mal ein wenig gefeiert. Wieder nur ungläubiges Staunen der bäuerlichen Familie! Diese Art zu fliegen übersteigt im 20. Jahrhundert immer noch die Vorstellungskraft vieler Menschen, und trotz Vogelflug und Lilienthal existiert das Wissen um die thermischen Kräfte der Sonne fast nirgendwo. Um so schöner das Erlebnis der staunenden Bewunderung, wenn man als Drachenflieger nach langer Reise irgendwo vom Himmel fällt. Stets war ich willkommener Gast, und die Menschen haben sich lebhaft an meinen luftigen Erlebnissen mitgefreut.

Im letzten Abendlicht erhielt ich nun eine Führung durch die wunderschöne Dorfanlage mit ihren geputzten Ziegelfachwerk-Fassaden, die schon als Kulisse für Filmaufnahmen diente. 1934 hatte der Hamburger Zigarettenfabrikant Reynolds das Dorf mit den Ländereien gekauft, um Apfelplantagen anzulegen. Heute gibt es hier ein Bundesinstitut für Tierverhaltensforschung, in dem 90 Landarbeiterfamilien nach Angestelltentarif beschäftigt sind und „meinen" Bauern, den eigentlichen Herrscher von Trenthorst.

Am Funktelefon meldete sich Ulli und beglückwünschte mich, er war schon auf der Autobahn, um mich zurückzuholen. Zwei Stunden später stand er in der Tür des Bauernhofes, und mit dem schnell herbeigesuchten Zollstock wurde die Flugstrecke genau vermessen: 175 Kilometer Luftlinie trennten mich von meinem Startort im Nordwesten Brandenburgs, eigentlich eine unvorstellbare Entfernung für einen motorlosen Gleiter, der kaum schneller als ein Fahrrad ist.

Später erfuhr ich, dass Andreas, der eine halbe Stunde nach mir startete, Peter Riedels Route viel weiter gefolgt und erst hinter Hagenow nach Norden abgedreht war. Mit seiner Flughöhe erreichte er bequem den Zielpunkt Bahnhof Wittenburg in einer sagenhaften Durchschnittsgeschwindigkeit von 43 km/h, während ich – vor allem wegen meines kapriziösen Zwischenspiels bei Ludwigslust – nur auf 31 km/h kam. Nicht auszudenken, wie viel weiter es bei einer besseren Taktik gegangen wäre, vielleicht bis zur Dänischen Grenze. Die Herren Riedel und Rotter hätte das bestimmt gefreut! Was wiederum beweist, dass fast jeder Thermikflug im Nachhinein verbesserungsfähig ist.

Und so sehe ich uns, ein kleines Häuflein „Verrückter", die vom Fliegen nie genug bekommen, bei der nächsten guten Wetterlage wieder am Start stehen in der unstillbaren Hoffnung, dass uns diesmal ein noch schönerer, am liebsten endloser Flug ohne Motor gelingen möge. In der Zwischenzeit schauen wir – wie einst Otto Lilienthal – neidvoll unseren Vorbildern, den Vögeln zu, wie sie jeden Aufwind so mühelos genießen.

Kleiner Geburtstagsflug ins Havelland

Für eine große Aufgabe eigentlich schon zu spät, starte ich gegen 15 Uhr hinter dem UL, mit dem Pepe meinen Drachen 500 Meter hoch in den Himmel schleppt. Erst beim dritten Versuch bekomme ich nördlich des Segeletzer Flugplatzes über einem hellen Feld Anschluss an die kurzlebige Thermik. Danach geht es in mehreren Abschnitten immer schneller zur Basis der riesigen Wolke, die in 1500 Metern über dem Dreetzer Wald gewachsen ist – wunderbar! Als Lohn der Mühen kann ich mit Martin, der ebenfalls heraufgedreht hat, überall unter der grauweißen Pracht spazieren fliegen. Das nenn' ich Drachenfluggenuss á la carte: Gemeinsam die Welt zu unseren Füßen im Überblick genießen.

Der Nordwind bläst schwach, so dass ein Dreiecksversuch lohnen könnte, aber beim Abflug nach Stölln bin ich hinter Bartschendorf schon auf 700 Meter gesunken und komme nicht wieder hinauf, denn die Wolken vor mir zerlaufen. Martin hat längst kehrt gemacht. Also steuere ich Kleßen an, um hier am Badesee niederzugehen. Ein kurzer aber schöner Trip, denke ich beim Anflug zum nördlichen Seeufer, bis mich die angewandte Theorie überrascht, weil sie in der bunten Landschaft tatsächlich den Schlüssel zum Wiederaufstieg bereithält: Ein helles sandiges Feld ergibt Auftrieb für 1100 Höhenmeter – super! Weiter südlich am Rande des Friesacker Ländchens leuchten die Wiesen verdächtig grün. Schon bekommt das Vario den Stimmbruch und will sich nicht mehr beruhigen, so dass vor Görne die Reise endgültig zu Ende scheint. Trotzdem kann ich in 300 Metern an einem blassen Feld überraschend neuen Aufwind zentrieren und bis zu dem kleinen See im Wald noch einmal tausend Meter herausschlagen. Toll, dass Thermik manchmal dem Lehrbuch entspricht. Mit deftigem Saufen wird der Havelländische große Hauptkanal an der Bundesstraße gequert. Bei Kotzen ist die Thermik wie der Name, darum komme ich über Nennhausen zu tief. Irgendwas hab' ich falsch gemacht. Obwohl der Bahndamm trägt, gelingt auch mit vielen Suchschleifen aus 120 Metern der Anschluss zum Himmel nicht mehr – schade!

Abbildung 4.7: Drachenlandung als Ereignis

Mittlerweile steht das halbe Dorf mit steif gerecktem Hals winkend und rufend auf der Straße. Ich grüße aus der Luft und lande vor einem Garten, in dem eine riesige Geburtstagsfete mit vielen Kindern tobt. Die Menge rollt heran, die Gören umzingeln mich und stellen aufgeregt tausend Fragen. Sie wollen probieren und helfen, ich kann nicht entkommen, lasse sie schließlich gewähren und versuche nur noch, das Schlimmste beim Abbau des Drachens zu verhindern. Wie eine Siegesbeute tragen hundert kleine Hände mein Fluggerät zum Garten, wo mir das Geburtstagskind, eine 38-jährige Mutter, beschwipst um den Hals fällt. Brüderschaft ist angesagt.

Fast alle Kinder möchten sofort fliegen lernen. Vorschläge werden erdacht, wie man dafür schneller das nötige Alter erreicht. Einfach öfter Geburtstag feiern – logisch! Ich feiere mit bei Grillwurst und heimischem Bier, telefoniere vom einzigen Apparat des Ortes nach den Rückholern, werfe einen Blick auf das Herrenhaus uns seinen verwilderten Park, erfahre Schicksale aus dem deutschen Osten und werde schließlich abgeholt. Schnell noch der Adressentausch für das Erinnerungsfoto, dann verschwinde ich, der plötzlich vom Himmel gefallene, so spurlos, wie ich gekommen bin. Eine Durchreise von oben nach unten mit Umsteigen. Im Wegfahren drängen die Dörfler: „Lass' dich mal wieder sehen!" – Keine Ahnung, wo mir das nächste Mal der Thermikmotor versagt.

Ein schönes Fleckchen Erde und reizvoll in seiner Abgeschiedenheit ist Nennhausen an der Bahnlinie Berlin–Stendal allemal. Das fand auch der märkische Dichterfürst Friedrich de la Motte Fouqué, der hier vor 200 Jahren lebte. Nun durchrast zwar der ICE stündlich das Havelnest, der betagten Kirchturmuhr kann er die Schau damit aber nicht stehlen, und das Leben in der Mark wird sich durch einen gelandeten Drachenflieger bestimmt nicht ändern. Für mich dagegen bleibt dieser Flug Begegnung mit einer anderen Welt. Der alte Fontane lässt grüßen!

Engel in Wutzetz

oder: Ein missglückter Drachenflug nach Dessau

Auch wenn Sie nicht aus dem Osten Deutschlands kommen: Ich wette, Sie haben den Namen Dessau schon mal gehört. Sie können sich nicht entsinnen? – Dann lassen Sie Ihrem Gedächtnis einfach freien Lauf. Denken Sie an Sachsen-Anhalt, Wörlitzer Park, Bauhaus, Junkers-Flugzeugwerke. Na also, Sie kennen Dessau, zumindest dem Namen nach.

Wutzetz dagegen – mit seinen zwei TZ – ist Ihnen bestimmt noch nicht untergekommen, es sei denn, Sie waren zufällig mal dort. Das ist aber äußerst unwahrscheinlich, denn der kleine wendische Rundling liegt so versteckt, dass selbst die Schweden ihn im 30-jährigen Krieg beinahe nicht gefunden hätten, obwohl sie ganz in der Nähe die Preußen bekämpften. Eingebettet zwischen Moor und Wald wurde Wutzetz damals nur vom Gebell seiner Hunde verraten, bevor die schwedischen Truppen einfallen konnten und den Ort verbrannten. So brutal-einfach lief das anno 1648 ab.

Neulich hat es mich zum ersten Mal nach Wutzetz verblasen, und seitdem mag ich das Nest, obwohl ich an diesem wunderschönen Junitag mit dem Drachen eigentlich nach Dessau fliegen wollte. Von unserm kleinen Segeletzer Flugplatz sind das gut 100 Kilometer Strecke. Gelandet bin ich aber in Wutzetz. Nun denken Sie bestimmt, ich hätte mich verflogen und die Elbe mit der Oder, oder die Elster mit der Elbe verwechselt. – Alles Quatsch! So haben meine Mitflieger auch zuerst gedacht und nach meiner Rückkehr die Umgebung von Dessau auf der Karte weiträumig nach Wutzetz abgesucht und nichts gefunden; konnten sie auch nicht, denn Wutzetz liegt 100 Kilometer entfernt von Dessau. Bitte unterstellen Sie nicht vorschnell, mir mangele es an Orientierung aus der Luft, oder meine Flugvorbereitung sei schlecht gewesen. Weit gefehlt! Wutzetz ist nämlich das nächste Dorf hinter dem großen Wald, das man von Segeletz aus 300 Höhenmetern leicht im Gleitflug erreichen kann. Lachen Sie bitte nicht, ich bin natürlich an jenem Tag etwas weiter geflogen, aber das ganze Verhängnis kam so zustande:

Abbildung 4.8: Wutzetz

Die gute Thermik hatte mich bereits hoch über Friesack getragen, als mir das vergessene Startplatzfoto siedend heiß einfiel. So eine Blamage! Sollte dieser Flug in die deutsche Streckenwertung kommen, musste ich unbedingt wieder zurückfliegen, um den Ausgangspunkt meiner Reise zu fotografieren, denn erst danach zählen die geflogenen Kilometer. Beim Heimflug gegen den schwachen Nordwestwind lag es wohl an meiner Ungeduld, dass ich über dem großen Dreetzer Wald zweimal zwischen den Wolken die Thermik verpasste, und schon wurde es mit der Höhe brenzlig. Ein letztes Ausweichmanöver nach Wutzetz am Waldrand, wo ein Hausbart sicheren Aufwind liefern sollte, entpuppte sich als endgültige Pleite. Der gesuchte Lift hielt vermutlich Mittagsruhe, deshalb musste ich überstürzt und mit Ärger im Bauch in einem der großen Vorgärten des Dorfes niedergehen.

Auf diese Weise machte ich Bekanntschaft mit Regina. Sie ist die Besitzerin eines neugierigen Pferdes, das meinen Drachen unbedingt aus der Nähe haben wollte. Zum Glück kann ich mit Pferden umgehen ... Regina, dunkelhaarig, schlank und ausgelassen wie ihr Pferd, war vom Schatten meines Drachens zunächst erschreckt, als ich lautlos über sie hinwegglitt. Dann winkte sie erleichtert zu mir herauf, zückte ihre Kamera mit einem riesig langen Objektiv und hielt die Phasen meiner Ankunft aus der Luft in allen Einzelheiten fest. Wann fällt in Wutzetz schon mal ein Engel vom Himmel? – Ein solcher war ich nämlich in ihrer Phantasie.

Das seltene Ereignis verschaffte mir bei Regina einen offenen und herzlichen Empfang. Gemeinsam legten wir den Drachen zusammen, tranken zum selbst gebackenen Kuchen Sonntagsnachmittagskaffee und gaben uns alle Mühe, den missglückten Zielflug nach Dessau möglichst angenehm ausklingen zu lassen. Dabei entwickelte sich so viel prickelnde Spannung, dass mein einsames Fliegerherz Feuer fing. Eine solche Frau trifft man nicht alle Tage, schon gar nicht beim Drachenfliegen, wenn einem nur Thermik und viele Kilometer unter Wolkenstrassen im Kopf herumgehen.

Mit Regina im Schatten ihrer kleine Bauernkate träumen und die Natur genießen, während ihre Tochter eigene Gedichte las und wir angeregt von unseren Zielen und Sehnsüchten schwärmten, das ließ allen Ärger über den verpassten Dessau-Flug rasch vergehen. Leben ist eben mehr als Fliegen, als Landschaft von oben im Überblick. Auch von unten, im kleinen Detail, will diese Welt gesehen und geliebt werden. Regina's phantasievolle Bilder aus dem Teleobjektiv belegen das auf ihre Weise.

Meinen großen Flug nach Dessau werde ich irgendwann einmal nachholen. In Wutzetz, das ja nur gedanklich bei Dessau liegt, bin ich neuerdings häufiger in Regina's Garten und schaue nachdenklich den Himmel an, aus dem ich hier zum ersten Mal einschwebte und einen Engel traf. Das ist immer noch ein starkes Gefühl.

Sollten Sie Lust verspüren und Zeit haben, besuchen Sie uns doch mal in Wutzetz! Der Weg dorthin ist leicht erklärt. Falls Sie nicht aus der Luft anreisen, nehmen Sie in Friesack die grasbewachsene Kopfsteinpflasterstraße nach Nackel. Mitten im Luch biegen Sie bei erster Gelegenheit einfach links ab, dann sehen Sie schon ...

Liebe Anke

Manchmal wundere ich mich über mich selbst. In einem der schönsten Momente der letzten Zeit musste ich urplötzlich an Dich denken und hätte Dich in diesen Sekunden am liebsten ganz fest umarmt und Dein schönes Haar gestreichelt.

Meine Verwunderung lag in dem Umstand, dass ich gerade in dieser Situation Dich herbeiwünschte. Ich war gelandet, hatte den Drachen wenige Schritte hinüber zum Rand der Wiese getragen und mich ausgehangen. Schon waren einige Spaziergänger zur Stelle, wunderten sich, was da vom Himmel kam, stellten Fragen, liefen um das Fluggerät herum und berichteten über ihre Beobachtungen von Fliegern in den Schweizer Bergen.

Doch all das nahm ich nicht in der gewohnten Klarheit wahr, es schien etwas Undifferenziertes, Unnahbares zwischen ihnen und mir. Ich war noch gar nicht richtig gelandet, war noch nicht zu ihnen auf den Erdboden zurückgekehrt. Ich hatte ein unbeschreibbares Glücksgefühl. In diesem Moment musste ich an Dich denken, nicht an Claus, der mich in Segeletz hochgeschleppt hatte, nicht an die anderen Flieger, die dort zurückgeblieben waren. Vielleicht hat es schon einiges zu bedeuten, wenn ich in dem Augenblick des größten Glücks spontan an Dich denken muss.

60 Kilometer bin ich heute geflogen, doch diese Zahl kann nicht im entferntesten ausdrücken, wie schön diese $1\frac{3}{4}$ Stunden waren. Die Mark Brandenburg Anfang Mai. Schon auf der Hinfahrt zum Flugfeld fällt Ulli und mir die Schönheit der Landschaft auf. In reinstem gelb leuchten die Rapsfelder auf diesen sanft geschwungenen Hügeln, Endmoränenlandschaft. Die Kirschbäume entlang der Straße, die von der Autobahn über die Dörfer zum Flugfeld führt, stehen in voller Blüte. Mensch Anke, hast Du einmal Fontanes Wanderungen durch die Mark gelesen? Am Montag werde ich mich aufmachen und dieses Buch besorgen. Was dem Fontane verborgen blieb, ist der Blick auf die Mark von oben. Zwei Stunden nach meiner Ankunft auf dem Flugplatz konnte ich ihn genießen, aus 1400 Metern Höhe.

Abbildung 4.9: Blickrichtung Berlin-Spandau

Wunderbar klar war die Sicht, nachdem in der vergangen Nacht eine Kaltfront das Gebiet überquert hatte. In der Ferne konnte ich das steinerne Meer Berlin ausmachen. Unter mir die oval geformten und oft von Buschwerk umgebenen Wasserstellen, die scheinbar wahllos über die Felder gewürfelt sind. Eine mitten im saftig grünen Kornfeld liegende Wasserstelle, was kann das sein? Zeugen der vergangenen Eiszeit hatte mir einmal ein Geologe gesagt. Größere Eisbrocken, die liegen geblieben waren, als sich das Eis wieder nach Norden zurückzog. 17000 Jahre später gibt es immer noch diese Tümpel, die einfach nicht austrocknen wollen.

Der Wind und die Cumuluswolken führen genau nach Berlin. Wollte ich unter der aufwindversprechenden Wolkenstraße bleiben, würde mein Kurs mich quer über die Stadt führen. Luftraumgesetze und -struktur verbieten es jedoch. So bleibt mir keine andere Wahl als zu versuchen, westlich an Berlin vorbeizufliegen. Das bedeutet, neue Thermikquellen nicht mit dem Wind sondern quer zum Wind zu suchen und dadurch ein viel größeres Absaufrisiko einzugehen.

Kurz hinter Nauen bin ich dann auch schon auf 200 Meter über Grund gesunken. Nun heißt es, eine geeignete Landemöglichkeit zu finden, als mir ein Bussard den Weg weist. Er steigt steil, und als ich in seine Richtung fliege, erreiche auch ich den rettenden Aufwind. Doch es geht viel schneller hoch, als mir lieb ist. Das Vario heult auf, und ich schieße mit 8 m/sec wie ein schneller Fahrstuhl senkrecht nach oben. Blätter und Strohteile umgeben mich. Mir

Abbildung 4.10: Glienicker Brücke

wird schlagartig klar, dass ich in eine Windhose eingeflogen bin. Höchste Gefahr, aber ich will weiter aufsteigen. Ich halte die Basis des Trapezes so fest, als wollte ich das Alurohr zerquetschen. Jetzt nur nicht die Kontrolle über den Drachen verlieren und den Rettungsschirm werfen müssen!

Meine Angst wird mit der komfortablen Höhe von 1200 Metern belohnt. Es kann weiter gehen. Weit unter mir nun die Havellandschaft mit ihren herrlichen Seen. Überall Segelboote und Ausflugsschiffe. Ob die Gäste an Deck mich sehen? Silbrig glänzt im Gegenlicht die kilometerweite Bugwelle ihres Ausflugsdampfers.

Jetzt liegt Potsdam mit seiner Gartenlandschaft vor mir – so schön, doch die Thermik lässt nach. Soll ich mit meiner Höhe es wagen, über geschlossene Wälder und angrenzende Seen zu fliegen? Ohne Landemöglichkeiten? Sanssouci liegt unter mir – wunderschön. Für einen kurzen Moment beschließe ich, mitten im Park zu landen, wäre doch verwegen, an einem herrlichen Sonntagnachmittag zwischen all den Spaziergängern einzuschweben. Doch so viel Platz ist da unten auch wieder nicht. Die Bäume sind hoch und produzieren bei dem Wind jede Menge Verwirbelungen. Ein Crash mitten im Park wäre ja auch keine gute Werbung für unseren Sport. So entschließe ich mich, etwas südlich von Sanssouci, auf den großen Feldern von Geltow zu landen. [Andreas Becker]

Homage an Frankendorf und Friesack

Welcher Drachenflieger kennt sie nicht: Die kleinen Orte irgendwo im Land, deren Namen nur auf Wanderkarten stehen, von denen man aber weiß, weil hier einmal ein Thermikflug unverhofft zu Ende ging und das Erlebnis der Landung sich tief ins Bewusstsein grub. Oft bleiben das Gegenden der Verwünschung – manchmal aber auch der Wertschätzung, weil man zum Beispiel interessante Menschen traf oder weil sie entgegen aller Erwartung gerade dann Treibstoff für den Thermikmotor spendeten, als die Füße schon zur Landung bereit waren und es wieder himmelwärts weiter gehen konnte. Zwei Orte von vielen, mit denen ich solch' dankbare Erinnerung verbinde, sind Frankendorf und Friesack im Havelland.

Zu Zeiten der Wende, als wir in der Umgebung von Berlin Drachenschleppgelände suchten, war ich zufällig einmal in Frankendorf. Das einsame Siedlernest liegt mitten im Wald der Ruppiner Heide, nicht weit von der Hamburger Autobahn entfernt, fast in Einflugrichtung des Wittstocker Bombenackers, den die Bundeswehr kürzlich von unseren russischen „Freunden“ übernommen hat. Der Weg nach Frankendorf ist, wie die meisten alten DDR-Straßen, holprig und weder einladend noch leicht zu finden. An den Wochenenden herrscht hier eine lähmende Stille, die gestressten Großstädtern wie mir schon mal Kopf- und Gliederschmerzen bereiten kann.

Wandert der Blick eines Fremden die lange Dorfstraße hinauf, so sucht er vergeblich den märkischen Anger. Statt dessen säumen zwei monotone Reihen hingeduckter Fachwerkhäuser den staubigen Weg, der bei der Kirche rechtwinklig abbiegt. Auf mageren Feldern dahinter wächst dünnes Getreide, und nur zu bald endet der Blick ringsum am dichten Kiefernwald. Kein Ort also, um Drachen in den Himmel zu schleppen, denn es fehlt an Weite und landbaren Wiesen.

Ich hätte das kleine Dorf längst aus meiner Erinnerung gestrichen, wäre mir nicht in Tirol einer der besten Segelflieger Österreichs begegnet, der seine Frau –

welch' merkwürdiger Zufall – ausgerechnet in Frankendorf regelmäßig besucht. Trotzdem kein Grund für mich, dem einsamen Flecken besondere Beachtung zu schenken, bis ich vor wenigen Wochen bei Südwestwind mit dem Drachen die Gegend streifte. Die Thermik eines wunderschönen Sommertages hatte mich auf 1500 Meter getragen, und ich wollte der Ostsee so weit wie möglich entgegenfliegen. Während es dicht unter den Wolken in Richtung Autobahn ging, genoss ich den märkischen Flickenteppich von oben, aber vor Neuruppin ließen die Aufwinde wieder einmal nach. Die Erinnerung an eine Außenlandung bei Walsleben vor einem Jahr und ein Fast-Absaufer vor Storbeck bewogen mich deshalb, mehr nördlichen Kurs zu halten, so dass Frankendorf wie eine Oase im riesigen märkischen Wald auftauchte.

Abbildung 4.11: Frankendorf in der Ruppiner Heide

Meine Flughöhe betrug nur noch 600 Meter, als ich ein einzeln stehendes Gehöft im Wald erreichte, doch den zarten Turbulenzen war kein Aufwind zu entlocken, obwohl ich die Luft mit Suchschleifen förmlich zerfurchte. So blieb nur Frankendorf zur Landung. Sollte hier mein Glück zu Ende gehen? Im Sinkflug über niedrige Dächer wählte ich kurz entschlossen das große Feld bei der Kirche als Aufsetzpunkt. Wie ausgestorben wirkte der Ort, denn niemand wollte meinen bunten Vogel beachten, den der Wind in 200 Metern schwungvoll an den Waldrand trieb. Doch dort passierte das Unglaubliche und Wunderbare: Ich fühlte Thermik, drehte instinktiv den Drachen und begriff nach einem Kreis, dass hier zwischen Gotteshaus und Wildnis ein solider Aufwind seine

Dienste anbot, der mit 1 m/sec gleichmäßig nach oben stieg. Da mochte ich dem Himmel, von wo ich gekommen war, nicht widerstehen, obwohl nach wenigen Umdrehungen die Versetzung über den Wald so stark wurde, dass jeder Landeplatz in unerreichbare Ferne rückte. Als letzte Rettung beruhigte eine niedrige Kiefernschonung die Nerven, während ich höchste Konzentration suchte, um den Fahrstuhl nur ja nicht zu verlieren. Einen solchen Flugfehler hätte ich mir kaum verziehen, ganz abgesehen von der Kunst, in der unwegsamen Gegend eine crashfreie Landung hinzuzaubern.

Jeder, der ähnliche Situationen des motorlosen Überlandfluges erlebt hat, weiß, dass dabei die Hände an der Drachenbasis feucht werden und der Blutdruck ungesunde Höhen erklimmt, je tiefer der Drachen fliegt. Wie erlösend ist es dagegen, wenn mit jedem wiedergewonnenen Höhenmeter die Anspannung nachlässt und stolze Glückseligkeit alles durchdringt. An diesem Sommernachmittag bei Frankendorf dauerte es lange, bis ich derart erleichtert durchatmen konnte, denn der umgebende Wald schien endlos. Um so überwältigender war der Erfolg. Ist das der Nervenkitzel, den Thermikstreckenflieger suchen? – Vielleicht. Er gehört wohl ebenso zum Fliegen wie das Erlebnis grenzenloser himmlischer Weite oder die Genugtuung, Sonne und Wind die Kraft für möglichst lange Flüge abzutrotzen. Da bleiben Landungen nur allzu oft Niederlagen, die der unstillbaren Fliege(sehn)sucht wieder neuen Auftrieb geben.

So war es auch diesmal, denn nach knapp 50 Kilometern ging um 17 Uhr 30 an der Schleuse von Diemitz die Reise vorzeitig zu Ende. Weit voraus füllte eine riesige Cumuluswolke unverschämt den Himmel, die ich trotz Kampf bis zur Baumwipfelhöhe nicht mehr erreicht hatte. Lag es am Kurs, der laut Thermikkarte besser links oder rechts der Seenkette verlaufen sollte? War ich zu ungeduldig aus dem letzten mäßigen Aufwind weggeflogen? Hatte ich nicht entschlossen genug alle denkbaren Auslösepunkte unterwegs angesteuert? Fragen, die mich bewegten, als ich im sonnig-warmen Gras dem Himmel über mir nachtrauerte und die Rückholmannschaft herbeisehnte. Von ihr erfuhr ich, dass meine beiden Mitflieger weit früher gestrandet waren – leider kein Trost bei dem Wetter, denn Fehler werden nicht dadurch erträglicher, dass andere sie ebenfalls begehen. Also auf zum nächsten Flug, um den Himmel zu erobern!

Und tatsächlich: Wenige Tage später gelingt bei Friesack der Sieg. Hier, wo einer alten Sage (Thi01) nach der Teufel die Junker aus einem Loch im Sack verloren hat, als er über das Luch flog, geben die zarten Hügel in der Abendsonne überraschenden Aufwind. Per Funk ist schon die Tankstelle an der B 5 zum Landen gemeldet, doch aus dem Nullschieber über dem Kasernenschornstein wird bei geduldigem Suchen ein wunderbar weicher Ein-Meter-Bart, je weiter der Nordwestwind mich über die reifen Kornfelder schiebt. 1100 Meter bringt das laue Lüftchen, und weiter geht es entlang der Bundesstraße, immer in Sichtweite einer endlosen Autoschlange. Vor Paulinenaue ähnliches Spiel mit dem Aufwind, als südlich von Selbelang über der Ribbecker Heide ein letztes Wölkchen schimmert, das beim Näherkommen aber wie eine Fata Morgana verschwindet. Um 18 Uhr 30 reicht die Höhe im Abgleiten gerade noch bis zu den Baumkronen von Ribbeck, das sich so unscheinbar in sein Tälchen schmiegt,dass der heruntergekommene Herrensitz kaum darin auffällt. Sie wissen schon: Der

Abbildung 4.12: Schloss Ribbeck

mit dem Birnbaum im Garten (Fon01). Diesmal locken die reifen Kirschen, und ich kann einfach nicht widerstehen. Aber niemand in Ribbeck nimmt davon Notiz. – Wo sind nur Fontanes Kinder geblieben?

Von Segeletz nach Görlitz

Einmal mit dem Drachen weiter als 200 Kilometer fliegen. Du bist schon Strecke geflogen, hast auch vielleicht schon einen Hunderter geschafft, doch ganz tief in Dir schlummert ein Wunsch. Der Wunsch, diese unwiderstehliche Grenze zu überschreiten, die magischen 200 Kilometer.

Mein Garmin zeigt mir nur sein großes graues Display. Kurz zuvor piepste es, und ich konnte gerade noch die Meldung „low battery“ lesen, bevor es sich verabschiedete. Dabei hatte ich am Abend zuvor frisch geladene Akkus eingelegt. Akkus der ganz speziellen Sorte: Metall-Hybrid mit extra großer Kapazität.

Wie wunderbar lasen sich die Informationen ab, die das Display bot. Mit 90 km/h über Grund zu gleiten, das Trapez nur unwesentlich gezogen, 148,3 Kilometer vom Startplatz entfernt. Die LKWs unter mir auf der A 15 Richtung Cottbus haben ihre liebe Mühe und Not, das Tempo mitzuhalten. Schade, dass diese Informationsquelle nicht mehr sprudelt.

Gib den Akkus im GPS ein wenig Zeit, sich zu erholen, schalte es noch einmal ein, wenn du dich in tieferen, wärmeren Regionen befindest und lasse dich von

Abbildung 4.13: „Ramair" im Schnellflug

der neuen Kilometerzahl überraschen! Doch zunächst bin ich von etwas anderem überrascht. Nicht die Cumuli in Flugrichtung, die hatte ich erwartet. Nein, die Überentwicklung östlich meiner Flugrichtung entpuppt sich als waschechtes Wärmegewitter. Gefahr? Weiter südlich und westlich stehen Thermikwolken, die keine Anzeichen von Überentwicklung tragen, überall Möglichkeiten zu landen. Also fliege ich wie bisher mit dem Wind Richtung Südosten. 1500 Meter Höhe erscheint auf dem Bräuniger, und aus dem verminderten Sinken ist ein echter Nullschieber geworden. Die ersten Regentropfen klatschen gegen meine Sonnenbrille. Aus dem Nullschieber wird Steigen. $3\frac{1}{2}$ Meter netto zeigt mir die reiseoptimierte Sollfahrtfunktion des Varios, die ich immer dann wähle, wenn es von einer Wolke zur nächsten Thermik geht. Also eindrehen, der Regen wird stärker. Bist Du schon einmal bei Regen geflogen? Und dann auch noch gestiegen?

Auf der Sonnenbrille bildet das Wasser mittlerweile kleine Sturzbäche, ich fühle mich eher als Taucher statt als Flieger. In östlicher Richtung, ungefähr 10 Kilometer entfernt, zucken die Blitze aus der Wolke, deren Basis ich gerade erreicht habe. 2000 Meter hoch, weiter geht es Richtung unbekannt, denn längst habe ich den für den Kartenhalter gefalteten Bereich meiner ICAO-Karte verlassen.

Als ich auf 1100 Meter abgesunken bin, schalte ich versuchsweise mein GPS ein. Die Akkus liefern genügend Power, um Satelliten zu finden und meine Posi-

Abbildung 4.14: Kraftwerk Boxberg

tion zu lokalisieren. 203 Kilometer, fantastisch, low battery, piep und grau. Die magischen 200 Kilometer sind erreicht. Ich freue mich riesig, doch gleichzeitig muss ich an die ostdeutsche Bestleistung denken, die bei 214 Kilometern liegt. Neues Ziel, neue Motivation. Vor und unter mir ein Braunkohletagebaugebiet. In einiger Entfernung ein Kraftwerk. Würde ich hinter dem Kraftwerk landen, hätte ich den neuen Rekord.

Die Luft ist ruhig. Weder einen Nullschieber noch ein stärkeres Sinken, welches die nahe Thermik andeutet, kann ich erfliegen. Soll der Traum gleich schon zu Ende sein, zu Ende auf dem Schutt einer Abraumhalde? Das Kraftwerk, die letzte Rettung? Mit knapper Höhe erreiche ich die 4 Schlote und 12 Kühltürme dieser Braunkohleverbrennungsanstalt. Der schwefelhaltige Rauch treibt die Tränen in meine Augen und den Variozeiger auf $+1\frac{1}{2}$ m/s, wow. Du kurbelst, und mit jedem Kreis kommst Du näher an den neuen Rekord. Doch andererseits stelle ich mir die Frage, wie weit die polnische Grenze, die nicht überflogen werden darf, entfernt ist. Bei südöstlicher Flugrichtung halte ich jetzt geradewegs auf sie zu.

Um 18 Uhr 35 erreiche ich die Wolkenbasis bei 1900 Metern. In Windrichtung nur noch die Fetzen sich auflösender Cumuli. Also final glide: Den „Ramair“ voll gespannt, den Gurt so tiefgestellt, dass ich die Speedbar küssen könnte, und die Arme ganz angewinkelt lande ich 25 Minuten später in Königshain bei Görlitz. 4 Kilometer entfernt von der Grenze zu Polen und 244 Kilometer von Segeletz, meinem Startplatz.

Die Landezeugen, Renate und Herbert, sind etwas verwundert, warum ich hinter ihrem Hof im Rotkohlfeld stehe. Schließlich gibt es im nahen Görlitz einen Flugplatz, auf dem man startet und eben auch wieder landet! Trotzdem werde ich zu einem Abendessen eingeladen, erfahre so manches über Niederschlesien und den polnisch-deutschen Grenzverkehr. Ich berichte von mir und meinem Flug:

Wir konnten in Segeletz nicht vor 14 Uhr starten, obwohl seit 12 Uhr herrliche Cumuli am Himmel standen. Doch die Steigwerte entsprachen anfangs in keiner Weise dem Wolkenbild: 0,5 bis 1 m/sec in den ersten $1\frac{1}{2}$ Stunden bei einer Flughöhe zwischen 600 und 1000 Metern. Nur nicht absaufen und jedes Steigen so hoch wie möglich ausfliegen, war meine Taktik. Denkst Du dabei an einen großen Flug?

Vorhalten gegen den Wind, denn er treibt mich direkt auf Berlin zu. Zum Glück ist die Kontrollzone um die Berliner Flughäfen in den letzten Jahren stark verkleinert worden, so dass ich am Stadtrand entlanggleiten kann. Den eigenen Wohnort überfliegen ...

„Wie kommst Du wieder nach Hause?“ fragt Renate. Mein Anruf in Segeletz bringt die Antwort: Peter Schühle, der morgens mit seinem VW-LT samt eingepacktem UL von Berlin zum 80 Kilometer entfernt gelegenen Flugplatz gefahren ist, um Pepe, Claus und mich zu schleppen, will mich abholen. Um 3 Uhr nachts ist er bei mir und den Landezeugen, um 7 Uhr sind wir wieder in Berlin. Frühstück, Telefonate, Glückwünsche, Presse und die Idee, jetzt ein großes FAI Dreieck anzugehen ...

Ergänzungen zum GPS-Gebrauch

GPS-Unterstützung beim Fliegen liefert nicht nur vielfältige Informationen, sie kann auch sehr stark motivierend wirken. Hätte ich nicht durch das Garmin-GPS von der Erreichbarkeit einer neuen Bestleistung erfahren, wäre es wahrscheinlich nicht dazu gekommen. Dass Du Dir mittels der mitgelieferten Software die eigene Flugroute ausdrucken lassen und damit auch feststellen kannst, wo in Deinem Fluggebiet die Thermikbärte stehen, sei nur am Rande erwähnt. Alle weiteren Informationen über die Features dieses Instruments kannst Du der Bedienungsanleitung entnehmen. Was zu lösen bleibt, ist das Batterieproblem. Ich habe die Erfahrung gemacht, dass mit normalen NC Akkus nur 3 Betriebsstunden mit dem Garmin GPS-45 zu erzielen sind, mit Metall-Hybird Akkus 4 bis 5 Stunden und mit Duracell Batterien etwas über 6 Stunden. Das „Trimble flightmate pro“ benötigt wesentlich höhere Batterieleistung, so dass von den für das Garmin angegebenen Zeiten mindestens eine Stunde abzuziehen ist.

[Andreas Becker]

Die Leiden eines Schlepppiloten

oder: Meilenstein im Flachland-Dreiecksflug

Heute könnte ich heulen: Warum bin ich nur UL-Schlepppilot geworden, wo Motorfliegen mir wie ein Verbrechen vorkommt an Tagen wie diesem, an dem sogar Scheunentore in die Luft gehen und ich tausendmal lieber im Drachen von Aufwind zu Aufwind gleiten möchte?! Meine Chance war gestern, als Pepe schleppen musste. Aber bei viel zu spätem Start und abtrocknender Luftmasse schaffte ich gerade mal schlappe 45 Kilometer, bin trotzdem stolz, weil mir an der Elbe zweimal der Wiederaufstieg aus 200 Metern glückte, während Arno bei frühem Abflug den 100-Kilometer-Zielflug nach Magdeburg nur haarscharf verfehlte und Andreas an der Wahl seiner Dreieck-Wendepunkte auf dem dritten Schenkel scheiterte. Sein Landezeuge in Zollchow versteht als Modellflieger etwas von Aufwinden und berichtete, dass die Gegend als Absauffalle bekannt ist, weil hier thermisch wenig abgeht. Dabei hätte Andreas mich vorher fragen sollen. Seit zwei Jahren liegt mein 100-Kilometer-Havelland-Dreieck ausgefeilt in der Schublade, und jede seiner Teilstrecken bin ich schon einmal geflogen, aber niemals ganz herumgekommen.

Abbildung 4.15: Bhf Schönhauser Damm an der ICE-Strecke Berlin–Hannover

Nach der Außenlandung vom Vortag zeigt Andreas Interesse daran und notiert für heute die Wendepunkte: Bahnhof Schönhauser Damm, Bahnhof Glöwen und die Kirche von Nackel, zusammen 108 Kilometer Strecke und größtes FAI-

Dreieck, das jemals im norddeutschen Flachland gewagt wurde. Start ist diesmal nicht in Segeletz sondern auf dem Dreieckschenkel im traditionsreichen Fliegerdorf Stölln, das seit gestern wieder, wie jedes Jahr Anfang August, sein Lilienthalfest feiert, denn der gute alte Otto ist hier bekanntlich am 9. August vor 99 Jahren abgestürzt. Seit der Wende gehört unsere UL-Schleppgemeinschaft regelmäßig zum Programm der Show, nachdem wir mit den Stöllner Segelfliegern Freundschaft geschlossen haben.

Als ich um 11 Uhr meinen fliegenden Gartenstuhl aus der Flugzeughalle in Kyritz ziehe, tränen mir die Augen. Der Himmel zeigt überall superschöne weiße Farbtupfer, deren Basis noch auf 2000 Meter ansteigen soll, und die Segelflieger hängen schon unter den Wolken. Beim Start in den leichten Südostwind fühle ich sofort, dass die Luft „brennt“. Das wird ein Hammertag. Reinhard von der Motorflugschule hört mich beim Abflug im Funk und wünscht mir gutes Gleiten. Wenn er wüsste, dass ich heute statt gleiten schleppen muss!

Andreas macht sich gerade fertig, als ich in Stölln lande. Zum Glück hat er die Taxi-Nachtschicht sausen lassen und ist fit für den Tag. Den Einstiegsbart knackt er bereits in 350 Metern, dreht auf und verschwindet bald am Horizont. Ich muss aufpassen, denn die Luft brodelt in dem hügeligen Gelände überall. Dementsprechend hart sind die Schlepps, und oft schleudert mich die Thermik brutal in die Trapezecken. Das sind Momente, in denen ich Norddeutschland hasse, weil es hier keine ordentlichen Flugberge gibt. Nur deshalb muss ich diesen fliegenden Staubsauger, meinen flatternden Rasenmäher bedienen, obwohl ich viel lieber „richtig“ fliegen würde. Aber heute bin ich dran, es ist nicht zu ändern, denn vor drei Tagen hat uns Peter verwöhnt, als Andreas seine 244 Kilometer nach Görlitz schaffte und ich nach immerhin 112 Kilometern meinen alten Flugplatz Reinsdorf wiedersah, von dem mir 1991 der erste große DDR-Flug über 130 Kilometer glückte. Die Begrüßung dort fiel entsprechend herzlich aus, und ich bekam eine Motormaschine, mit der es abends zurück nach Segeletz ging. Verrücktes Gefühl, die Strecke auf diese Art noch einmal rückwärts zu genießen!

In Stölln bleibt jetzt wenig Zeit zum Träumen, denn die Kornhalme fliegen hoch, ein richtiger „Dust devil“ zieht über den Platz. Mit allen Kräften halte ich das Trike am Trapez, während es hinten den eingehängten Drachenflieger erwischt und am Boden überschlägt. Zum Glück läuft alles glimpflich ab. Dann ist Windstille. Henry, der Superstarter mit den langen Beinen legt einen Fehlstart hin, unfassbar! Dafür sieht er beim zweiten Start den Storch in 200 Metern, klinkt aus und dreht gemeinsam mit ihm hoch – Klasse! Als Pepe am Seil hängt, wundere ich mich, dass er bereits in 150 Metern aussteigt, obwohl wir noch keinen der Hammerbärte durchflogen haben. Erst nach der Landung merke ich, dass die Klinke am UL versehentlich geöffnet hat, also neuer Startversuch.

Der Pechvogel des Tages ist Mike. Ich schleppe ihn in den besten Bart dieses Sonntags, wir kreisen uns am Seil in Nullkommanichts auf 500 Meter hoch, er klinkt und findet den Aufwind nicht wieder. Im deftigen Saufen landet er fast gleichzeitig mit mir und ist so frustriert, dass ihn keiner mehr zu einem weiteren Start überreden kann – schade.

Zwei Stunden später kommt Wolfgang überraschend herunter. Er wollte auch auf Dreieck-Kurs, war bis zur Basis gestiegen, traute sich aber nicht vom Platz weg, weil ihm plötzlich das Sinken so stark vorkam. Man mag es nicht glauben! Lukki ruft an und gibt seinen Landeplatz nördlich von Kyritz durch. Schön, es ist immerhin sein erster Streckenflug im Havelland. Noch ein Anruf lässt uns aufhorchen: Otto Bradaczeck hat mit seinem Gleitschirm aus der Winde heraus ebenfalls die 20-Kilometer-Strecke nach Kyritz geflogen. Es wäre noch weiter gegangen, berichtet er später, aber er kannte die Gegend nicht so genau, also landete er lieber. Welch ein Jammer, das hätte der erste große Gleitschirmflug in Norddeutschland werden können.

Um halb sieben, als es schon keiner mehr für möglich hält, denn die Cumuli haben sich bereits aufgelöst, schwebt tatsächlich Andreas herein. Hat er oder hat er nicht? Erlösende Mitteilung nach fünf Stunden Flugzeit: Das Dreieck ist geschafft. Unser Jubel bleibt lange verhalten, weil keiner zu glauben wagt, was ewig unerfüllt in der Luft lag. Nun ist endlich bewiesen, dass auch in Brandenburg große geschlossene Flugaufgaben möglich sind. Herzlichen Glückwunsch, Andreas!

Und ich wäre so gern mitgeflogen. Bei der Heimreise nach Kyritz im Trike dreht ein Segelflugzeug über dem Gollenberg, dort wo Otto Lilienthals Grabstein steht. Ich steige mit ein in den Bart, nehme Gas weg und schraube mich innen an dem Segler mit 4 m/sec vorbei nach oben. Was für ein Tag! Bei der Landung in Kyritz gibt es die Nachricht, dass heute ein Segelflieger Berlin im Dreieck-Kurs von 720 Kilometern umrundet hat – Wahnsinn! – Und ich Idiot musste heute Schlepppilot spielen …

Der 700-Kilometer-Tag

Über Landungen in unbekannten Gegenden wurde schon viel berichtet, doch cleveres Landen hängt nicht nur von Windrichtung und Geländebeschaffenheit ab, wie die folgende Geschichte beweist.

Auf unserem Segeletzer Flugplatz waren wir am 20. Juli 1996 mittags im UL-Schlepp gestartet und auf freier Strecke bis nach Niedersachsen geflogen – zusammen 700 Kilometer. Damit auch andere Piloten solche großen Flüge gut zum Abschluss bringen, hier einige interessante Landepraktiken: Ich selbst halte mich strikt an die positiven Erfahrungen unseres Vereinspräsidenten Claus Gerhard, der sogar ausgedehnte Streckenflüge über vier (!) Kilometer von Segeletz bis nach Wutzetz unternimmt, weil er dort kostenlos als Überflieger bewirtet wird. Zur Kirschenzeit geht es dann später nach Werder (60 Kilometer Zielflug) und im Herbst wegen der Birnen nach Ribbeck (30 Kilometer). Andere Beispiele ließen sich ergänzen, aber ich will seinem Flugreiseführer „Gleiten und Schlemmen in der Mark Brandenburg“, der sich in Vorbereitung befindet, nicht vorgreifen.

Als ich an jenem 20. Juli nach 118 Kilometern zur Landung ansetzte, stellten sich mir folgende Fragen: Wie bekomme ich meine Hände und Füße wieder warm und beweglich, wer dokumentiert meinen Flug und wo stille ich meinen Durst und Hunger? Deshalb machte ich auffällige Freiübungen im Gurtzeug und ließ einige Hallo-Rufe vor der Landung ab. Schließlich sollte es mir nicht wie Pepe ergehen, dessen einziger Landezeuge hartnäckig die Unterschrift auf dem Landeformular verweigerte, weil er die Bestellung einer Brockhaus-Enzyklopädie vermutete. Da hier vor Wolfsburg kaum Drachenflieger aus Berlin niedergehen, wurden mir auch Speis und Trank gereicht. Als um 22 Uhr Kuddel, unsere tapfere Rückholerin kam, geleitete mich die ganze Familie bis zur verabredeten

Abbildung 4.16: VW-Werk Wolfsburg

Kreuzung. Wahrscheinlich wollte man sichergehen, dass der gut verpflegte Gast endlich wieder von dannen zieht.

Arno, mein schärfster Konkurrent, der durch einen seltsamen Zufall acht Kilometer weiter flog, landete – deutlich auf beiden Augen vom Thermikhammer gezeichnet – nach 126 Kilometern in Bodenteich. Seine Landeplatzwahl zwang ihn bis 20 Uhr ins Café der Barmherzigen Schwestern eines Sanatoriums und nach deren Feierabend in eine Pizzeria, die aber um 22 Uhr ebenfalls dichtmachte. Schließlich verbrauchte er noch zwei Telefonkarten, um uns an seine Landestelle zu lotsen.

Bei Andreas, unserem ambitionierten XC- und Ligapiloten, merkte man die Routine. Nur ein einziger Anruf mit Positionsangabe war nach seinem 201-Kilometer-Flug nötig, um ihn um 2 Uhr 15 nachts schlafend unter einer der drei Dorflaternen bei Soltau in der Lüneburger Heide zu finden.

Zum Schluss noch einige weitere Landeerfahrungen an diesem Tag: Claus als Schlemmerflieger hatte nach seinen 125 Kilometern sofort Barbecue-Anschluss und einen gedeckten Tisch vor sich. Paolo landete nach 130 Kilometern sinnigerweise an einer Busstation. Die hatte irgendwann am Abend dichtgemacht und der Pförtner alle Lichter gelöscht, bevor er zu Bett ging. Deshalb mussten wir Paolo vor den verschlossenen Toren erst mal aufwärmen und verpflegen, ehe er wieder richtig zu sich kam. Sein Landeplatz hat mir irgendwie nicht gefallen. [Henry Maek]

Abbildung 4.17: Heidepark Soltau

Rotters Route

oder: 60 Jahre und 8 Tage später

> Why do you fly cross country?
>
> Have you ever asked yourself that question? I'm sure you must have. And if you're like most XC pilots, you could probably give many answers — the freedom, the challenge, the beauty, the sense of accomplishment. Still, is this really the whole story?
>
> If you're like most XC pilots, you probably have two goals that are less abstract, more concrete, easier to quantify, and more important than all the rest. These can be summed up in one simple phrase:

> „Get high and go far!"
>
> Sounds familiar, doesn't it? I'll even go one step further. If you're like most XC pilots — and I know, because I'm one of them — I'll bet that if you examine the depths of your soul you'll find that you really have only one goal. This goal can be summed up in two simple words:
>
> „Go far!..."
> *Paul Gazis, Sunnyvale, CA (Gaz97)*

Es ist 2 Uhr früh, wir fahren auf der Autobahn Hamburg–Berlin zurück. Zurück aus Rickling, nördlich von Hamburg gelegen, wo ich nach 204 Kilometern gelandet war und mich Claus, Henry, Arno und Ulli aufgesammelt hatten. Zeit genug, um diesen Flug vor dem inneren Auge Revue passieren zu lassen, Eindrücke zu rekapitulieren. Doch plötzlich ist es wieder da, dieses „Go far! – Weit fliegen", vielleicht noch ein Stückchen weiter als gestern?

Werde ich von jemanden gefragt, an welche Flüge ich mich erinnere, welche mir die größte Freude bereitet haben, dann fallen mir spontan nicht irgendwelche Wettbewerbsflüge ein sondern meine weiten Flachlandflüge. Noch ein bisschen weiter? Ich greife zum Telefon und höre mir die Segelflugwettervorhersage für Mittwoch an: „Ein Hoch über der Ostsee, Zufuhr trockener Festlandsluft aus Südost, wolkenlos oder 1 Achtel Cumulus, Basis 2000 bis 2500 Meter, gute Blauthermik, Inversion bei 2600 Metern, Höhenwind in 1500 Metern: 130 Grad, 25 km/h, QNH 1020 hPa." Wie elektrisiert lege ich das Telefon beiseite, das „Go far!" dieses Fieber ist wieder zu spüren.

Nur, wie komme ich in die Luft? Wer von uns kann sich den Mittwoch frei nehmen, um den Tag zu nutzen? Um 3 Uhr sind wir in Segeletz zurück. Das Trike samt Peter Schühle, der uns so schön am Dienstag in die Luft gebracht hatte, ist verschwunden. Henry und Claus können sich definitiv nicht von ihrer Arbeit losreißen und fahren weiter nach Berlin. Arno, Ulli und ich verbringen den Rest der Nacht am Flugplatz in Segeletz.

Um 10 Uhr 30 stehen wir am 12 Kilometer entfernten Flugplatz Kyritz, wo das Vereinstrike in einer der großen Hallen untergebracht ist. Nun wird es langsam erst mit der Antwort auf die Frage, wer von uns an diesem Tag schleppt. Klar, dass heute jeder selbst auf Strecke gehen möchte.

Durch die vielen Flugzeuge, die auf dem Platz und in den Hangars stehen, kommen wir auf eine Idee: Vielleicht könnte uns ja jemand von der Flugplatzwerft hochschleppen? „Nein, Trikefliegen kann keiner, aber Cessna, Motorsegeler, Wilga würde gehen." „Für die Wilga, die bequem 2 Segelflugzeuge gleichzeitig schleppt, wären doch 3 Drachen kein Problem." Uns erscheint allerdings die minimale Abhebegeschwindigkeit von 115 km/h etwas zu hoch. „Da haben wir noch die Antonov AN-2 (der größte einmotorige Doppeldecker der Welt), die hebt schon mit 75 km/h ab!" Nur: 1000 PS Sternmotor, 400 Liter Avgas pro Stunde, wir würden wohl eher im Abgasstrahl verbrennen.

Es bleibt nichts anderes als Gerechtigkeit walten zu lassen: Wir geben Horst, dem Antonov-Piloten, 3 Streichhölzer: wer von uns das Kürzere zieht, muss schleppen! Das Los fällt auf Ulli, den einzigen Trike-Flieger unter uns ...

Abbildung 4.18: Die AN-2: Größter einmotoriger Doppeldecker

Um 12 Uhr sind Arno und ich startbereit, so früh wie selten. Doch die angekündigte Blauthermik lässt auf sich warten, keine Böe unterbricht den sanften und warmen Wind aus Südost. Endlich, um 13 Uhr 35 bildet sich der erste Schleier am Himmel ab.

Mit eingeklinktem Schleppseil warte ich mit meinem „Laminar" auf die Rückkehr des Trikes vom Checkflug. „Es blubbert überall ein bisschen, wir schleppen gegen den Wind zur Waldkante" kommt von Ulli, dem UL-Piloten. In 400 Metern Höhe nach 3 Kilometern Schlepp erreichen wir die Waldkante. Ein Mähdrescher arbeitet auf dem vorgelagerten Kornfeld. Wunderbar, das passt gut zusammen. Schon kann ich in knapp 2 m/s eindrehen, und es geht rauf auf 1400 Meter. Dann ist der Bart wie abgeschnitten. Es soll die größte Höhe für die nächsten 50 Minuten bleiben.

Ich lasse mich im Blauen mit dem Wind treiben und versuche, jede Thermik auszukurbeln, die sich in meine Flugbahn stellt. Doch das gefundene Steigen ist nur schwach. In 900 Metern setzt es aus, kurze Schleifen gegen den Wind führen nicht zum Erfolg. Was bleibt anderes übrig, als in Windrichtung weiter zu suchen? Südöstlich von Pritzwalk steuere ich deshalb eine von Kornfeldern umgebene Häusergruppe an: Die Thermik, die ich in 500 Metern finde, entpuppt sich bald als 4-Meter-Bart und bringt mich an die Inversionsgrenze auf 2360 Meter! Einzelne kurzlebige Wolkenschleier sind in Richtung Parchim, Schwerin auszumachen.

Ich befinde mich mittlerweile über der Mecklenburgischen Seenplatte, wunderschön die Kontraste zwischen den tiefblauen Seen und den goldgelben Kornfeldern. Als ich über Gadebusch wieder zur Inversion aufgedreht habe, bietet sich mir plötzlich einer der faszinierendsten Anblicke, die ich je aus dem Trapezdreieck genossen habe: Das Meer!

Abbildung 4.19: Lübecker Bucht mit ehemaligem Grenzstreifen

Mit dem Drachen ans Meer fliegen Ein alter Traum wird wahr. Links von mir Lübeck, rechts die Ostsee, unter mir spendet der Lübecker Yachthafen einen komfortablen Zwei-Meter-Bart. Mit einem Mal bin ich hin- und hergerissen. Am Strand der Ostsee zu landen oder „höher, weiter ...“? Das „Go far“ gewinnt die Oberhand, und so geht es weiter in die Holsteinische Schweiz. Hier liegt die Betonung allerdings auf Holsteinisch, erreicht doch der höchste Hügel weit und breit nicht einmal 200 Meter. Bei Ratekau, südwestlich vom Timmendorfer Strand, kann ich noch einmal in der Thermik drehen, dann wird die Luft ruhig. 175 Kilometer zeigt das GPS an; die 200 Kilometer Marke? Kann ich sie knacken?

Vor mir der Große Plöner See, südöstlich von Kiel gelegen, voller bunter Surfsegel. Mit 500 Metern Höhe erreiche ich das Ostufer, 186 Kilometer von Kyritz entfernt. Weitergleiten? Das andere Ufer nicht erreichen? Die Aussicht, bei einer Wasserlandung von den vielen Surfern als gekenterter Anfänger missachtet zu werden und abzusaufen, scheint mir nicht ganz geheuer. So fällt mir der Artikel von Henry über das Landen bei XC-Flügen ein, drehe einige Schleifen über der Feriensiedlung am Ufer und werde dafür nach der Landung gleich mit Kaffee, Kuchen und Telefon verwöhnt.

Vor 60 Jahren und 8 Tagen Wieder zurück in Berlin erinnere ich mich an einen Artikel von Peter Riedel (Rie90), dem Segelflugpionier aus den dreißiger Jahren. Er beschreibt den Weltrekordflug des Ungarn Ludwig Rotter von Berlin nach Kiel am 12. August 1936. Meine Verblüffung ist jedoch komplett, als ich den Bericht mit der eingezeichneten Flugroute Rotters studiere: Sie gibt nicht annähernd sondern exakt meinen Flugweg wider!

> „Um demonstrativ zu beweisen, dass Segelflug wirklich zu den Olympiakämpfen gehört, unternahm er einen Zielflug von der Olympiade Berlin zur Olympiade Kiel! Am 12. August war die meteorologische Meldung in Rangsdorf ungünstig, trotzdem verharrte Rotter mit seiner „Nemere“ am Startplatz. Um 13 Uhr bildeten sich einige kleine Cumuluswolken. Sofort startete Rotter und erreichte bald 1160 Meter. Trotz der fortgeschrittenen Zeit wagte er den Flug in die segelfliegerisch noch unerforschte Gegend gegen Norden.
>
> Über den gefürchteten Sümpfen um Berlin und über den Ruppiner Seen verlor er bald an Höhe. Nördlich Neuruppin aber stand eine schöne Cumuluswolke, mit der Rotter auf über 1700 Meter kreiste. Immer wieder nützte er die Wolken zwischen den Seengebieten geschickt aus. Über die Müritz- und Plauener Seen, sowie dem Schweriner See erreichte er gegen 16 Uhr die Dassower Bucht. Bald tauchte aus dem Dunst Kiel auf. In 650 Meter flog Rotter über den Kieler Hafen, der in seinem olympischen Flaggenschmuck einen herrlichen Anblick bot. Nach einigen Begrüßungsschleifen über den Kampfstätten landete Rotter kurz vor 17 Uhr in Kiel-Holtenau nach 326 Kilometer Zielflug.“
> *Georg Brütting*

Peter Riedel schreibt zu diesem Zielflug in seinem Buch „Über sonnige Weiten“:

> „Am 12. August segelte Dipl. Ing. Ludwig Rotter aus Budapest von Berlin-Rangsdorf aus im Zielflug 326 Kilometer bis zum Flugplatz Kiel-Holtenau, wodurch er meine vorherige Weltbestleistung Berlin – Hamburg vom 1. Juli 1935 erheblich übertraf. Er benutzte dabei seine von ihm selbst entworfene „Nemere“ von 20 Metern Spannweite. Als erster Segelflieger der Welt flog Rotter dabei im sogenannten „Delphin-Stil“, das heißt: Er nützte Aufwindkamine nur durch langsames Durchfliegen aus, ohne in ihnen zu kreisen. Nach Gewinn einer Maximalhöhe von 1786 Metern konnte er lange Zeit mit 140 km/h fliegen; so erreichte er mit 3 h 53 min Gesamtflugzeit eine für damalige Begriffe außerordentlich hohe Reisegeschwindigkeit von 83,7 km/h. Der Rückenwind von 25 km/h war etwas von der rechten Seite gekommen. Alles in allem eine großartige Leistung, der längste Streckenflug in Deutschland in diesem Jahr!“

[Andreas Becker]

Ankunft bei Junkers

Seit nunmehr drei Jahren träume ich von einem Drachenflug nach Dessau, in die Bauhaus-Metropole und Heimat der berühmten Junkers-Flugzeuge. Aber die Gelegenheit, auf so originelle Weise die Stadt an Elbe und Mulde kennenzulernen, ergab sich bisher einfach nicht. Von Segeletz, weit im Nordwesten Berlins, ist die 115-Kilometer-Strecke nur mit Nordwindunterstützung möglich, und – was für ein Zufall – genau diese Windrichtung haben die Brandenburger Meteorologen für den morgigen Samstag vorhergesagt.

Als Ulli abends mit der Wetter-Prognose herausrückt und von guter Thermik bei Wolkenhöhen um 2000 Meter schwärmt, regnet es gerade in Berlin, was mir in dem Zusammenhang spanisch vorkommt. Sagt doch eine alte Segelfliegerweisheit, dass man nach einem Regentag niemals große Flugaufgaben planen soll! Trotzdem wäre der kühne Versuch in Richtung Süden zum Saisonbeginn sehr verlockend. Also stehen wir Samstag früh erwartungsvoll in Segeletz am Start, beobachten den blauen Himmel und hoffen auf ein thermisches Wunder, denn nach den Erfolgen vom vergangenen Jahr, die unserem Verein erstmals den norddeutschen Meistertitel bescherten, will keiner den ersten Hammertag des Jahres verpassen.

Schneeflocken im Gesicht Pepe hat zähneknirschend die Arbeit im Schlepptrike übernommen, weil er auf Sonntag als den besseren Flugtag spekuliert, an dem sein neuer „Turmloser" zum Einsatz kommen soll. Er scheint Recht zu behalten, denn gegen 13 Uhr ziehen von Norden her Wolken auf, die sich im Nu zu Schauern verdichten. Hektik entsteht, da uns die Niederschläge bereits umzingeln. Trotzdem bleibt die hochfliegende Idee, im Zielflug über Dessau das 140 Kilometer entfernte Bitterfeld zu erreichen. Vielleicht ist das ja mit Windgeschwindigkeiten um 30 km/h machbar!

Als mir die Startnummer vier zufällt, hake ich angesichts der immer näher rückenden Front das ehrgeizige Vorhaben in Gedanken wieder ab. Meine drei Vorflieger finden nacheinander keinen Aufwind, so schwindet selbst die Hoffnung auf ein kleines thermisches Vergnügen. Heute scheint einfach nicht der Tag zu sein. Doch welche Überraschung! Seitenwindstart und Thermikanschluss in 400 Metern verlaufen bilderbuchmäßig, denn schon gleite ich unaufhaltsam zu der dunklen Wolke über mir. Als Belohnung für die überstürzten und schweißtreibenden Flugvorbereitungen weht kühler Wind ins Gurtzeug und schafft angenehme Temperaturen. Bald hängen die ersten Wolkenfetzen in 1700 Metern neben mir, Schneeflocken brennen im Gesicht, und es wird empfindlich kalt. Dabei habe ich an warmer Kleidung nicht gespart. Unten auf dem Flugplatz beginnt gerade der nächste Drachenschlepp, der in der weiten Abschattung kaum noch Thermik-Chancen haben dürfte. Ich muss schleunigst los nach Süden, wo die Sonne scheint, also volle Kraft voraus!

Durststrecke bei Rathenow Erinnerungen an nervenaufreibende Abenteuer werden wach, als es an Görne, Rhinsmühlen und Stechow vorbei auf Rathenow zu geht, denn wieder einmal will mich über der B 188 das Glück verlassen.

Diesmal vertraue ich dem Golfplatz beim Ferchesarer See. Am südlichen Ende seiner langen Waldschneise stand schon einmal ein Aufwind, der mir nach oben verhalf, doch der Funke will heute nicht zünden. Während das Vario weiter „Sinken" meldet, steigt die Spannung. In 450 Metern prüfe ich bereits die Lichtungen im Wald an der Eisenbahn auf ihre Landeplatz-Tauglichkeit. Mein Flug wird doch nicht etwa am Forsthaus von Bamme zu Ende sein?! Hier haben wir im letzten Winter den Segelflugmeister Klaus Reinhard besucht, der uns Tipps für erfolgreiche Thermikflüge in der Mark Brandenburg gab. Sollten die Erfahrungen ausgerechnet über seinem Wohnhaus nicht mehr fruchten? Also ruhig bleiben und aufmerksam den Himmel nach kleinsten Hebern absuchen. Nach bangen zehn Minuten im Nullschieber wird meine Geduld endlich belohnt. Ein kreisender Vogel verrät den Fahrstuhl zu den Wolken. Wunderbar, die Winterreise in den Süden kann weitergehen.

Geschichtsträchtige Gegend Erleichtert gebe ich aus sicherer Höhe „Gas", um dem einsetzenden Schneegestöber zu entkommen. Über Premnitz, das durch seine riesigen Industrieanlagen beeindruckt, wird der Blick wieder frei auf eine sonnige klare Wasserlandschaft. Herrlich, alles liegt so offen und zum Greifen nahe. Während es mit wenigen Umdrehungen zurück zur Wolkenbasis und weiter auf Südkurs geht, erkenne ich im Gegenlicht bei Milow die bewaldeten Hänge des Havelufers, wo einst Brandenburger Segelflieger ihre Gummiseilstarts absolvierten. Später taucht links das großzügige Areal des Fliegerhorsts Briest auf. Von Hitler ausgebaut, fiel der Platz nach seiner Nutzung durch NVA und Bundeswehr in einem Dornröschenschlaf, aus dem er als Regionalflughafen wieder erwachen soll. Ein Prinz, der dieses Wunder vollbringt, ist allerdings nirgends in Sicht, deshalb schieße ich in seiner Einflugschneise unbeschwert ein paar Fotos, die dann – wie sich später herausstellt – leider verwackelt sind. Warum? – Mir ist so fürchterlich kalt geworden, dass das Zittern nicht mehr aufhören will. Auch Bewegungsübungen im Gurtzeug bringen keine Abhilfe. Also Zähne zusammenbeißen, damit sie nicht klappern und weiterfliegen!

Über der Schleuse des Havelkanals steht der nächste Aufwind, noch ein bisschen schwach auf der Brust, so dass viel Zeit bleibt, den Schiffen zuzuschauen. Erst über dem Wald von Wusterwitz geht die Post wieder richtig ab, und in nunmehr 2000 Metern Höhe nehme ich Kurs auf die Bücknitzer Heide, jenen auffallend eiförmigen Wald nahe der Autobahn bei Ziesar, der sein Geheimnis aus der Luft nicht preisgeben will. Verbirgt er doch im Innern einen riesigen umzäunten Hallenkomplex mit Eisenbahnrampen und großzügigen Betonpisten. Wegen der Nähe zum Schießplatz Altengrabow vermute ich eine militärische Anlage. Wer weiß, vielleicht haben die Russen hier Panzer und Raketentransporter verladen.

Wenige Kilometer hinter der Autobahn liegt das Munitionsdepot, das zu Zeiten des kalten Krieges Schlagzeilen machte, als amerikanische Beobachter ihm einmal zu nahe kamen und von russischem Wachpersonal gestellt wurden. Hier beginnt das Flugbeschränkungsgebiet, das am Wochenende zum Glück frei ist. Den braunen Heidesand durchziehen kilometerlange frische Manöverspuren, denn hier wird, wie an so vielen anderen Orten der Mark, seit mehr als einem

Jahrhundert Krieg gespielt. Daran hat auch der Abzug der roten Armee nichts geändert: Die Bundeswehr wurde neuer Geländenutzer.

Batterieausfall vor dem Ziel Ausgerechnet über dieser Einöde kommt es zur Begegnung der ganz besonderen Art, indem ich eine jener weißen Superorchideen treffe. Als sei es die größte Selbstverständlichkeit, drehen wir Aug' in Auge im selben Aufwind bis zur Wolke hoch. Dann zieht jeder der ungleichen Brüder lautlos seine Bahn durch den endlosen Himmel. In der Einsamkeit spüre ich sofort wieder die Kälte, diesmal leider auch mein Vario, denn über der Eisenbahnlinie nach Wiesenburg gibt es samt Höhenmesser unvermittelt den Geist auf. So ein elendes Pech!

In niedriger Höhe überquere ich eine Wiese, die ein Bauer mäht, meine einen Aufwind zu spüren und kreise verzweifelt ein. Runde um Runde bleibt die bange Frage, ob ich wirklich steige, aber der Bauer wird schließlich kleiner. Hurra, es geht auch ohne Vario aufwärts! Das verflixte Kästchen bleibt bis zur nächsten Thermiksuche abgeschaltet, dann zeigen seine Batterien wieder etwas guten Willen, so dass die Energie für einen Bart ausreicht. Mit solcher Sparschaltung hangele ich mich mühsam vorwärts, vorbei am verlassenen Militärflugplatz Zerbst, dessen unzählige Erdbunker einst sowjetischen Kampfflugzeugen Schutz boten.

Dicht unter einer eisigen Wolke fällt es mir plötzlich wie Schuppen von den Augen, denn weit im Süden glänzt das silbrige Band der Elbe, das ich so sehnsüchtig erwartet habe. Nun ist die Kälte für einen Moment vergessen, und mit Schwung gleite ich auf Rosslau zu. Welch eine gigantische Schleife mit Abkürzung, die der Strom hier nimmt! Für die Arbeiten am Flussbett sollen damals Zwangsarbeiter geschuftet haben. In den Parkanlagen am Dessauer Stadtrand wirken die Bauten der Anhaltinischen Fürsten wie prachtvolle Leuchttürme, denn die Bäume sind um diese Zeit noch kahl. Tief beeindruckt von der Gegend bemerke ich erst über dem Hauptbahnhof, dass die Wolken südlich der Elbe zerlaufen, deshalb dürfte Bitterfeld als Ziel heute unerreichbar sein – schade. Nun zeigt der Dessauer Flugplatz seine Anziehungskraft, der ich willig erliege: Warum nicht ein Stück zurückfliegen und bei Junkers landen?! Aber die renommierte Flugzeugfirma existiert schon lange nicht mehr. Was davon nach Bombardierung und sowjetischer Demontage übrig blieb, sind kümmerlichste Reste eines Weltunternehmens, die ich trotzdem einmal aus der Nähe sehen will. Den berühmten Platz muss ich allerdings unangemeldet besuchen, denn in der Kälte streikt auch das Funkgerät. Egal, bei 800 Metern Flughöhe bleibt genügend Zeit für eine umsichtige Einordnung in die Platzrunde. Doch zu meiner Überraschung gibt es hier keinerlei Flugverkehr. Selbst die Segelflieger haben ihre Kisten eingeräumt, so kann ich in aller Ruhe auf dem Vorfeld im Norden des Platzes ausrollen. Steif gefroren steige ich aus dem Drachen und stapfe erwartungsvoll zum Tower, wo sich nichts rührt. Ist der Flugplatz um 17 Uhr etwa schon geschlossen? – Eine unbegründete Sorge, denn im Büro am Fuß des Turms sitzt der Flugleiter und langweilt sich. Er ist über meine Anwesenheit sehr verblüfft, denn ich bin der erste Drachenflieger, der jemals in Dessau landete. Beim Anblick des „Ramair" will er allen Ernstes wissen, wo ich den Motor

Abbildung 4.20: Empfangsgebäude am Flugplatz Dessau

gelassen habe. So muss ich umständlich erklären, dass hier ein thermischer Überlandflug vorliegt, was er, obwohl selbst Segelflieger, bei dem Wetter unglaublich findet. Auf die zaghafte Frage nach einem heißen Getränk bekomme ich frisch gebrühten Kaffee, der mich langsam wieder auftaut. Das nenn' ich wahre Fliegerkameradschaft, denn hier lag ein Fall von „Erster Hilfe“ vor. Nachdem die Lebensgeister zurück sind, stellt sich auch das Glücksgefühl ein. Hurra, ich bin in Dessau und lebe noch!

Vergangenheit und Zukunft Leider hat der Krieg hier ganze Arbeit geleistet, denn von den Flugzeugwerken ist so gut wie nichts geblieben: Weder die großen Montagehallen im Nordosten des Platzes noch die Flugmotorenwerke südlich der Eisenbahn. Dagegen überdauerte die benachbarte Zuckerfabrik, in der das berüchtigte „Zyklon B“ für Auschwitz hergestellt wurde (Koh93), alle Zeitenwechsel. Auf meinem Weg stadteinwärts entdecke ich an der Straße nach Aken das Verwaltungsgebäude der Junkers-Werke, eine einsame Nachkriegshalle, Reste eines Windkanals und ein paar zusammengetragene Flugzeugveteranen, die als Grundstock für das neue Hugo-Junkers-Museum dienen. Darüber hinaus haben die Russen dem Platz ihren Stempel aufgedrückt. Ein Mann erzählt mir, dass er als Junge beim Ausheben der zahllosen Splitterboxen für die sowjetischen Kampfflugzeuge helfen musste. Imposant ist immer noch die lange Start- und Landebahn aus Beton, von der allerdings wegen der Nähe zur Stadt nur die westliche Hälfte genutzt wird. Auch die Vorstellung, dass bei Junkers viele Tausend Zwangsarbeiter beschäftigt waren, ist auf ihre Weise beeindruckend. Trauer befällt mich beim Anblick so vieler bizarrer Ruinen deutscher Flugzeugtechnik. Da kann das neu entstehende Museum nur wenig trösten. Dennoch darf man froh sein, dass überhaupt etwas erhalten blieb und Erinnerungen gepflegt werden. So ist die Landung der letzten vier flugfähigen Ju 52 anlässlich der Wiedereröffnung des Dessauer Flugplatzes am 19. August 1994 sicher ein ermutigendes Zukunftssignal.

Mittlerweile bin ich zu Fuß am Bahnhof angelangt und bestelle beim Griechen ein deftiges Abendessen, zu dem der Uso nicht fehlen darf, denn seine Wärme tut heute besonders gut. Irgendwann kommt Kuddel mit dem Wagen, um mich abzuholen – wie schön! Gemeinsam fahren wir nun zu Ulli, der in Segeletz zwar nach mir startete, aber mit 135 Kilometern deutlich weiter flog. Wie ist das möglich? Der schlaue Fuchs hatte rechtzeitig das schlechte Wetter im Süden bemerkt und seinen Drachen deshalb mehr nach Südosten gelenkt. So trug ihn die Thermik am rechten Elbufer bis in die Nähe von Torgau, jener Kleinstadt, in der sich einst amerikanische und sowjetische Soldaten bei der Eroberung Deutschlands die Hände reichten. Auf der langen Heimreise bin ich trotzdem sehr zufrieden, denn Dessau sollte schon längst einmal Ziel meiner Drachenflüge sein. Dass der Besuch heute nicht länger dauerte, ist zwar schade, aber man könnte ja wiederkommen und mehr von dem erleben, was diese Anhaltinische Fürsten-Residenz und Industriestadt an der Elbe bereit hält. Und dazu gehört beileibe nicht nur das Junkers-Museum!

Staubwolken über der Mark

Dem zunehmenden Bekanntheitsgrad unseres Flugplatzes entsprechend bestehen in Segeletz bereits internationale Verhältnisse: Nicht nur dass die Ostfriesen ihre Streckenpiloten statt zu den Hamburgern nun an die Sanddünen der Havel schicken. Auch der Altmeister der Flachland-Drachenflieger, Gerd Langwald, ließ anfragen, ob er bei Südostwind in Segeletz starten darf. Er will seine weiten Zielflüge wegen der Rückholprobleme nicht jedesmal notgedrungen in Holland oder auf den westfriesischen Inseln beenden müssen.

Alte Spanienkämpfer wie Ulli und Andreas stellten im Juli bei uns spanische Verhältnisse fest. Die Thermik brüllte wie in Alt Kastillien: Vier Tage hintereinander Fliegen pur bei Basishöhen um 2000 Meter mit jeder Menge Hammerbärten, das haut selbst trainierte Streckencracks um! Beim Rückholen fanden sie Straßen wie in Zentralspanien: staubig, steinig, steil und gelegentlich unpassierbar. In der brütenden märkischen Sonne erlebten sie südländisches Temperament: Hitzige Kämpfe um die Startreihenfolge, Wildwestgehabe auf den berüchtigten Brandenburger Todesalleen, angriffslustige Stiere beim Landen und überraschend feuriges Blut unter den Schönen der märkischen Dorffeste.

Last but not least hatte Segeletz am vergangenen Sonntag seinen ersten voll dokumentierten „Dust devil". Was andernorts als Windhose gilt, kam als Staubwolke aus dem benachbarten Kornfeld gedreht und wirbelte mal eben Drachen und Piloten durcheinander, Gott sei Dank, ohne ernsthafte Schäden zu hinter-

Abbildung 4.21: Brandenburger Allee: Schön aber gefährlich

lassen, denn Arno als international erfahrener Streckenflieger aus dem Schwarzwald sah das Unglück kommen und warnte rechtzeitig, obwohl er zuerst ein- und aufdrehen wollte, um wieder einmal Startgeld zu sparen.

Leider wurde der zierliche Mike aus Westfalen etwas ramponiert, da er sich zum Festhalten den viel zu großen Drachen von Claus ausgesucht hatte. Der schleifte ihn 10 Meter weit auf dem Rücken. Sinnigerweise kam Mike erst an dem Pfosten des Schildes „Achtung Flugbetrieb, Lebensgefahr!“ zum Halten.

Claus musste das Elend aus der Luft mitansehen, denn er schleppte gerade und wollte landen. Geistesgegenwärtig gab er Gas und parkte in der geräumigen Segeletzer Warteschleife, bis der kleine Teufel sich verzogen hatte. Vielleicht wären sonst unser Trike und ein paar Knochen dem Unhold geopfert worden.

Der glimpfliche Ausgang beflügelte Claus anschließend so sehr, dass er zu einem wahrhaft grenzüberschreitenden Flug von 140 Kilometern in die Nähe des internationalen Flughafens der Sachsenmetropole Leipzig aufbrach und erst kurz vor sunset landete. Dabei nutzte er die letzten Thermikblasen bis in Bodennähe und machte selbst vor den Wirbeln der Windmühlen nicht halt. Andreas, der vor ihm gestartet war, flog noch 33 Kilometer weiter, weil er auf den Spuren Goethes im Thüringer Wald wandern wollte. Er landete aber beim Russenflugplatz Allstedt, dessen riesige Betonbahn Claus schon 1991 fälschlicherweise im Abendlicht für ein neues Autobahnteilstück gehalten hatte. Der jetzige Einsatz brachte ihm in gewohnter Weise den reich gedeckten Abendbrottisch in

einer Gartenkolonie mit selbst gezogenen Radieschen und Gurken sowie Familienanschluss. Bei sächsischem Starkbier und einer aufmerksamen Zuhörerschaft vergaß Claus so sehr die Zeit, dass sein Drachen immer noch nicht eingepackt war, als der Rückholer eintraf. Man sieht, public relation fordert ebenso ganzen Einsatz wie unser aufregender Flugsport. [Henry Maek]

Rekord mit Überraschung

Es gibt Momente im Leben eines Drachenfliegers, da pflegt mein Freund Pepe zähneknirschend von Minigolfschlägern Tischtennisplatten oder Bowlingkugeln zu träumen. In Wirklichkeit sind wir aber beide seit Jahren unverbesserlich und laden zum Freizeitvergnügen Drachen auf's Autodach, so bald die Wetterfrösche Thermik versprechen. Dabei könnten uns die Berliner Meteorologen durchaus manchen Fliegerfrust ersparen, wenn sie den Segelflug-Wetterbericht etwas sorgfältiger lieferten.

Gestern hat ihre Wetterprognose allerdings buchstäblich ins Schwarze getroffen. Eine vorhergesagte Schauerlinie zwischen Stettin und Braunschweig steht genau über dem Flugplatz Gardelegen, als ich dort um 17 Uhr 30 landen will. So bleibt es allein meine Schuld, dass aus den möglichen 130 Zielflugpunkten nur 85 magere Streckenkilometer werden – schade!

Heute wollen wir es noch einmal versuchen, obwohl nur mäßige bis gute Thermik mit maximaler Basishöhe von 1500 Metern auf dem meteorologischen Speisezettel steht. Bis 11 Uhr bleibt der Himmel überall wunderbar blau, dann gibt es die versprochenen 2 bis 4 Achtel Cumuli und angeblich in allen Höhen einen zwanziger Wind aus 340 Grad, was leider nicht ganz stimmt, wie sich später herausstellt. Wir beschließen übermütig einen 109-Kilometer-Zielflug nach Öhna, denn der Flugplatz soll ja genau auf Windkurs liegen.

Über die „gefürchteten Sümpfe" Dank unseres Superschlepppiloten sind wir um 12 Uhr 20 in der Luft und die notwendigen Fotos im Kasten. Aber die frühe Thermik ist noch unstet, deshalb muss ich nach wenigen Kilometern an der Hamburger Eisenbahn tief enttäuscht das Gurtzeug zur Landung öffnen. Freunde, das war's wohl für heute, lasst uns ein paar Champignons sammeln. Im allerletzten Moment hat der Himmel ein Einsehen, so kann ich bei Friesack mein Säckchen wieder schließen und aufdrehen.

Kurz danach der nächste Adrenalinstoß: In 600 Metern ist das Vario am Ende. Hektisches Umschalten auf den zweiten Akku bringt schließlich Ruhe in die Kurbelei. Jetzt fehlt nur, dass der Fotoapparat schlapp macht wie vor zwei Tagen, als ich eine seiner Batterien in die Tiefe stürzen sah. Dabei ist das Abwerfen von Gegenständen aus der Luft doch verboten ...

Dann die erste positive Überraschung: Die Basis liegt bereits bei 1500 Metern, und jede Wolke zieht. Weniger schön ist die Windrichtung, die das GPS anzeigt, 325 statt 340 Grad, denn das bringt zusätzliche Probleme: Unser Flug

Abbildung 4.22: Havelsümpfe bei Ketzin

führt jetzt über die gefürchteten Sümpfe westlich von Berlin, die laut Brütting (Brü44) schon Segelfliegern in den dreißiger Jahren großes Können abverlangten. Andreas und ich sind hier mehrmals gestrandet. Diesmal erwischt es Pepe bei den Müllbergen von Ketzin. Ein Trost bleibt ihm: Nach 40 Kilometern kann er wenigstens in der Havel baden gehen.

Ich quäle mich derweil vorsichtig von einer dünnen Wolke zur nächsten. Als ich südlich des Seddiner Sees schon aufatmen will, gibt es den Rückschlag. Die riesigen Felder von Beelitz kommen mir so nahe, dass ich die Hinterteile der emsigen Spargelstecher viel zu genau erkennen kann. Ich mag ja den Beelitzer Spargel, aber bitte nicht jetzt und im Gurtzeug! Zum Glück beweist die fruchtbare Gegend, dass hier nicht nur besonders kräftiger Spargel sondern auch exquisite Bärte stehen, womit das Fliegen zum erlesenen Vergnügen wird. Das weiß offensichtlich auch ein Storch, denn er kommt mir ganz nahe, steht steil in der Thermik und hat mich mit zwei Kreisen locker überstiegen. Toll, was Lilienthals Vorbilder so draufhaben!

Wer am Zielpunkt festhält, den bestraft der Seitenwind Leider wird der Höhenwind im weiteren Flugverlauf nicht günstiger, denn das GPS meldet zunehmende Abdrift von der Öhna-Kurslinie. Sie beträgt jetzt schon über 10 Kilometer. Am 3. August 1995 packte mich genau an dieser Stelle ein falscher Ehrgeiz, denn zum Schluss schaffte ich statt Öhna nur Reinsdorf, während Andreas rechtzeitig umdisponierte und in Windrichtung bis Görlitz segelte. Sein 244-Kilometer-Ostdeutschland-Rekord ist bisher unübertroffen. Insgeheim wünsche ich mir heute wenigstens die 164 Öhna-Zielflugpunkte, denn immerhin bin ich mit Andreas' damaligem Drachen unterwegs. Ob der „Ramair" die Strecke wiedererkennt?

Südlich vom Flugplatz Schönhagen hämmert die Thermik besonders stark, so dass ich schon mal für Sekundenbruchteile schwerelos im Gurtzeug hänge. Verlassen liegt links im Wald die riesige Piste von Sperenberg, wo ich noch 1993 sowjetische Transportflugzeuge starten und landen sah. Hier schwebte Gorbi ein, um den DDR-Oberen im Herbst 1989 seinen berühmten Satz ins Stammbuch zu schreiben: „Wer zu spät kommt, den bestraft das Leben." Erinnerungen an eine schon unwirklich anmutende Zeit, als in Berlin noch die Mauer stand und das freie Fliegen zum Verbrechen erklärt war.

Öhna habe ich mittlerweile als Ziel gestrichen – zu sehr weicht die tatsächliche Windrichtung von der prognostizierten ab. Ich gebe EDAI für Segeletz ein und genieße fortan jeden Kilometer, der mich weiter wegträgt. Unglaublich, aber die Basis klettert bis auf 2300 Meter, entsprechend kalt ist es geworden. Jede Wolke gibt ihr Bestes – ich auch, und so geht es stundenlang durch den weiten Himmel, ohne dass ich jemals unter 1300 Meter sinke. Verlassene Schießplätze, Kiefernwälder und weite Felder wechseln mit Braunkohletagebau. Eisenbahn und Autobahn nach Dresden schlängeln sich heran, und erst jetzt wird mir unangenehm bewusst, dass ich ohne Karte unterwegs bin. Für Öhna wäre das kein Problem, denn der Umkreis von 150 Kilometern ist mir bestens vertraut, aber nun werden meine Erinnerungen spärlich. Flugplatz Brand und Alteno sind noch im Kopf, bei der Betonpiste von Finsterwalde bin ich schon unsicher.

Abbildung 4.23: Senftenberg

Dann ein riesiger Tagebau, der ein kleines Dorf umzingelt hält, um sich die letzten schwarzen Bodenschätze einzuverleiben. Die Eingriffe in die Natur wirken von hier oben einfach gigantisch! Ich erkenne Senftenberg und darüber eine Superwolke, die mich verleitet, die bisherige Wolkenstraße zu verlassen. Nach ein paar bangen Minuten geht es aus 900 Metern über dem großen giftgrünen See wieder zügig nach oben und dann nur noch geradeaus bis östlich von Kamenz. Unten räumen gerade die Segelflieger ein, während ich mit 1,5 m/sec noch einmal an diesem wunderbaren Tag zur Basis aufsteige.

Ist das Sächsisch? Bald lösen sich die letzten Wolken vor mir auf, die Autobahn nach Bautzen erscheint, und ein langer ruhiger Gleitflug steht bevor. Längst habe ich die 200-Kilometer-Marke überflogen, nicht ohne wild zu jubeln. Ulli's 214 Kilometer von 1993 sind ebenfalls geschafft, jetzt rücken Andreas' 244 Kilometer in Reichweite. Spannung hoch drei, während die Gegend bergig wird und der Boden immer näher kommt! Kein letztes Steigen mehr, auch kein winziger Nullschieber, ein, zwei, drei Höhenzüge kann ich überfliegen, dann lande ich dicht an einer kleinen Stadt auf der Kuppe eines grünen Hügels.

Es ist genau zehn nach sieben. Leute treten zögernd aus dem nächsten Haus, ich grüße laut und freundlich, aber die Antworten bleiben unverständlich. Ist das sächsischer Dialekt? Eine ältere Frau kommt heran und erklärt mir in bestem Deutsch, dass ich in Tschechien gelandet bin. Donnerwetter, das trifft wie ein

Blitz, denn dorthin ist noch niemand von uns geflogen. Verwirrt schaue ich zum GPS: Es zeigt 241 Kilometer. Irgend etwas kann hier nicht stimmen. Die eilig herbeigekramte Landkarte erklärt den scheinbaren Irrtum. Zielsicher habe ich den tschechischen Zipfel bei Sluknov angesteuert, der tief nach Deutschland hineinragt. Man versucht mich zu trösten. Die grüne Grenze sei hier nur 3 Kilometer entfernt. Und wenn ich etwas weiter auf den Hügel steige, könnte ich mit meinem D2-Handy die Freunde anrufen, was ich schleunigst tue. Andreas, der heute leider zu Hause bleiben musste, ist begeistert, freut sich mit mir und noch mehr darüber, dass sein alter Rekord steht, begrüßt mich im Club der Zweihunderter. Ob ich in Zukunft doch turmlos fliegen werde?

Pepe wirkt bedrückt, zögert aber keinen Moment, meine Rückfahrt zu organisieren, worüber ich tief beeindruckt bin. Immerhin hat er nach dem unglücklichen Absaufer eine ganze Nacht mit etwa 700 Autobahn-Kilometern vor sich, dazu die unsicheren Grenzformalitäten. Aber es löst sich alles wie von selbst. In Sluknov (Schluckenau) gibt's zur Stärkung erst mal eine kräftige hausgemachte Suppe, böhmische Knödel mit Leber und später gutes tschechisches Bier im Wechsel mit Prager Kräuterschnaps. Das lockert Zunge und Geist, so dass die Verständigungsprobleme schwinden. Ich nutze das letzte Tageslicht zu einem kleinen Spaziergang durchs Städtchen und bin begeistert. Heute würde ich es überall schön finden. Dann sitzen wir in der warmen Wohnstube und erzählen stundenlang. Gegen halb drei kommt Pepe zielgenau auf die angegebene Position gefahren, ein kurzer herzlicher Abschied, die Grenze ist so problemlos, dass ich's heute noch nicht glauben kann, und irgendwann will ich nur noch schlafen. Hoffentlich kann ich mich bald mal bei meinem Freund Pepe revanchieren ...

Als ich Stunden später wieder aufwache, scheint alles nur ein Traum. Doch beim Duschen liefert der rote Fleck am Oberschenkel den Beweis: Hier drückte mich auf meinem Flug fast sieben Stunden lang das Handy.

Schöne Blauthermik

Bei dieser Wetterprognose sind manche unserer Streckencracks gar nicht erst herausgefahren, denn mäßige Blauthermik mit Basis bis 1100 Meter lässt keinen Spielraum für große Drachenfliegerträume. Trotzdem stehen mit mir 8 Piloten am Flugplatz in Segeletz, nachdem um 13 Uhr 30 der Stau auf der A 24 wieder einmal überwunden ist. Allenthalben geht es gemütlich zu, man nimmt sich Zeit für Plaudereien, als sei heute nichts zu versäumen. Klaus-Peter und Frau sind herausgekommem und zeigen stolz den neugeborenen Nachwuchs herum. Wolfgang und Arno hatten bereits einen Absaufer. Das dämpft ihre Streckenflugambitionen ebenso wie die allgemeine Lust zum Starten. Derweil löst sich das letzte Achtel der flachen Cumuli am strahlend blauen Himmel endgültig auf. Schade, der Wetterbericht behält recht. Dass man heute weit fliegen kann, mag jetzt niemand mehr glauben.

Henry stellt zwei sympathische BZ-Reporter vor, mit denen er aus Stölln herübergekommen ist und die auf ihrer wöchentlichen Trendsportseite etwas über Drachenflieger bringen wollen. Prima, das kann uns nur recht sein. Fotos werden geschossen und die üblichen Fragen finden geduldige Antwort. Dann bin ich endlich am Start, nachdem Neithard bereits vor einer halben Stunde aufgedreht und über dem Dreetzer Wald verschwunden ist. Der Wind kommt böig aus Nordwest, deshalb muss ich ordentlich am Seil arbeiten, um die Richtung zu behalten. In 600 Metern steht hinter den Windmühlen ein wunderbarer Bart, der meinen Drachen in einem Rutsch auf 1300 Meter hebt – unglaublich! Neithard ist nicht mehr zu sehen, Arno hat irgendwo in der Luft geparkt und gesellt sich unversehens zu mir, so dass wir die großflächigen Aufwinde zusammen genießen können.

Mike bringt den Fotografen, einen Zwei-Zentner-Mann, im Trike langsam auf Höhe, und die beiden umschwirren uns, weil sie aus allen Richtungen Fotos schießen wollen. Mal sehen, wie viele davon später in der Zeitung landen. Inzwischen ist die schöne Höhe vergurkt, und aus 700 Metern kämpfen wir uns mühsam wieder nach oben. Dann heißt die Frage: Fliegen wir weg oder nicht? Arno verzichtet und dreht zurück zum Platz, obwohl wir schon weit über dem Dreetzer Wald kreisen. Doch mich reizt die Aufgabe, einmal bei Blauthermik auf Strecke zu gehen.

Mitten über dem Luch kommen die ersten Zweifel. War es sinnvoll, mit dieser knappen Arbeitshöhe wegzufliegen? Hinter Friesack scheint das Ende des Fluges bereits in Sicht. Aber noch bin ich nicht unten, und Friesack war schon mal für eine angenehme Überraschung gut. Skeptisch aber gespannt gleite ich über die abgeernteten Getreidefelder nach Wagenitz, wo abends hin und wieder Heißluftballone starten. Und siehe da, über der endlosen Weite blassbrauner Stoppelfelder kommt scheinbar aus dem Nichts der rettende Aufwind. Erstes erleichtertes Glücksgefühl: Es geht doch!

Dort, wo der Havelländische Hauptkanal die B 5 schneidet, quere auch ich die Autoschlange und steuere den Wald südlich von Ribbeck an. Erinnerungen an einen wunderschönen Abendflug in das berühmte Fontane-Dorf (Fon01) werden wach, aber diesmal trägt die Heide besser. Nachdem alle Wegweiser am Himmel ausgefallen sind, muss die Landschaft weiterhelfen: Helles Feld mit Kiefernwaldkante am Ende, das sollte passen – tut es auch. Der Aufwind ist stellenweise sogar für 2 m/sec gut und gibt mir endlich Vertrauen in die Wetterlage. Schon bald kann ich bei Groß Behnitz wieder über die Gleise der ICE-Trasse blicken und aufatmen. Hier hatte sich einst die Borsig-Familie in einem inzwischen abgebrannten Schloss niedergelassen. Die Sicht ist heute einfach traumhaft. Hinter Nauen wirken die Kühltürme des Berliner Kraftwerks Reuter fast zum Greifen nahe. Von dort ist eben ein Düsenjet aus Tegel aufgestiegen, der nun hoch über mir in der tiefblauen Unendlichkeit verschwindet.

Voraus in Kursrichtung liegen die feuchten Havelschleifen, wo schon manches Drachenfliegerglück jäh zu Ende ging. Vor sieben Wochen hat das Wetter hier zuletzt Pepe niedergestreckt. Ob ich diesmal wieder den Sprung über Brüttings berüchtigte Sümpfe schaffe? Besorgt suchen meine Augen in dem saftigen Wiesengrün nach trockenen Stellen, die einem Aufwind Nahrung geben könnten, und tatsächlich – der Flug kann weitergehen, denn nach einigen Zwischenstationen hilft ein Bart mitten über der Havel beim Ketziner Müllberg zu neuer stattlicher Höhe.

Abbildung 4.24: Schlossportal in Groß Behnitz

Es ist schon spät, und länger als 18 Uhr soll die Thermik heute nicht halten. Ob sie noch für einen Flug bis hinter Potsdam ausreicht? Das dürfte eine Frage der Taktik werden. Lilienthals Denkmal bleibt diesmal weit links liegen, denn ich will zum Götzer Berg. Doch bei Groß Kreutz wird die Thermik so dünn, dass ich einfach geradeaus auf die abgemähten Kornfelder vor Plötzin zusteuere. In 250 Metern gibt ein Storch den letzten Tipp, aber für mich ist der Aufwind zu schwach. Er reicht gerade noch zum sicheren Gleitflug über den Kirchturm von Göhlsdorf auf ein großes Feld, wo sich zwischen den vielen Strohrollen eine Landeschneise gegen den Wind auftut. Genau gegenüber liegt der Plötziner Flugplatz, von dem mich nur die Autobahn mit ihren leuchtend blauen Hinweistafeln über dem Kornfeld trennt. Die Kirchturmuhr schlägt gerade sechs, während ich per Handy meine Position ins 55 Kilometer entfernte Segeletz durchgebe. Der zweite Anruf gilt Neithard, der eine Viertelstunde früher gelandet ist und bei Nichel kurz vor Treuenbrietzen steht. Toll, was der Kerl aus der Wetterlage gemacht hat. Meine Begeisterung ist riesig, obwohl er den 80-Kilometer-Flug nicht dokumentiert hat. Er zeigt trotzdem den Daheimgebliebenen, welche Möglichkeiten wir als Drachenflieger immer noch ungenutzt lassen. Als Bernd, unser schnellster Rückholer, eintrifft, bin ich noch so im Schwärmen, dass mein Fotoapparat versehentlich in der Wiese liegenbleibt. Glücklicherweise findet ihn Kuddel eine Woche später dort unversehrt wieder.

Auf der Rückfahrt berichtet Neithard von seiner größten Höhe um 1450 Meter und dass es wohl etwas weiter gegangen wäre. Aber er wollte vorsichtshalber nicht über das Sperrgebiet südlich von Lehnin fliegen. So kostete ihn der Umweg nach Westen wertvolle Flugzeit. Nicht auszudenken, wenn aus seinen 80 Kilometern 100 geworden wären und der Tausendsassa in Altes Lager gestanden hätte, denn genau dorthin wehte der Wind an diesem überraschend guten Blauthermiktag in Segeletz.

Heimflug

Stell' Dir vor, es ist Thermik, der Wind bläst leicht aus West, und Dein Drachen, mit dem Du zwei Stunden zuvor in Segeletz gestartet bist, kreist hoch über dem Flughafen Tegel in Berlin – einfach unglaublich! Bevor es zum Landen geht, fliegst Du übermütig noch einige „Wing over" über dem Tower und dem Sechseck des Abfertigungsgebäudes, an dem in großen Lettern der Name „Otto Lilienthal" prangt. Dann erleben Tausende völlig überraschter Berliner die Ankunft eines Erben Lilienthals auf der Wiese direkt neben dem riesigen Windsack am Rande des Vorfelds.

Während Du nach dem wunderbaren Flug stolz und zufrieden aus dem Drachengurt steigst, stürmen Reporter aufgeregt an den geparkten Düsenjets vorbei und umringen Dich. Du bist vom einsetzenden Blitzlichtgewitter geblendet, öffnest die Augen und merkst plötzlich: Es war ja alles nur ein Traum – eigentlich schade!

Dabei könnte man unter entsprechenden Bedingungen die 60-Kilometer-Strecke von Segeletz nach Berlin-Tegel in einem Drachen leicht bewältigen, wäre da nicht diese verbotene Zone, die heute jeden großen Verkehrsflughafen umgibt und nur „richtigen" Flugzeugen offensteht. In Tegel kostet das Landen zudem mehr Geld als anderswo, denn gezählt wird hier erst ab 20 Tonnen Fluggewicht aufwärts, womit man den Kreis der Privatpiloten besonders klein halten will – für Dich als Drachenflieger also erst recht ein unerfüllbarer verrückter Traum.

Wunschziel Polen Machbar erscheinen dagegen thermische Drachenflüge, die nördlich an Berlin vorbei bis über die 120 Kilometer entfernte Oder führen – eine Idee, die mich seit Jahren fasziniert, denn jenseits des geschichtsträchtigen Flusses haben schon 1935 Berliner Segelfliegerinnen ihre Windenstarts in Königsberg/Neumark mit Erfolg durchgeführt (Ger94). Leider hat die polnische Luftfahrtbehörde unseren diesbezüglichen Antrag vorerst abgelehnt, worüber der zuständige Referatsleiter im deutschen Verkehrsministerium nur die Achseln zuckt und auf zukünftige Verbesserungen im Rahmen der NATO-Mitgliedschaft Polens hofft. Mal sehen, wann das sein wird.

Dabei bot die 98er Flugsaison so viele gute Gelegenheiten für Polenflüge – zum Beispiel den 16. August: Am Flugplatz bläst der leichte Wind direkt in Richtung Berlin. Nach dem Start überlege ich deshalb angestrengt, ob mein Streckenflug heute nördlich oder südlich an der riesigen Flughafen-Kontrollzone vorbeiführen soll, aber bei einer Arbeitshöhe von nur 1100 Metern gibt es vorerst keine Wahl. Alle vielversprechenden Cumuli zielen genau auf die Stadt, und weder rechts noch links tut sich ein vertrauenerweckender Ausweg auf. Es ist zum Verzweifeln!

Windrichtung Berlin-Tegel Immer darauf bedacht, die kostbare Höhe zu halten, treibt mich der Wind über den Klessener und Briesener Zootzen auf die „Pauline“ zu, eine jener sterbenden Eisenbahnlinien, die seit dem Abzug der Russen endgültig nicht mehr gebraucht werden. Ein paar Kilometer weiter bei Königshorst, das im Sozialismus „Friedenshorst“ hieß, wird mir die Reise zu brenzlig. Mit Maximalhöhe geht es beherzt nordwärts, obwohl die Wolken dort noch flacher und spärlicher aussehen, als sie der Wetterbericht versprach. Egal, ich kann nicht tatenlos weiter nach Tegel treiben! Erst in Sichtweite der Hamburger Autobahn atme ich auf, obwohl die Flughöhe wie Eis zerschmilzt. Werden die Kornfelder vor Tietzow noch einmal den Aufstieg ermöglichen? – Tatsächlich! Ein Heber an den Baumreihen, der eigentlich nach gar nichts, nicht mal nach einem richtigen Nullschieber aussah, gerät unter geduldigem Kreisen zum Zwei-Meter-Bart. Was für ein Fliegerglück!

Plötzlich schießt ein Greifvogel vorbei, dem ich beim Kurbeln so in die Quere geflogen bin, dass er dem drohenden Zusammenstoß nur mit kräftigem Flügelschlag ausweichen konnte. Donnerwetter, das war knapp! Aber nicht mal im Traum hätte ich hier beim Thermikkreisen Gesellschaft erwartet. Jetzt toben sogar drei Vögel mit mir durch die Luft, und jedesmal, wenn ich denke, die beste Stelle im Bart zu haben, zeigen die drei ihr fliegerisches Spitzentalent.

Unter dem ehrgeizigen Spiel geht es im Nu auf 1100 Meter – allerhöchste Zeit, um wieder nach Norden auszuweichen, denn die Eisenbahnstrecke von Nauen nach Kremmen rückt heran, und dort sind nur noch 760 Meter Flughöhe erlaubt. Gespannt halte ich Ausschau nach Düsenjets, aber zum Glück bleibt der Himmel an diesem Sonntag leer. So kann ich bei Kremmen in Ruhe Thermik suchen und aufdrehen.

Knapp an Berlin vorbei Wieder schiebt der Wind unerbittlich in Richtung Berlin. Jenseits des Autobahnrings glänzt, zum Greifen nahe, mitten im Wald der Golfplatz von Kallin. Einen Steinwurf entfernt stehen am Havelufer die wuchtigen Hallen des Hennigsdorfer Stahlwerks, und weiter südlich schimmert im Dunst der Airport Tegel. Ein ganz neues, verwirrendes Hochgefühl befällt mich bei diesem Flug so dicht an der Großstadt entlang. Vor mir im Wald bei Schwante liegt das Sommer'sche Anwesen mit den verspielten Nachbauten von Berliner Reichstag, rotem Rathaus und einer orientalischen Moschee. Der spleenige Rittergutsbesitzer hat sich dort vor 100 Jahren ein Denkmal gesetzt, über dessen sinnvolle Nutzung gerade wieder gestritten wird.

Eigentlich müsste hier irgendwo an der Waldkante der nächste Aufwind stehen – aber Fehlanzeige! Bei Bärenklau lassen Modellflieger ihre Flugzeuge durch die Luft wirbeln, während mein Abstand zum Boden kaum noch 300 Meter beträgt. Jetzt werden sie wohl größeren Besuch aus der Luft bekommen. Trotzdem lasse ich mich weiter am Waldrand entlangschieben. Und dann passiert, was motorloses Fliegen immer wieder beeindruckend und schön macht: Aus einer Lichtung über der Straße nach Leegebruch kommt die ersehnte Kraft, die nach vorsichtigem Zentrieren 700 Höhenmeter bereithält – einfach wunderbar!

Besuch bei Heinkel Mit Leichtigkeit geht es nun über den Wald und die ehemalige Heinkel-Wohnsiedlung (Hei00) direkt auf den Flugplatz Oranienburg (Mäc39) zu. Übermütig krame ich nach dem Fotoapparat, um das Ereignis zu dokumentieren, doch dabei verliere ich den Bart. Das kann nicht wahr sein – aber der Aufwind ist endgültig weg! Nervös gleite ich mitten über die verlassene Piste, die demnächst Autobahn werden soll, und warte auf rettende Thermik. An sich müsste der trockene Sand der Havelsenke genügend Aufwind spenden. Doch für systematische Überlegungen bleibt keine Zeit.

Abbildung 4.25: Auf dem Flugplatz Oranienburg

Hinter dem Flugfeld liegen endlose Wohnsiedlungen; weiter nördlich, wo eigentlich meine Kurslinie verläuft, gibt es zwar eine landbare Lücke zwischen den Kiefern, aber sie gehört zum Schießplatz der Lehnitzer Bundeswehr. Ein unangemeldeter Besuch könnte dort selbst am Sonntag lästige Folgen haben, was also bleibt? Der am Ende vergebliche Versuch bei Borgsdorf dicht am Kanal über einer staubigen Wiese. Sie wird mein Landeplatz zwischen Hochspannungsdrähten und Autobahn.

Da liege ich nun im dürren Gras und kann es nicht fassen, wie eng Glück und Misserfolg manchmal beieinander sind. Dabei wäre jetzt um 16 Uhr noch mancher Flugkilometer drin. Statt dessen habe ich ein paar Jugendliche aufgeschreckt, die sich hier mit ihrem Motorrad unbeobachtet wähnten. Die wohlige Wärme und der Blick zum blauen Himmel wirken beruhigend, doch dann schaue ich genauer hin: Ganz weit im Süden stehen Thermikwolken – unglaublich aber wahr! Ich hätte die südliche Route an Berlin vorbei nehmen sollen.

Es dauert eine Weile, bis die bittere Erkenntnis verdaut ist. Dann siegt wieder die Erlebnisfreude. Es war einfach toll, 50 Kilometer weit und so dicht an Berlin entlang zu fliegen. Nach Hause sind es von hier nur 10 Kilometer Luftlinie. Welcher Drachenflieger hat das in Berlin jemals geschafft? Auf dem kurzen Fußmarsch zur Autobahnausfahrt entdecke ich in den Gärten Äpfel und jede Menge herzhafter Pflaumen, die mich vollends versöhnen. Kurze Zeit später trifft Kuddel zum Abholen ein, und gemeinsam genießen wir den saftigen Mundraub.

Dabei erinnern wir uns an abenteuerliche Flugplatzbesuche und Begegnungen mit Wachschutzpersonal. Lange vor der Wende kauerte ich einmal heimlich am Oranienburger Flugplatzzaun und beobachtete aufgeregt und neugierig die schweren russischen Kampfhubschrauber. Jetzt verrotten auf der einsamen Piste und im Gebüsch die letzten Betontrümmer eines Luftfahrtdenkmals. Unvorstellbar – aber hier stand einmal eines der modernsten und fortschrittlichsten Flugzeugwerke, ausgestattet mit den zukunftsweisenden Sozialleistungen Ernst

Heinkels, gleichzeitig aber auch ein Außenlager für 7000 Arbeitskräfte aus dem KZ Sachsenhausen – bizarre deutsche Vergangenheit.

Drei Tage später gibt es wieder Thermik und Westwind in Segeletz, und ich starte einen neuen, diesmal erfolgreicheren Flug nach Osten – doch davon ein andermal ...

Zum eisernen Vorhang

oder: Flachlanderfahrungen eines Bergfliegers

Jetzt lebe ich schon über zwei Jahre in Berlin, und mein weitester Flug ging vor gut einem Jahr über eine freie Strecke von 80 Kilometern. So langsam fange ich an, die Berichte von 200-Kilometer-Flügen am laufenden Band in Brandenburg anzuzweifeln. Aber heute, am 18. Juli 1999, ist der erste Wochenendtag, an dem der Wetterbericht einigermaßen vielversprechend aussieht: mit guter Cumulusthermik und einer Basis zwischen 1600 und 1800 Metern. Schade eigentlich, dass Westwind herrscht, denn im Osten von unserem Startplatz Segeletz ist schon nach gut 100 Kilometern Schluss. Für Drachenflieger bildet nämlich die polnische Grenze immer noch einen eisernen Vorhang. Na ja, was soll's, mit ein bisschen Vorhalten nach Norden kann man immerhin 140 Kilometer weit fliegen, und das will erst mal geschafft sein.

In letzter Zeit war die Thermik in Segeletz zwischen 13 und 15 Uhr oft sehr zäh, deshalb beschließe ich heute, mal früh rauszufahren. So kann ich trotz des üblichen Staus auf der A 24 in aller Ruhe aufbauen. Mit dem fast schon zur Routine gewordenen Spruch „Heute fliegen wir nach Polen“ mache ich diesmal ernst und schreibe einen Zielflug auf geknickter Bahn nach Pomellen aus. Der Autobahngrenzübergang wird ja zu finden sein, und das Rückholen ist von dort leichter als aus dem einsamen Oderbruch. Um 13 Uhr bin ich als erster startklar. Drei Minuten später hat mich das UL auf 400 Meter geschleppt, und ich klinke. In der schwachen Thermik dauert mein Weg zur Basis über eine halbe Stunde und kostet reichlich Schweiß. Henry, der nach mir startete, hat es besser erwischt, denn er steigt an mir vorbei. Als ich endlich oben bin, ist er schon weg, so muss ich aus 1500 Metern alleine los in Richtung Osten.

Vorsichtige Flugtaktik scheint angebracht, denn bei meiner geringen Flachlanderfahrung will ich nicht wieder nach 10, 20 oder 30 Kilometern am Boden sitzen, wie schon oft in diesem Jahr. Mit dem Rückenwind gleitet der „Exxtacy“ super dahin, und in 900 Metern gibt es kurz hinter der Autobahnausfahrt Neuruppin den besten Bart des Tages, der mich mit 3 m/sec im Nu bis auf 1900 Meter trägt. Weit, weit unter mir fliegt Henry, der offensichtlich mühsam gegen das Absaufen kämpft. Welch ein Glück, dass mein Flugstil mir heute diesen Stress erspart!

Jetzt wird die Thermik immer besser, denn das Steigen ist gleichmäßiger und durch schöne Cumuli einwandfrei markiert. Bis zum Wendepunkt kann ich so entspannt zwischen 1500 und 2000 Metern dahinfliegen und die Landschaft genießen. Zwar findet man in Brandenburg keine beeindruckenden Bergpanoramen

– das höchste „Gebirge“ misst gerade mal 200 Meter – aber die vielen einsamen Seen, Kanäle und Wälder der Mark haben ihren eigenen Reiz, und selbst aus dieser Höhe gibt es manch malerisches Schloss oder Kloster, wie das von Lindow, zu bestaunen.

Abbildung 4.26: Flugplatz Templin in der Schorfheide

An meinem Wendepunkt nördlich von Gransee bin ich auf 1000 Meter gesunken, aber kurz darauf geht's über dem großen Wentowsee wieder bequem aufwärts. Unten tummeln sich Scharen von Seglern und Surfern auf der schmalen langgestreckten Wasserfläche, die bis zur Havel reicht. Dahinter wimmelt es bis nach Templin von so vielen kleinen Seen, dass man sich wundern muss, dass dazwischen noch genügend Flächen für die Entstehung brauchbarer Thermik übrig sind.

Spätestens hier wird die Vergangenheit für mich lebendig. Am Rand des historischen Stadtkerns von Templin stehen riesige Plattenbauten Marke DDR. Beim Blick nach Süden entdecke ich mitten im Wald der Schorfheide den ehemals größten Flugplatz der sowjetischen Armee auf deutschem Boden. Von seiner 3,7 Kilometer langen Hauptbahn starteten einst die größten Transportflugzeuge der Welt, um die Truppe nach Hause und gleichzeitig viele deutsche Nobelautos auf die Seite zu schaffen. Jetzt liegt der helle Betonklotz völlig verlassen da, und die Wildschweine und Hirsche können sich wieder ungestört vermehren. In den einsamen Kiefernwäldern gingen aber nicht nur die Russen und die DDR-Führung zur Jagd. Schon Göring liebte die Schorfheide und baute am Rande des Wuckersees seinen repräsentativen Wohnsitz Carinhall (KM99). Selbst die preußischen Könige kamen gerne zur Jagd hierher und logierten dann im Schloss Hubertusstock am Werbellinsee. Aus der Luft scheint mir dieser vielfältige Sinn für schöneres Wohnen sehr verständlich.

Abbildung 4.27: Autobahn-Grenzübergang Pomellen

Inzwischen geht es auf die A 11 zu, die ich bei Warnitz problemlos und in großer Höhe überquere. Ich mag es kaum glauben, aber die Basis ist auf 2200 Meter gestiegen. Trotzdem sind Henry und Pepe nur bis kurz vor Templin geglitten. Wie gut, dass ich heute vorsichtig geflogen bin. Vor mir liegt nun das breite, saftiggrüne Band des Randowbruchs, und dahinter im Lee – als typischer Fall aus dem Thermiklehrbuch – ist erst mal alles blau. Also nochmals Höhe tanken, dann müsste es mit Gleitzahl 17 und ein paar Hebern auch zum Ziel reichen.

Der Eisenbahn nach Stettin folgend nähere ich mich nach dreieinhalb Stunden Flugzeit der Oder und damit der polnischen Grenze. Trotz schwächer gewordener Thermik reicht meine Höhe bequem für den Endanflug, und ich beginne zu jubeln. Vor mir liegt jetzt der Fluss zum Greifen nah, und dahinter locken um diese Zeit noch die schönsten Cumuli. Ob ich das nächste Mal bei Westwind einfach einen Flugplan für Polen aufgebe und auf Bestätigung hoffe?!

Jetzt muss ich mich aber auf mein Ziel konzentrieren. Die Grenzstation kann man gar nicht verfehlen: Viel neuer Beton, darauf eine endlos lange Autoschlange. Platz zum Landen gibt es genug, aber außerhalb der umzäunten Grenzanlagen ist keine Menschenseele zu sehen. Na ja, dann lande ich eben direkt neben der Grenzstation. Irgendwo wird ja ein Loch im Zaun zu finden sein …

Im letzten Teil des Endanfluges herrscht strammer Ostwind. Gut, dass ich noch mal eine konzentrierte Landevorbereitung durchgeführt habe – nicht auszudenken, was bei einer Rückenwindlandung mit dem „Exxtacy“ bergab passiert wäre. So ist alles gut, und nach einigem Suchen finde ich auch jemand, der Deutsch spricht und sich überreden lässt, die Landemeldung zu unterschreiben, da es sich offensichtlich nicht um ein offizielles Ausreise- oder Zolldokument handelt. Vielleicht ganz gut, dass ich meinem Drang zum Überqueren der Oder nicht gefolgt bin. Falls das Misstrauen dort genauso groß ist wie westlich der Grenze, hätte ich wohl kaum am nächsten Morgen pünktlich im Büro sein können. [Neithard Müller]

Weltrekord im Drachenzielflug

Sonntag, 1. August 1999, Airport-Café Bremerhaven. Am Luneort sitzen wir, zwei Pilotinnen, und entdecken am hellblauen, weißbewölkten Himmel etwas Besonderes: Hoch über uns kreist ein Drachenflieger. „Nein, das Fluggerät hat keinen Motor.“ Ich frage mich: „Wie ist der da oben hingekommen? So etwas springt doch nicht aus ’ner Cessna!?“ Dieses Rätsel können wir vorerst nicht lösen. Derweil geht der Drachenflieger kreisend ins Endteil. Jetzt verschwindet er hinter der Halle und landet auf der Wiese zwischen den gekreuzten Bahnen.

Wir möchten wissen, wie kam der da oben hin, wo kommt er/sie her? Deshalb beschließen wir, uns das näher anzuschauen. Der Controller auf dem Tower öffnet mit dem Summer die Tür, und wir klettern hinauf. Oben treffen wir den Drachenpiloten, der sich soeben die Landung bestätigen lässt: 18 Uhr 42 Local Time, Bremerhaven Am Luneort, Stempel in rot. Ich platze mit meiner dringenden Frage heraus: „Wo sind Sie hergekommen?“ – „Aus Segeletz bei Berlin.“ „Wie, von Berlin? Wie geht denn das?“ Wir erfahren, dass wir richtig gehört haben. Es ist nicht nur wahr, dass er im Umland von Berlin gestartet ist, nein er hat soeben einen sensationellen Zielstrecken-Rekord über 273,5 Kilometer geschafft!

„Heute hat es gepasst“, sagt Claus Gerhard, Sportmediziner aus Reinickendorf. Während er sein High-Tech-Gerät abriggt, hören wir mehr von dem sensationellen Flug und dem ausgefallenen Sport. „Wir sind zu dritt gestartet und haben uns unterwegs über Funk verständigt. Die beiden Freunde wurden leider nur bis hinter Hamburg getragen. Unser Begleitfahrzeug, das mit einem GPS ausgestattet ist, sammelt uns an den jeweiligen Landeplätzen wieder auf. Am Startplatz in Segeletz hat mich ein Ultraleichtflugzeug um 13 Uhr 20 auf etwa 400 Meter geschleppt, mit der Thermik ging es weiter bis auf 2800 Meter, wo es bereits ziemlich kalt ist. Unterwegs bin ich nie unter 2000 Meter abgesunken. Beim Drachenfliegen muss man trotzdem sehr tief fallen können, um wieder aufsteigen zu können.“ Das klingt wie eine Lebensweisheit, ist jedoch die Erklärung dafür, dass es oft in der Nähe der Wolken kräftige Abwinde gibt, bevor man in den Bereich der hebenden Strömungen gelangt. So hat Claus Gerhard von

Wolke zu Wolke die Thermik aufgespürt und zur Gewinnung von Höhe genutzt. „Ich habe heute hoch gepokert", sagt der „Exxtacy"-Pilot, „denn beim Festlegen des Landepunktes Bremerhaven, Am Luneort, war ich sehr skeptisch, ob die Thermik mich bis an die Nordsee tragen würde. Lüneburg war deshalb meine Alternative. Erreicht man den zuvor festgelegten Lande- oder Alternativpunkt, so zählt jeder Kilometer 1,5 Wertungspunkte. Im anderen Fall gibt es nur einen Punkt pro Kilometer."

Abbildung 4.28: Bremerhaven

Der Mann im Turm hat inzwischen Feierabend und zu unserem großen Vergnügen mit dem Feuerwehrwagen den Drachen vom Flugfeld gebracht. Apropos Feuerwehr: Wir wollen wissen, was passiert, wenn ein Drachenflieger in einem Waldgebiet herunterkommt. „Sowas machen wir nicht. Wenn es aber doch einmal vorkommt, dann ist die Landung in den Baumwipfeln in der Regel weich. Zum Abseilen haben wir eine dünne Schnur dabei, welche mit einem Gewicht herabgelassen wird, um ein dickes Tau zum Abseilen hochziehen zu können. Ein Fallschirm gehört auch zur Pflichtausstattung jedes Drachenfliegers." Ich frage noch: „Wie haben Sie bei ihrem Streckenflug navigiert?" – „Bei meinem Satellitennavigationsgerät waren die Akkus leer, das blieb zu Hause. Eine Karte brauchte ich nicht, denn die Sicht war sehr gut, und ich konnte mir die Strecke vorher einprägen: Erst an der Elbe entlang, dann über den Elbe-Seitenkanal bei Lüneburg. Von Hamburg musste ich mich fernhalten, konnte es jedoch gut erkennen. Bis zur Wesermündung kam noch ein langes Stück ohne besondere

Orientierungspunkte. Den schönsten Moment des ganzen Fluges erlebte ich, als die Weser und Bremerhaven und die Landebahn „Am Luneort" unter mit lagen und ich noch 650 Meter hoch war, denn das bedeutete: Ziel erreicht." Im Flugplatzrestaurant stoßen wir mit Claus Gerhard mit einer riesigen Apfelsaftschorle auf seinen großen Erfolg an. „Prost Claus!" [Constanze Flaskamp]

Tagebuch einer Hammerwetterlage

Am Mittag des 4. Juli passiert es: In bockiger Thermik reißt beim UL-Schlepp in Segeletz die Sollbruchstelle, ich muss aus niedriger Höhe landen und zerre mir dabei das linke Hüftgelenk. Aus der Traum vom Drachenfliegen – zumindest für diese Saison – das ist mein erster Gedanke. Zwei Wochen lang humpele ich an Gehstützen, aber die Arbeit in der Praxis kann ich nicht unterbrechen, weil mein Partner gerade weit weg Urlaub macht – doppeltes Pech!

Unfall mit Folgen Die Patienten zeigen ihr Mitgefühl: „Doc, jetzt wissen Sie, wie das ist, wenn man nicht laufen kann." Okay, ich weiß. Es ist ja nicht mein erster Unfall im Leben, und der jüngste bin ich auch nicht mehr, also vielleicht ein ernsthafter Grund, mit dem Drachenfliegen aufzuhören, bevor es zu spät ist?! Tagelang pflege ich meine Depression, will keinen der Freunde sehen oder sprechen. Eines abends kommt Neithard vorbei und bringt den Startwagen, erzählt was von großen Gummirädern, auf denen ich landen könnte, bis mein Bein wieder in Ordnung ist. Das klingt plausibel, aber ich verdränge jeden Gedanken an die Fliegerei.

Zum Glück kann man auch anders in die Luft kommen, also humpele ich mit Kuddel zum Flugplatz, wir chartern eine Cessna und schauen uns die Insel Usedom und Swinemünde an, wo Fontane einen Teil seiner Jugend verbrachte. Ein herrliches Erlebnis, denn es ist sonnig und warm. Am 26. Juli ruft Neithard an und berichtet von Streckenflugwetter. Am nächsten Tag schafft er mal eben 140 Kilometer, an den beiden folgenden Tagen ähnliche Strecken, allerdings von der DCB-Winde in Altes Lager, denn unsere Schlepppiloten sind ausgeflogen.

Am Morgen des 30. Juli halte ich es nicht mehr aus, versuche verzweifelt am Telefon, einen UL-Piloten aufzutreiben: Fehlanzeige. Kuddel und Neithard reden mir zu wie einem lahmen Gaul, dass ich es doch mal an der Winde probieren soll. Wenn der Windenführer kräftig beschleunigt, reichen zwei Schritte, um zu fliegen. Ich nehme Kuddel zur Probe huckepack und versuche, mit ihr in der Wohnung ein paar Schritte zu rennen. Tatsächlich es geht. Also ab nach Jüterbog an die Winde.

Start am Windenseil In brütender Mittagshitze von über 30 Grad baue ich den „Exxtacy" auf, den wir vorher aus dem 100 Kilometer entfernten Segeletz geholt haben. Alle paar Minuten geht ein „Dust devil" über den Platz, und jedesmal rennen wir zu den Drachen, um sie festzuhalten. Ich schwanke immer noch, ob ich fliegen soll, denn schließlich ist mein letzter Windenstart schon Jahre her. Neithard zeigt, wie simpel alles ist: Einfach hoch- und wegfliegen. Um 14 Uhr 50 bin ich dran und maßlos erstaunt, wie gut der „Exxtacy" an der Winde geht. In 400 Metern ausklinken, rechts herumdrehen und einen Bart suchen. Erst in 170 Metern finde ich den Thermikanschluss am Ende der Betonpiste. Hurra, ich fliege wieder!

Völlig mühelos geht es nun nach Westen über die Autobahn, den Fläming, die Elbe bis hin zum Harz. Irgendwann, als die Sonne tiefer steht, ist die ehemalige Grenze geschafft, aber ich will an diesem Tag noch nicht aufgeben. Bei Salzgitter Bad trägt mich die Thermik ein letztes Mal mit 1 m/sec nach oben, und in der Abendluft bleibt das Sinken gering. So lande ich schließlich um 20 Uhr nach 214 Kilometern bei Hildesheim – überglücklich, denn die Gummiräder rollen auf dem abgeernteten Kornfeld bequem aus. Als Neithard und Georg Stunden später im Mondschein eintreffen, zeigen sie sich mit ihren Flügen von 180 und 170 Kilometern ebenfalls sehr zufrieden.

Um 6 Uhr morgens erreichen wir endlich wieder den Startplatz. Da will ich nur noch nach Hause und ins Bett. An diesem Samstag kommen Holger und Lukki in Segeletz erst nach 14 Uhr 30 in die Luft, denn es gibt größeren Stau auf der A 24. Trotzdem schaffen sie 170- und 140-Kilometer-weite Flüge, wobei Holger einen besonderen Rekord aufstellt: Über der Elbe erreicht er die Flugfläche 100 und erlebt völlig verblüfft die Vereisung seines Speedmessers. Der nächste Tag bringt wieder Hammerwetter, es ist nicht zu fassen! Diesmal soll uns der Südostwind die Elbe entlang tragen, das ist die Rennstrecke des Flugpioniers Peter Riedel, auf der er 1935 seinen Segelflug-Weltrekord errang: 270-Kilometer-Zielstrecke von Berlin-Tempelhof nach Hamburg-Fuhlsbüttel.

Riedels Rekordroute Übermütig beschließen Andreas, Neithard und ich einen Zielflug zum Flugplatz Bremerhaven, das sind von Segeletz ebenfalls gut 270 Kilometer. Vorsichtshalber bauen wir noch einen Wendepunkt bei Lüneburg ein. Um 13 Uhr 10 ist Neithard startbereit, ich folge kurz darauf. Bei dem leichten Gegenwind klappt es gerade so mit dem Rennen hinter dem UL, das Mike für uns steuert, dann geht es aus 400 Metern unglaublich schnell aufwärts. Noch nie habe ich in Segeletz mein Startfoto aus 2 Kilometern Höhe geschossen. Die wenigen Cumuli ziehen hervorragend, so dass der Weg zur Elbe keine Stunde dauert, wo ich Neithards „Exxtacy" bereits einhole. Auf der Südseite des Flusses fehlen die Wolken noch, also folgen wir Riedels Route und bleiben vorläufig nördlich der Elbe. Bei Wittenberge wird das Fliegen immer leichter, denn die Basis ist mittlerweile auf 2500 Meter gestiegen. Neithard liegt nur wenige Kilometer hinter mir, Andreas, der als dritter startete, ist ihm mit seinem „Laminar ST" dicht auf den Fersen. Obwohl die Wolken im Norden wunderbar aussehen, beschließe ich bei Lenzen, nach Süden zu fliegen. Das scheint riskant, aber mit der komfortablen Ausgangshöhe dürfte eigentlich nichts schief gehen. Dabei zeigt der „Exxtacy" seine Qualitäten, indem er wunderbar vorangleitet. Direkt über Gorleben, das aus der Luft einer großen Festung ähnelt, hängen ein paar Wolkenfetzen, aber so richtig gut geht es erst einige Kilometer weiter im Blauen. Ich atme auf, mache Speed und fliege auch schon mal über 100 km/h. Manchmal zeigt das Vario im Geradeausflug minutenlang nur Steigen an. Ist das ein Wahnsinnstag! Ich bin wie im Rausch.

Abbildung 4.29: Atom-Endlager Gorleben

Der Sender Dannenberg muss unbedingt auf's Foto, denn vor drei Jahren war ich dort so tief, dass ich seine Spitze bereits von unten sah. Damals rettete mich der riesige Göhrder Forst. Heute geht es ohne Aufenthalt hoch darüber. Schon glänzt der Elbe-Seitenkanal im Gegenlicht. Genau über dem Wendepunkt von Bienenbüttel steht die Wolke, die ich brauche, um im Überfliegen mein Foto zu schießen, dann geht es weiter auf die Hansestadt zu. Der Blick zur Uhr verrät, dass ich trotz des schwachen Windes heute unglaublich schnell bin: Der Schnitt dürfte deutlich über 50 km/h liegen.

Landung an der Nordsee Aber schon wenige Kilometer weiter kommt die Ernüchterung. Während Andreas über Funk fragt, ob die Thermik bei mir auch so schlecht geworden sei, beginne ich am Erfolg unseres Streckenfluges zu zweifeln, denn unter mir liegt saftiges, feuchtes norddeutsches Tiefland. Zu hoch gepokert? Noch kann ich die Weser nicht erkennen, deshalb wird jeder Thermikfetzen mitgenommen, doch in 700 Metern schiele ich bereits nach abgeernteten Landefeldern. Dann hilft mir das Glück: Während links und rechts die Wolken längst verschwunden sind, finden sich genau in Flugrichtung noch ein paar Reste, die wieder auf 1600 Meter tragen. Jetzt endlich wird die Nordsee mit der Wesermündung sichtbar, aber sie scheint unendlich fern. Während ich frustriert im Nullschieber umherdümpele, schiebt der Wind immer weiter nach Nordwesten. Hoffnung kommt auf: Vielleicht ist die Strecke ja zu schaffen! Nun muss der

„Exxtacy“ zeigen, was in ihm steckt. Beim Losfliegen im besten Gleiten kann ich den Flugplatz noch nicht ausmachen, aber er soll laut Karte südlich der Stadt am Hafen liegen.

Bange Minuten folgen, dann ist auf einmal alles klar. Der Platz mit den gekreuzten Landebahnen kommt näher, ich überquere ihn in 650 Metern, fotografiere, fliege weit hinaus aufs Meer und genieße entspannt den Anblick der Nordseeküste im Abendlicht. Welch ein gigantisches Erlebnis! Um 18 Uhr 42 lässt mich der Tower zwischen zwei Motormaschinen auf der Wiese des Vorfelds ausrollen. Hurra, geschafft! 273 Kilometer – das ist Rekord, ich kann es noch nicht glauben.

Später frage ich den Flugleiter, ob er Sportzeuge sei. Was das ist, will er wissen, schließlich sei er früher Controller auf dem Tower in Düsseldorf gewesen, das müsse für meine Rekorddokumentation doch wohl reichen, und dabei drückt er mir den roten Flugplatzstempel auf das Landeformular. Vorsichtshalber bekomme ich noch seine Privatadresse. Zahlen muss ich nichts, aber nachdem er sich davon überzeugt hat, dass der „Exxtacy“ kein Leichtgewicht ist, holt er die Flughafen-Feuerwehr, die meinen Drachen zum Eingangstor transportiert. Das nenne ich norddeutschen Service für einen fußkranken Piloten. Moin, moin!

Zwischenzeitlich gibt es große Aufregung, weil die Landemeldung plötzlich weg ist. Nachdem alle meine Taschen und der Tower vergeblich durchsucht sind, finde ich sie schließlich bei einem Cessna-Piloten auf dem Rollfeld, der gerade zum Heimflug ins Ruhrgebiet starten will. Nicht auszudenken, wenn das kostbare Dokument unbeachtet zwischen seinen Tankbelegen verschwunden wäre. Beim Abschied von dem Mann im Tower bedauere ich, dass wir uns so bald wohl nicht wiedertreffen werden. Die Antwort kommt friesisch herb: Ich möge ihn bitte nie wieder so erschrecken, schließlich gab's am Flugplatz Bremerhaven bisher noch keine Drachenlandung.

Ein Anruf bei Neithard und Andreas bestätigt meinen Verdacht, dass die beiden nicht mehr kommen, denn nach etwa 220 Kilometern sind sie südwestlich von Hamburg gestrandet. Weil Bernd, unser schnellster Rückholer, mit dem Auto bereits früh aufgebrochen war, dauert die Rückreise nicht ganz so lange wie vor zwei Nächten. Immerhin sind wir schon um 4 Uhr zurück am Platz. Trotzdem will ich mittags nicht fliegen, obwohl die Thermik wieder brüllt.

Zielflug nach Hamburg Am folgenden Tag sind wir dann nochmals an der DCB-Winde in Altes Lager und erfahren, dass dort zwei Tage zuvor Herbert 190 Kilometer weit geflogen ist. Hendrik hat zum ersten Mal die 100-Kilometer-Grenze geschafft und freut sich wie ein Schneekönig – Glückwunsch! Diesmal geht alles wie geschmiert. Einfach hoch- und wegfliegen, Startpunkt fotografieren, die spärlich gewordenen Wolken ansteuern, auf 2800 Meter drehen, wo es bereits unangenehm kalt wird, die A 9 überqueren, überm Fläming Delphin-Stil probieren, die A 2 bei Ziesar kreuzen, und schon ist die Elbe zum Greifen nahe. Neithard ist wegen seines Zielpunktes Stüde-Bernsteinsee südlich an der ED-R 73 vorbeigeflogen und hat sich bei Magdeburg versenkt – schade. Lukas und Christoph erreichen mit 170 und 150 Kilometern die Nähe von Wolfsburg, Bernd den Flugplatz Mahlwinkel, prima, das ist sein erster Hunderter. Mein

Ziel heißt Hamburg, und ich komme gut voran. In riesiger Höhe quere ich die Colbitz-Letzlinger Heide mit ihrer Spitzenthermik, aber hinter Gardelegen lösen sich die Wolken fast vollständig auf.

Andreas meldet sich weiter westlich in niedriger Höhe und fragt, ob es mir besser geht. Ich kann es bestätigen, denn westlich von Salzwedel finden sich immer wieder zarte Wölkchen. Dann tauchen voraus im Dunst der Elbe-Seitenkanal und die Lüneburger Heide mit ihren guten Flugbedingungen auf. Andreas hat sich wieder hochgekämpft und schafft an diesem Tag bei Uelzen erneut die 200-Kilometer-Marke, während ich in der Abendthermik auf das Maschener Autobahnkreuz zusteuere. Diesmal weiß ich schon, wo die Kneipe in Autobahnnähe steht, deshalb lande ich dort so nahe wie möglich. Leider ist Gerd Olbinsky, der Vorsitzende der Hamburger Drachenflieger, nicht zu Hause. Vor drei Jahren trafen wir uns in Maschen zum Begrüßungsbier. Nachdem ich gut gegessen, getrunken und einen Spaziergang zu meinem alten Landeplatz gemacht habe, treffen die Rückholer ein. Wir legen die ICAO-Karten zusammen und rechnen: 252 Kilometer Zielflug, das ist immer noch Rekord. Vielen Dank an den Rhönflieger, Peter Riedel, der uns seine Rennstrecke vor 64 Jahren beschrieb. Dass wir in seiner Spur gleiten, konnte ich ihm vor seinem Tod im vergangenen Jahr noch mitteilen. Der 93-jährige Flugpionier, der seit dem Krieg in den USA lebte, hat sich sehr darüber gefreut.

Abbildung 4.30: Autobahnkreuz Hamburg-Maschen

Blaues Dreieck zwischen Havel und Elbe

Sonntag, 14. Mai 2000: Seit Tagen liegt eine breite Hochdruckzone über Skandinavien, an deren Südflanke unablässig trockene Festlandsluft nach Norddeutschland strömt. Die Folge sind Frühlingstemperaturen bis 30 Grad in Berlin und jeden Tag ein endlos blauer Himmel, den kein einziges Wölkchen trübt. Wegen der ungewöhnlichen Hitze hat man die Freibäder der Hauptstadt früher als sonst geöffnet, wo Tausende nun die ersehnte Abkühlung finden.

Irreführender Segelflugwetterbericht Mich als Drachenflieger plagen derweil weniger die hohen Temperaturen als Zweifel darüber, ob das wunderschöne Wetter zum Streckenfliegen taugt, denn die Tempelhofer Meteorologen üben ständig Zurückhaltung in ihren Prognosen. Heute mag man ihren Worten fast nicht glauben, sagen sie doch für Brandenburg eine Arbeitshöhe von nur 800 Metern bei mäßiger Blauthermik voraus, während es in Niedersachsen und Sachsen-Anhalt immerhin 1500 Meter werden sollen. So „trübe“ Aussichten können einen Streckenflieger regelrecht deprimieren! Mein Freund Pepe bietet mir deshalb zur Entspannung einen Bootsausflug an, doch ich lehne dankend ab, weil ich in die Luft will.

Draußen am Flugplatz von Segeletz, wo in der prallen Sonne fast kein Wind geht, sind außer mir nur Bernd und Neithard erschienen: Ulli, unser Fluglehrer, der die frühen Morgenstunden zur UL-Schulung nutzt, kann uns glücklicherweise in die Luft schleppen, da er die praktische Ausbildung wegen der einsetzenden Thermik unterbricht. Eigentlich bin ich um 13 Uhr viel zu spät, denn Neithard kann sich schon am Himmel halten, während ich mit dem Aufbau des „Exxtacy“ erst beginne. Warum soll heute ausgerechnet in Brandenburg schlechte Thermik sein? Was ich fühle und sehe, spricht eine ganz andere Sprache: Könnte es doch einer jener seltenen Tage werden, die bei geringer Luftbewegung eine geschlossene Flachland-Aufgabe erlauben! Aber sind große Dreiecksflüge unter Blauthermik-Bedingungen in Norddeutschland überhaupt durchführbar?

Ich hätte die Frage ohne Zögern verneint, wäre mir nicht gerade vor einer Woche ein 120-Kilometer-Flug bei wolkenlosem Himmel gelungen. Also zeige ich Optimismus, vergesse den Wetterbericht und schreibe mutig das 100-Kilometer-Havelland-Dreieck aus, das Andreas zuletzt am 10. Juli 1997 von hieraus geschafft hat, obwohl es heute eigentlich gar nicht geht. Vermutlich ist die Idee wieder einmal das Papier nicht wert, auf dem sie steht.

Mit Glück über die Havel Um 14 Uhr bin ich endlich in der Luft und das Startfoto ist im Kasten, da traue ich meinen Ohren kaum, denn Neithard berichtet über Funk im 13 Kilometer entfernten Stölln von guter Thermik mit einer Steighöhe bis 1600 Meter! Angestachelt von der exzellenten Nachricht schaffe ich über dem Dreetzer Wald dieselbe Höhe, dann geht es zügig hinterher. Kaum merklich schiebt dabei der leichte Wind aus Nordost. Am Wolfsplan scheint der Bart über dem Storchennest gerade Pause zu machen, so gleite ich weiter auf den Stöllner Gollenberg zu. Wie gewohnt steht die Thermik am Westhang in der Nähe von

Abbildung 4.31: IL-62-Landung in Stölln am 23.10.1989

Lady Agnes, einem vierstrahligen DDR-Verkehrsflugzeug, das hier am 23. Oktober 1989 in einer fliegerischen Meisterleistung auf der Tausend-Meter-Grasbahn landete. Seitdem dient der ausrangierte Düsenjet der Lilienthal-Gemeinde als zünftiges Standesamt und Museum.

Zwei Segelflugzeuge kommen zu mir herüber, als die Piloten merken, wie gut es über dem Hügel aufwärts geht. Doch ich beobachte bereits die klare Landschaft weit voraus. Alles wirkt heute ganz nahe, aber nirgends am Himmel findet man eine Wolke. So scheint der Thermikanschluss zum Schollener Land sehr schwierig, denn vor den aufwindträchtigen Schießplätzen der Bundeswehr liegen die saftigen grünen Havelwiesen, die es irgendwie zu überwinden gilt. Wie gerne sähe ich jetzt die üblichen Wegweiser am Himmel! So gleite ich mit ungutem Gefühl in die ruhige blaue Luft hinein und warte, während die komfortable Flughöhe unaufhaltsam dahinschmilzt. Am jenseitigen Havelufer gibt es bei Grütz eine letzte Chance in 400 Metern: Falls die hellen Felder mit den Baumreihen hinter dem Dorf keinen Aufwind spenden, war es mit 25 Streckenkilometern ein mickriger Flugtag. Vielleicht wird daraus wenigstens noch ein anständiger Badetag!

Aber die Felder von Grütz halten, was sie versprechen, und ich kann erleichtert aufatmen, während die Landschaft unter mir in scheinbar endloser Tiefe versinkt. Welch ein wunderbares Gefühl, als es mit einem Zug bis auf 1900 Meter geht! Solche glücklichen Momente vergisst man als Thermikflieger lange nicht.

Abbildung 4.32: „Exxtacy“ meets Iljuschin

Beste Blauthermik im Land Schollene Über dem Rathenower Schießplatz treffe ich überraschend Neithard, der seinen Wendepunkt an der ICE-Strecke bei Großwudicke schon hinter sich hat und an mir vorbei nach Norden strebt. Ich dagegen will eine Bahnstation weiter beim Schönhauser Damm wenden, denn dort am Ende des Waldes steht ein Spitzen-Aufwind, der mich diesmal sogar auf 2000 Meter bringt. Mit Steigraten von 5 m/sec bleibt er wieder einmal der beste Bart des Tages. Einfach phantastisch, dass hier im Schollener Land die Drachenfliegerwelt so vollkommen in Ordnung ist. Das Wendepunktfoto am Geburtsort Otto von Bismarcks wird nun zur leichten Übung, bevor es zügig die Elbe entlang nach Norden weitergeht. Unterwegs über den großen Manövergebieten von Klietz, die man innerhalb der Woche leider nicht überfliegen darf, verblüffen mich in 1500 Metern Scharen von Möwen, deren helle schnittige Flügel im Sonnenlicht leuchten. Wahrscheinlich genießen sie die Gegend mit dem hochreichenden Nahrungsangebot an Mücken.

Im Nu bin ich über den Rehberger Bergen, in deren Schluchten nach alter Sage (Sch01) Hexen ihr Unwesen treiben. Bei den riesigen Scheunen von Neukamern fand ich früher einmal den rettenden Hammerbart, jetzt aber bleibt die Suche im Blauen ergebnislos. Sollte das große Fliegerglück schon zur Neige gehen? Nervös drehe ich nach Westen in Richtung Elbe und versuche bei Wulkau, die Erfahrung vom letzten Wochenende zu wiederholen, indem ich helle trockene Felder am Rand von Kiefernwäldern ansteuere. Dabei muss man allerdings die Windrichtung beachten, um die Abrisskante möglicher Thermikbärte zu erahnen. Und siehe da, ich gewinne wieder Auftrieb. Doch die Steigwerte bleiben gering, so dass die Höhe zum bevorstehenden Sprung über die Havel vermutlich nicht ausreicht. Wird mein Dreieckstraum hier ein klägliches Ende nehmen? Neithards Funkspruch verstärkt die Ahnung, denn er meldet soeben seine Landung in den feuchten Wiesen von Jederitz. Frustriert kündige ich dort ebenfalls mein Erscheinen an. Aber noch sind nicht alle Chancen vertan, und ich will sie nutzen!

Abbildung 4.33: Havelberg

Riedels Hammerbart bei Havelberg Über Sandau führt in 900 Metern die Beachtung der Bodenmerkmale wieder zum Erfolg, so dass der Höhengewinn jetzt bequem bis hinter Havelberg reichen müsste. Die berühmte Domstadt hat für mich eine besondere Anziehungskraft. Am liebsten möchte ich an der langgezogenen Uferpromenade landen, die Füße ins Wasser halten und dabei die Sonne genießen. Aber nördlich des malerischen Stadtkerns, der auf einer Insel im Fluss liegt, gibt es über verwilderten Feldern neue Thermik. So muss der Badewunsch leider zurückstehen. Dem Flugpionier Peter Riedel sei tausendmal gedankt, der hier vor 65 Jahren jenen Hammerbart ausgegraben hat, der mich auch heute wieder zuverlässig auf Höhe bringt, so dass das Foto der Nitzower Kirche aus 1700 Metern kurze Zeit später völlig problemlos ist. Nun steigt die Spannung, denn so weit wie jetzt war ich schon einmal vor drei Jahren, als der

Rückflug auf dem dritten Dreiecksschenkel vor Bendelin endete. Jetzt begleiten mich Neithards gute Wünsche per Funk, während ich vorsichtig den großen Glöwener Wald überquere, der bis Breddin reicht. Das Dorf am Rande des Luchs dürfte der Schlüssel zum Gelingen dieser Dreiecks-Aufgabe sein, denn ich erinnere mich genau daran, wie Andreas hier zweimal „Anlauf" für die letzten 20 Kilometer nehmen musste.

Zittern beim Heimflug im Gegenwind Also folge ich mit hellwachen Sinnen jedem Thermikanzeiger, beachte das Kreisen der Vögel und gehe in Gedanken am Damm der Hamburger Eisenbahnlinie entlang, der mich unbedingt nach Hause leiten soll. Was gäbe ich jetzt für eine freundliche Rückenwindbriese, aber der Ostwind bleibt stabil. Nördlich von Stüdenitz drehen am Hang zwei Windmühlen ganz leicht ihre Flügel. Hier steht ein zarter Aufwind, der mir wieder 200 Meter zusätzlicher Höhe schenkt. Dasselbe passiert noch einmal am Waldrand von Schönermarck, wo ich kurz mit dem Gedanken spiele, aus 1100 Metern zum nahen Kyritzer Flugplatz abzugleiten, aber die Kiesgrube von Zernitz erweist sich als stabiler Rettungsanker, den mir ein kreisender Bussard verrät. Bis 1350 Meter trägt die Abendthermik hinauf, dann geht es los in den Endanflug nach Segeletz.

Hoffentlich reicht die Höhe für die Querung der Dosse-Niederung, denn schon mehrfach hatte ich in Neustadt „Kontakt" mit den saftigen Pferdekoppeln des Brandenburgischen Landesgestüts, das Friedrich Wilhelm II. hier 1789 für seine Reiterarmee gründete. Zum Glück trägt der Himmel ab dem Neustädter Bahnhof wieder, und nun kennt meine Freude keine Grenzen. Ich jubele und schreie vor Glück heraus, was die Kehle hergibt. Endlich habe ich das Dreieck geschafft, das ich schon immer mit dem Drachen fliegen wollte! Dass es mir heute, an einem Tag mit absoluter Blauthermik, in 4 Stunden gelingt, ist eine wunderbare Zugabe, die ich immer noch nicht glauben mag, aber sie unterstreicht die beeindruckende Leistungsfähigkeit moderner Flugdrachen. Während mein „Exxtacy" in 600 Metern ausgelassene Steilkurven über dem Segeletzer Flugplatz abspult, bleibt bis zur Landung im Abendlicht genügend Zeit für ein paar schöne Fotos.

Stilles Fliegerglück in Segeletz Am Boden wird mir erst richtig klar, dass ich allein bin. Kein roter Teppich, keine Musikkapelle, nicht mal ein Bier zur Begrüßung. Dabei quillt mir der Stolz förmlich aus allen Nähten. So muss ich enttäuscht erkennen, dass manche große Tat einfach im Stillen geschieht. Kuddel, die zur Entbindung unserer Tochter Lisa im Krankenhaus weilt, wird nun die erste, die per Telefon von meinem Erfolg erfährt und sich riesig mitfreut. Eine halbe Stunde später kann ich einen vorbeifahrenden Bauern mühsam als Landezeugen gewinnen. Dabei lässt ihn meine Leistung so völlig kalt, dass er nicht einmal auf's Erinnerungsfoto will. Nach einer weiteren halben Stunde kommen Bernd und Neithard von der Außenlandung an der Havel zurück. So wird aus dem wundervollen Tag noch ein gemütlicher Abend unter Freunden, die das eindrucksvolle Ereignis schätzen können und es mit mir genießen.

Beim Wetterdienst nachgehakt Auf der Rückfahrt im Auto nach Berlin kann ich mir den Anruf in Tempelhof nicht verkneifen. Nachdem der diensthabende Wetterfrosch mein heutiges Flugerlebnis erfahren hat, ist er überrascht und zollt für die Strecke Anerkennung. Dann erzählt er quasi hinter vorgehaltener Hand, dass die Wettervorhersage diesmal von einer „Aushilfe“ aus Leipzig verbrochen worden sei. Leider verbessert die Erklärung meine Ansicht über die Meteorologen nicht, denn zu oft schon erschien mir der Segelflugwetterbericht nachlässig erstellt. Etwas mehr Sorgfalt bei der Herausgabe würde sicher dazu beitragen, dass in Zukunft Flugtage wie dieser nicht ungenutzt verstreichen. Aber vielleicht muss ich die Kunst der Wettervorhersage ja doch noch selbst erlernen …

Abbildung 4.34: Wettervorhersage leicht gemacht

Badeausflug zur Ostsee

Pfingstsonntagmorgen: Nach einer klaren Nacht zeigt der Himmel über Berlin rundum tiefes verheißungsvolles Blau. Prima, das könnte Streckenwetter bedeuten! Dagegen wirkt der Segelflugwetterbericht eher wie eine Einladung zum Baden, denn bei guter Blauthermik sind heute für Brandenburg schweißtreibende Temperaturen bis 33 Grad angesagt. In der Höhe soll Südwind wehen – eigentlich kein gutes Zeichen, denn mit der einfließenden Warmluft stirbt meist auch die Thermik. Trotzdem sind mit mir 8 Piloten zum Streckenfliegen nach

Segeletz gekommen – wohl wissend, dass uns in der Vergangenheit noch nie ein größerer Flug von hier nach Norden gelungen ist. Sollte das diesmal anders werden?

Während wir in brütender Mittagshitze unsere Drachen aufbauen und der Schweiß in Strömen fließt, empfiehlt Neithard als Zusatzausrüstung die Badehose, denn ohne einen Sprung ins kühle Nass dürfte der Tag am Boden heute nicht zu überstehen sein. Unsere Route geht deshalb entweder an einen der vielen mecklenburgischen Seen oder direkt zur Ostseeküste: Ein Traumziel vieler Berliner und bei Blauthermik eine wirklich anspruchsvolle Aufgabe, denn die Entfernung zum Meer beträgt je nach gewähltem Kurs bis zu 180 Kilometer!

Schwieriger Start in Segeletz Ich bin spät dran und muss bei meinen Startvorbereitungen schon die ersten Absaufer von Neithard, Pepe, Bernd und Wolfgang mitansehen. Sollte heute doch kein Streckenwetter sein? Ein Segelflugzeug dreht hoch über uns am wolkenlosen Himmel ein paar Kreise und verschwindet wieder. Also muss es doch gehen! Schweißtriefend trage ich den „Exxtacy“ zum Startpunkt und hoffe, dass mir der Fahrtwind hinter dem UL bald Abkühlung verschafft.

Henry, unser Schlepppilot, meint es besonders gut und zieht mich mit 80 km/h ziemlich tief über den Dreetzer Wald. Während des turbulenten Schlepps versuche ich, unbedingt am Seil zu bleiben und keine Sollbruchstelle zu riskieren, sonst sitze ich irgendwo in der Pampa oder im Kiefernwald, und der Flugtag ist gelaufen. Aber ich habe Glück: Über den Dünen am Waldrand steht der Bart, der mir 1600 Höhenmeter spendiert. Nun kann ich aufatmen und mit dem Wind zurück nach Segeletz driften, um das Startfoto zu schießen. Dort hat inzwischen auch Wolfgang Thermikanschluss gefunden, so dass wir über Barsikow hinweg gemeinsam ins Blaue gleiten.

Relikte aus der DDR Während wir in Richtung Norden jede thermikverdächtige Waldkante ansteuern, leuchtet am Ostufer des Obersees Schloss Karnzow im Gegenlicht, einst im Besitz der Familie von Schönermarck. Zu DDR-Zeiten wurde es Eigentum des Volkes, nachdem der Graf im April 1945 aus Angst vor der anrückenden Roten Armee seinem Leben ein Ende gesetzt hatte. Unter mir tauchen riesige Waldlichtungen auf, die einst Trainingscamps der Volksarmee beherbergten. Angeblich gab es dort auch Straflager mit unterirdischen Zellen für Regimegegner. Noch heute kann man an der nahen Autobahn einen 3 Kilometer langen Abschnitt erkennen, der im Verteidigungsfall zum Starten und Landen der östlichen Kampfjets gedacht war. Der betonierte Abstellplatz im Norden bei Herzsprung wurde inzwischen zum LKW-Rasthof und bringt den besten Bart des Tages, der uns mit Fahrstuhlgeschwindigkeit auf 1900 Meter katapultiert. Herrlich, so macht Streckenfliegen richtig Spaß! Aus der Höhe können wir nun zügig über die Dosse bis nach Wittstock gleiten zur verlassenen Piste des Militärflugplatzes „Alt Daber“. An ihrem Ende fand ich schon mehrmals prächtigen Aufwind, aber heute bleibt die Luft dort überraschend ruhig. Also geht es weiter zum nahen Segelflugplatz Berlinchen, obwohl die Flughöhe kaum noch 700 Meter beträgt. Nach bangen Minuten wird ein Nullschieber am Waldrand zum kostbaren Aufwind, der mir über der riesigen Wittstocker Heide sogar 2000 Höhenmeter beschert. Welch ein Glück! Wolfgang trifft es leider nicht so gut, denn er muss wenige Kilometer hinter dem Mönchsee bei Zepkow landen, während ich jenseits der Autobahn unter einer der ersten Wolken dieses Tages bis auf 2400 Meter hochdrehen kann. Aus der riesigen Höhe ist der Blick auf Mecklenburg überwältigend. Da kann die Fliegerseele endlich baumeln ...

Wolken oder Blau? Inzwischen hat das von Westen anrückende Tief einzelne Wolken gebildet, die sich seltsamerweise nur links der Autobahn nach Rostock ausbreiten, während der Himmel auf der rechten Seite völlig blau bleibt. Wenn ich die Wolkenthermik weiter nutzen will, dürfte der Flugplatz Barth als Zielpunkt gestorben sein. Er liegt zu weit rechts im wolkenlosen Nordosten. Mit respektvollem Abstand zur Müritz geht es derweil wunderbar einfach über den Fleesensee zum Hohen Berg (84 Meter NN) bei Nossentin, wo sich am Ufer des benachbarten Kölpinsees die riesigen Golfplätze der neuen Ferienanlage von Göhren-Lebbin ausdehnen. Ein imposantes Areal auf der grünen Wiese! In ganz anderer Weise beeindruckt mich der Stadtkern von Malchow, der zur Linken auf einer winzigen Insel liegt.

Spätestens in der Nähe des Krakower Sees löst sich das Problem der Flugroute von selbst, denn allein mit Hilfe einer Wolke weit links von der Autobahn kann ich dem drohenden Absaufer entkommen. Trotzdem dauert der Aufstieg zur Wolkenbasis aus 850 Metern ziemlich lange, und bis Güstrow sind kaum mehr als 1700 Höhenmeter drin. Jetzt gilt es, die Kontrollzone des Flughafens Laage, die wenige Kilometer weiter nördlich beginnt, mit ausreichender Höhe zu überfliegen. Während der Drachen in 1600 Metern über das westliche Bahnende gleitet, rührt sich in den An- und Abflugsektoren und auf dem großen Flugfeld überhaupt nichts. Zahllose Bunker säumen die weitläufigen Rollwege. Sie erinnern mich an das benachbarte Kavelstorf, wo vor 10 Jahren für viele DDR-Bürger der Traum von einem friedlichen sozialistischen Staat endgültig zerplatzte: Das örtliche Bürgerkomitee hatte nämlich geheim gehaltene Lagerhallen entdeckt, in denen statt landwirtschaftlichem Gerät – wie offiziell behauptet – Munition und Waffen für den Export in Krisengebiete lagerten.

Unversehens holt mich der Blick nach Norden zurück in die Gegenwart. Die Stadt am Horizont – das ist doch Rostock, denn dahinter schimmern der Breitling und die Ostseeküste! Jetzt bin ich wie elektrisiert. Eine Landung am Meer bei Warnemünde wäre ein starker Ausgleich für den verpassten Zielflug nach Barth. Sofort bringe ich das Gurtzeug in optimale Position und wähle die Geschwindigkeit des besten Gleitens, während mein „Exxtacy" Kurs auf die Hansestadt nimmt. Entlang der Autobahn bleibt die Abendluft jedoch über viele Kilometer völlig ruhig, so dass die Flughöhe ständig abnimmt. An der Autobahnausfahrt hatten zwei Windmühlen leichten Südostwind angezeigt, der mich nun langsam über die Stadt an der Warnow treibt. In 400 Metern kostet das Nerven, hat aber einen wahnsinnigen Reiz, denn die Altstadt und der Binnenhafen liegen im Abendlicht zum Greifen nahe.

Abbildung 4.35: Rostock

Mit Glück bis ans Meer Bei Gehlsdorf zeigt die Luft über dem Warnow-Ufer plötzlich Bewegung. Das wird doch nicht ...? Tatsächlich, um 19 Uhr lässt sich hier noch einmal ein Bart zentrieren, der für 300 Meter zusätzlicher Höhe sorgt, während ich über den aufgeheizten Plattenbauten der Vorstadt weiter nordwestwärts treibe – einfach unglaublich! Irgendwann ist es dann so weit: Nach langem geduldigem Kurbeln in der sanften Abendthermik kann ich aus sicherer Höhe den Sprung zur Küste wagen. Welch' ein überwältigendes Gefühl! Vergessen sind die verpassten Zielflugpunkte, jetzt zählen allein das Meer und der Strand, auf dem ich landen will. Als mein „Exxtacy" über den markanten Bettenturm des Hotels „Neptun" weit auf die See hinausgleitet, kennt die Freude keine Grenzen mehr. Das wollte ich schon immer mit dem Drachen erleben: Ankunft aus der Luft, einen Drink nehmen, im Meer baden gehen und dann in Ruhe die Freunde erwarten, die mich samt Fluggerät wieder nach Hause bringen.

Fisch und Sand Aber noch ist es nicht so weit. Nach 155 Kilometern glücklicher Luftreise erfordert die Landung Konzentration, denn am Strand wimmelt es von Urlaubern, die kaum mit einem anfliegenden Drachen rechnen. Da die Dünen in der Nähe des Leuchtturmes am breitesten sind, wähle ich dort den Aufsetzpunkt. Glücklicherweise gibt es überall bunte Fahnen, die jetzt Westwind anzeigen. Prima, so kann ich parallel zur Küste ausschweben. Meine Aufregung

Abbildung 4.36: Warnemünde

steigt beträchtlich, je näher der Boden kommt. Vor lauter Sorge um die Urlauber vergesse ich zum Schluss, die Landeklappe zu ziehen, deshalb wird der Aufprall im Sand etwas hart aber insgesamt problemlos.

Endlich, nach gut 4 Stunden Flugzeit hat mich die Erde wieder, diesmal allerdings mit einem feinen Unterschied: Mein Drachen steht zum ersten Mal direkt am Meer. Während ich das Gurtzeug ablege, wird der Gegensatz auch über die Nase spürbar: Hier riecht es nicht nach saftigem Gras oder reifem Korn sondern nach Fisch und Sand. Notdürftig raffe ich die Sachen zusammen, dann gibt es das fällige Bad in der Ostseebrandung. Auf der Strandpromenade kann ich nach wenigen Schritten meinen Hunger und Durst in gepflegter Atmosphäre stillen und dabei die großen Fähren beobachten, die an der Mole ein- und auslaufen. Bis zur Rückfahrt dauert es noch einige Stunden, so bleibt viel Zeit für die Erinnerung an aufregende DDR-Zeiten, als Warnemünde noch ein bewachtes Nadelöhr für Reisen nach Dänemark und Schweden war. Wer hätte damals gedacht, dass in dem streng kontrollierten Grenzgebiet einmal ein Drachen landen könnte?! Auf der nächtlichen Heimreise schwelge ich weiter in meinem Fliegerglück. Schade, dass niemand der Freunde bis zur Küste mitgeflogen ist, der Genuss wäre noch größer gewesen …

Abbildung 4.37: Am Strand von Warnemünde

Nordwestwind in Segeletz – Go East

23. August 2000, einer der letzten Streckenflugtage der Saison. Leider weht der Wind wieder einmal von unserem Flugplatz direkt auf Berlin zu. So lautet die alte Streckenfliegerfrage: Segeln wir heute rechts oder links am Luftraum der Hauptstadt vorbei? Zwar wäre ein Gleitflug mitten über die Stadt so ziemlich das Größte, aber aus verständlichen Gründen ist er für uns tabu. Während wir bisher bei Flügen nach Südosten den Umweg über Potsdam wählten, und dabei nicht selten am Berliner Autobahnring strandeten, wollen Bernd und ich es diesmal anders herum versuchen, denn wir starten in Kyritz, und der Höhenwind kommt mit 310 Grad etwas mehr aus Westen, also keine schlechte Chance für die Nordostumgehung der Stadt.

Seit der letzten Absauferfahrung am Flugplatz Eberswalde habe ich Respekt vor der Region, deshalb soll der Wendepunkt heute nicht ins feuchte Finow-Tal sondern näher an Berlin heran. Weil die Zeit drängt – die Cumuli stehen schon seit über einer Stunde am Himmel – muss nach einem kurzen Blick auf die Karte der Bahnhof Melchow als Wende herhalten – eine Entscheidung, die sich später als ungünstig erweist, denn der Ort hat nichts Markantes, und das Foto wird mich wegen eines „Beinahe-Absaufers“ viel Zeit kosten. Unser Ziel ist heute der 180 Kilometer entfernte Flugplatz Eisenhüttenstadt südlich von Frankfurt. Der liegt zwar mitten in einem riesigen Waldgebiet unweit der Oder, die Thermik soll dort aber hervorragend sein.

Abbildung 4.38: Australisches Flachland

Jetzt schnell noch die Unterschrift von Henry einholen, der als Schlepppilot freundlicherweise unter der Woche herausgekommen ist, das Foto der Startmeldung nicht vergessen und hastig ins Gurtzeug steigen, denn das Trike wartet schon mit laufendem Propeller. Für die Programmierung des GPS bleibt keine Zeit mehr, egal, die Landkarte muss heute ausreichen. Nach dem Start um 12 Uhr 55 geht alles wie geschmiert: in 500 Metern klinken, Bart anschneiden, zentrieren und aufdrehen, Startfotos machen und los. Wo ist Bernd? Er war vor mir in der Luft, wollte nicht warten und meldet sich jetzt über Funk ziemlich tief bei Segeletz. Dort wird er wohl landen – schade.

Derweil halte ich konsequent nach Norden vor, um Berlin nicht zu nahe zu kommen. Seltsamerweise habe ich während der ersten halben Stunde Probleme, die zugkräftige Seite der Thermikwolken aufzuspüren und erreiche die Basis nicht. Erst hinter der Hamburger Autobahn kann ich aufatmen, denn am Ruppiner See beim Schloss des alten Zieten gibt der Himmel endlich das, wovon ich träume: Kräftiges Steigen und eine Wolkenstraße, unter der sich's – welch gigantisches Erlebnis – im Delphinstil über Sachsenhausen bis in die Nähe des Senders Zehlendorf gleiten lässt. Seine überragende Höhe von 356 Metern spürt man selbst von hier oben. Immerhin war dieser Sendeturm des Ost-Berliner Rundfunks einmal das höchste technische Bauwerk Europas. An der Havelschleuse des Lehnitzsees, die ich soeben mit etwa 100 km/h überfliege, stehen noch Reste eines Klinkerwerks aus der Nazizeit. In ihm mussten KZ-Häftlinge Ziegelsteine herstellen, die auf dem Wasserweg nach Berlin gingen.

Abbildung 4.39: KZ-Außenlager Ziegelwerk an der Lehnitzseeschleuse

Die wunderschöne Wandlitzer Seenlandschaft unter mir lädt zum Träumen ein. Besonders der Liepnitzsee mit seiner hügeligen Insel ist ein idyllisches Fleckchen Erde. In der Gegend vermuten allenfalls Eingeweihte das atombombensichere Quartier der DDR-Führung, denn die Bunker von Prenden, Biesenthal und Harnekop (Ber00) sind gut getarnt. Während ich im Wald zwischen Klosterfelde und Kreuzbruch noch Stellungen mobiler Raketen erkennen kann, erinnert die Heide nördlich von Schönow kaum mehr an einen Übungsplatz der Roten Armee. Sie wurde mit EU-Mitteln gründlich gesäubert und zum Naturpark erklärt. Wenige Kilometer weiter bei Lobetal, einer christlichen Einrichtung für Geisteskranke und Epileptiker, in der Erich Honnecker nach seiner Entmachtung für kurze Zeit lebte, stehen noch immer Abschussrampen einer Raketenstellung, und am romantischen Bogensee, den schon Joseph Goebbels schätzte, verkommt ein gigantischer Hotelkomplex, einst Hochschule der FDJ. So verblassen die steinernen Zeugen der DDR auch zehn Jahre nach ihrem unrühmlichen Ende nur langsam.

Bei so vielen Einsichten von oben muss ich aufpassen, dass mir im Flug der Thermikfaden nicht reißt. Und siehe da, mit Melchow gibt es ein Problem, denn ich erkenne den Ort erst, als er schon hinter mir liegt – Pech gehabt! Auf dem schwierigen Weg zurück zum Fotosektor kann ich einer Außenlandung nur knapp entkommen. Nachdem das Bild endlich im Kasten ist, schwöre ich, künftig den Bahnhof Biesenthal als Wendepunkt zu nehmen. Dort gibt es einen weithin sichtbaren Getreidespeicher und im Wald am russischen Tanklager vorbildliche Thermik. Ja, beim nächsten Mal ...

Nun aber kann die Reise mehr nach Süden gehen, denn die Wende ist geschafft, und ostwärts liegt das feuchte Oderbruch, das man wegen seiner schwachen Thermik meiden sollte. Im Gegenlicht glänzt die Betonpiste des verlassenen Militärflugplatzes Werneuchen, später auch die von Strausberg, wo der Verteidigungsminister der DDR seinen Amtssitz hatte. Zwar geht es unter der Wolkenbasis von 1800 Metern noch immer zügig vorwärts, aber der Himmel hat große blaue Lücken bekommen, die mich unsicher machen. Ich erreiche den Flugplatz Eggersdorf, der mir von unseren Auto- und Windenschleppversuchen Anfang der 90er Jahre bekannt ist. Dabei lerne ich die Märkische Schweiz von oben kennen - toll! Diese Landschaft, die schon Brecht zu schätzen wusste, ist so reizvoll, dass man sie unbedingt auch am Boden erkunden muss. Eggersdorf am Rand der Eiszeitrinne verfügt als NVA-Flugplatz über eine endlos lange Graspiste mit viel Asphalt und Fangnetzen an beiden Enden, vor allem aber über gute Thermik, was sich heute wieder bestätigt, indem es aus 800 Metern zuverlässig aufwärts geht.

Aber so richtig ziehen die Wolken nicht mehr. Ist es zu spät für gute Steigwerte oder die Gegend zu spröde? Aus meiner Ungeduld entsteht nun ein folgenschwerer Fehler, indem ich einfach einer großen Wolke hinterherfliege, ohne auf die Ausgangshöhe zu achten. Unterwegs an der Autobahn vor Frankfurt wird dann schnell klar, dass die Höhenreserve nicht reicht. So kommt, was kommen muss: Trotz eines vielversprechenden Cumulus über mir stehe ich um 17 Uhr 30 bei Jacobsdorf auf einem frisch gepflügten Feld am Rande einer Einfamilienhaussiedlung und ärgere mich. Dabei hätte diese Wolke genügt, um mir die fehlenden 25 Kilometer nach Eisenhüttenstadt zu ebnen.

Die Landezeugen aus den nächsten Häusern empfangen mich um so herzlicher. Den „Exxtacy" muss ich zum Fotoshooting sogar über einen Zaun heben und im Garten zwischen Blumenrabatten abbauen. Anschließend wird mir mit Leckereien und einem würzigen Frankfurter Bier der Abend versüßt. Nun geraten wir ins Fachsimpeln, denn die Frau des Hauses ist Krankenschwester, während ihr Mann zu DDR-Zeiten für die Flugzeugfanganlage auf dem Regierungsflugplatz Neuhardenberg – damals noch „Marxwalde" – zuständig war. Wenn das kein stundenlanger Gesprächsstoff für einen lauen Sommerabend im Kerzenschein ist! Als Pepe zum Abholen eintrifft, ist die Stimmung bestens. Zwar blieb mein Ziel diesmal unerreicht, aber in der gesamtdeutschen Wertung kann ich mit den 200 Punkten des heutigen Fluges noch einen Platz weiter auf Rang 9 vorrücken. Was will ich also am Ende einer Saison mit über 1000 interessanten Streckenflugkilometern mehr?

Glanzleistung im Gleitschirm

Seit dem 5. Juli 2001 gehen die Uhren norddeutscher Gleitschirmflieger anders als bisher, denn an diesem Tag bewies einer aus der Zunft der gern geschmähten „Tütenflieger“ dass im Flachland weite Streckenflüge kein Privileg von Drachen- und Segelfliegern mehr sind. Zwar ahnte man schon lange, dass moderne Gleitschirme den Drachen leistungsmäßig kaum noch nachstehen, aber in Norddeutschland wollte das bisher niemand so recht unter Beweis stellen – bis

Abbildung 4.40: Gleitschirmstart an der Winde

Jörg Maaß aus Hennigsdorf kam. Der 37-jährige Elektrotechnik-Ingenieur gilt in Fliegerkreisen eher als ein unbeschriebenes Blatt denn als Crack. Gleitschirmfliegen betreibt der gebürtige Mecklenburger erst seit 1997. Dabei sind in den vier Jahren gerade mal 80 Flugstunden zusammengekommen, und sein bisher weitester thermischer Überlandflug führte ihn 8 Kilometer vom Startplatz Altes Lager weg. Eines hat Jörg Maaß allerdings den meisten aus der Szene voraus: Er fliegt seinen Gleitschirm auch mit Motor, und dann übt er vor allem das Ansteuern von Thermikquellen, deshalb ist er mit den bodennahen Aufwinden bestens vertraut.

Diese Erfahrung war es wohl, die ihm jetzt zum Erfolg verhalf, denn sehr hoch standen die Wolken am 5. Juli nicht, als er um 10 Uhr 15 in Altes Lager von der Winde des Drachenfliegerclubs Berlin startete. Bereits am Vortag war gutes Flugwetter gewesen, deshalb hatten einige Piloten am Platz übernachtet und den Flugbetrieb morgens früher als sonst aufgenommen. Das ist Jörgs

Chance: Nach dem Ausklinken geht es zunächst eine Stunde lang nicht höher als 950 Meter, während er in Richtung Treuenbrietzen treibt, doch das ist er ja gewohnt. Vorsichtig fliegt er unter einer Wolkenstraße weiter nach Westen, geschoben von einem kräftigen Ostsüdostwind. Sein Fluggerät, ein Atlas S mit einer Flügelfläche von 22 Quadratmetern, gehört längst nicht zu dem neuesten Spitzenmodellen, aber wenn er sich Mühe gibt, fliegt der Fetzen schon mal 40 km/h schnell. Dafür steigt er langsam geflogen in der Thermik um so besser. Als Jörg die A 9 erreicht hat, wird das Gleiten einfacher, denn nun kann er die gute Thermik des hohen Fläming im Delphinstil ausnutzen. Dabei erreicht er manchmal Basishöhe und fühlt sich wie im siebten Himmel.

Es ist Donnerstag Mittag, da will das Luftsperrgebiet von Altengrabow gemieden sein, weil hier unter der Woche scharf geschossen wird. Jörg entscheidet sich für die südliche Umgehung und hat Glück. Eine Stunde später schwebt er über Burg und hat bereits die Elbe im Visier. Dieser Fluss muss mit Bedacht gequert werden, denn die Gleitzahl seines Fluggerätes beträgt nur 6! Lange beobachtet er die Wolken, bis er sich für eine entscheidet, die ihn tatsächlich problemlos ans westliche Ufer trägt, wo er bei den Kalihalden von Zielitz wieder Thermikanschluss findet. Jetzt kann er entspannt den Fortgang der Arbeiten am Mittelland-Kanal beobachten, dessen Trogbrücke über die Elbe schon 1935 gebaut werden sollte, aber bis heute eine Ruine blieb. Mit großer Höhe überfliegt er den Südzipfel der Colbitz-Letzlinger Heide, wo einst die deutschen Kaiser zur

Abbildung 4.41: Baustelle der Mittellandkanalbrücke über die Elbe

Jagd gingen – immer in Sichtweite des Kanals. Doch in den feuchten Wiesen des Naturparks Drömling wird die Thermik schwächer, deshalb steuert Jörg den ehemaligen Grenzbahnhof von Öbisfelde an, der an der Neubaustrecke Hannover – Berlin liegt. Wenn er hier landen muss, kann der Rucksackflieger bequem mit dem Zug zurück nach Berlin fahren.

Doch es soll anders und besser kommen: In 280 Metern Höhe zeigen ihm Schwalben bei ihrer Insektensuche den besten Bart des Tages, so dass er mit 5 m/sec erleichtert bis zur Basis aufdrehen kann. Seine Euphorie wird nur gedämpft durch die beginnende Erschöpfung, denn der Glückspilz ist jetzt schon fünf Stunden in der Luft. Da regt sich ein menschliches Bedürfnis – nein, nicht Hunger oder Durst. Der Streckenflieger muss Wasserballast ablassen, was bei Drachenfliegern wegen der Bauchlage einfach, im Gleitschirm mit Frontkontainer ein Kunststück ist. Zwischen zwei Aufwinden nutzt er einen ruhigen Gleitflug für die Aktion. Während die riesigen Hallen des Wolfsburger VW-Werkes südlich an ihm vorbeiziehen, hat Jörg die übermütige Idee, den Freunden in Altes Lager eine Standortmeldung mit Grüßen aus der Luft zu schicken. Doch Telefonieren mit dem Handy und einem geschlossenen Helm über dem Kopf ist schwierig, so bespricht er nur den Anrufbeantworter des Clubs in der Hoffnung, dass ihn jemand frühzeitig abhört.

Der Wind treibt ihn weiter über den Elbe-Seitenkanal in die thermisch besseren Regionen der Lüneburger Heide. Dort trifft er Segelflieger, mit denen es

Abbildung 4.42: Schiffshebewerk Magdeburg-Rothensee

gemeinsam noch einmal bis zur Basis von inzwischen 1600 Metern hinaufgeht. Doch nach 7 Stunden „Gleitzeit“ mag Jörg nicht mehr. Außerdem ist der Rand der mitgeführten Landkarte längst überflogen, so dass er sich navigatorisch im Niemandsland bewegt. Da kommt ihm ein kleiner Segelflugplatz mitten im Wald gerade recht, denn hier dürften Flieger zu Hause sein, die seine Leistung zu würdigen wissen und ihm sicher zurück nach Berlin helfen. Aus 550 Metern spult er seine Höhe ab, legt trotz steifer Beine eine gute Landung hin, aber dann ist er allein, weil am Flugplatz Ummern heute offensichtlich niemand in die Luft wollte – unglaublich bei dem Wetter!

Es geht auf halb sechs, als eine junge Frau den müden Flieger mit ihrem Wagen ins nächste Dorf bringt. Von dort schafft ihn eine barmherzige Seele bis nach Gifhorn, wo er den Zug nach Berlin erreicht. Im ICE kann es Jörg immer noch nicht fassen, dass er heute 188 Kilometer weit geflogen ist. Am Telefon erfährt er von Freunden, dass seine Leistung an diesem Tag unangefochtene Spitze blieb. Selbst Thomas Kuhlmann ist mit dem Drachen „nur“ 160 Kilometer weit gekommen, und Georg Weber, der ihn früh in die Luft schleppte, hat nach einem Absaufer immerhin 120 Kilometer geschafft. Dabei war er allerdings bis 20 Uhr unterwegs. Nicht auszudenken, wie weit Jörg hätte kommen können, wenn er mit seinem Gleitschirm so lange in der Luft geblieben wäre!

Ein Wermutstropfen mischt sich in die Freude über den Superflug: Jörg hat die Strecke leider nicht vorschriftsmäßig dokumentiert, sie wäre sonst neuer deutscher Rekord. Und der liegt für freie Gleitschirm-Strecken weiterhin bei 141 Kilometern. Trotzdem ein schöner Erfolg – genau 10 Jahre nach dem ersten Drachenstreckenflug in Ostdeutschland!

Kapitel 5

Fliegen mit Hintergrund

Im Aufwind der Ebene

Drachenfliegen – das bedeutet „normalerweise“ Starts von steilen Hängen und Aufwinde über Gebirgskämmen, an denen Streckenpiloten entlanggleiten, um ihre weiten Flüge zu erleben. Drachenfliegen im Flachland gilt dagegen immer noch als Besonderheit, denn der Anteil der gemeldeten Strecken liegt in der jährlichen Sammelstatistik des DHV regelmäßig unter 20%. Dieser Zustand ist nicht Naturgesetz. Zwar wird in Nord- und Ostdeutschland seltener geflogen als im Alpenraum, und die thermischen Bedingungen der Ebene sind von Hängegleitern schwerer zu nutzen, Hauptursache für die geringen Flachlandleistungen dürften aber die aufwändigen und oft nicht effektiven Startmethoden sowie der wenig bekannte Flugstil sein, den ein ebenes Gelände verlangt. Hinzu kommt, dass Drachenpiloten die vorhandenen „Rennstrecken“ im Norden Deutschlands kaum geläufig sind und mögliche Rekordflüge demzufolge nicht zur Nachahmung reizen können. Zwar enthalten Thermikkarten wertvolle Hinweise, aber nur von ortsansässigen Segelfliegern wären wirklich entscheidende Streckentipps zu bekommen. Die jedoch zeigen verständlicherweise keinen Drang, von sich aus Erfahrungen weiterzugeben.

Dass man im norddeutschen Flachland nicht nur zufällig weite Drachenflüge erzielen kann, beweisen seit Jahren die Mitglieder der Windengemeinschaft um Gerd Langwald und Bernd Otterpohl aus Bahrenborstel. Mit ihren Starts zwischen Hannover und Bremen liegen sie regelmäßig ganz vorne in der Streckenflugstatistik. Mittlerweile hat die Deutsche Einheit das fliegerische Potenzial Norddeutschlands weiter befruchtet, so dass große Flüge auch von Hamburg, Minden, Berlin Cottbus und Leipzig gestartet wurden. Selbst Gleitschirmflieger tauchen neuerdings mit weiten Flachlandflügen in den XC-Listen auf.

Was ist nun im Flachland so anders als beim Gebirgsfliegen? – Viele taktische Details, die auf den folgenden Seiten beschrieben sind, wären hier zu nennen. Zusammengefasst ergeben sie eine eigene Erfahrungswelt, die sich jeder Flachlanddrachenflieger trotz aller Hilfen von außen selbst erarbeiten muss, wenn sein Flugstil erfolgreich werden und die Freude am Fliegen in der Ebene nicht verloren gehen soll. Mehr als eine Anleitung zum sinnvollen Ausprobieren können die folgenden Tipps und Flugbeschreibungen deshalb nicht sein. Dass sie diesen Zweck beim Leser erfüllen, bleibt der große Wunsch der Autoren.

UL-Schlepp: Genuss ohne Reue?

Es klingt so wahnsinnig verlockend: Du startest von einer Wiese am Seil hinter dem UL, das Dich leise surrend dorthin schleppt, wo die Thermik steht. Dabei bist Du völlig entspannt, fliegst einfach geradeaus. Das UL vor Dir ist das Ziel, seine Propellernabe bleibt immer im Fadenkreuz, während Du unmerklich hinaufgleitest. Kein lästiger Umklinkruck wie an der Winde, kein ungemütlich steiler Anstellwinkel, keine Gefahr des „Lock out“ statt dessen Fliegen pur, bis die Thermik Dich wachküsst und Du anbeißt. Ein riesiges Vario vorn am Seil hilft Dir dabei: Wenn das UL plötzlich hochsteigt, bist Du am Ziel. Drei Sekunden später wird auch Dich der Aufwind packen, Du klinkst und drehst auf zur Wolkenbasis.

Ist das die Wirklichkeit im UL-Schlepp? – Für manche Flachland-Drachenflieger sieht die Erfahrung anders aus, denn es hat sich gezeigt, dass der UL-Schlepp die hohen Erwartungen bezüglich Sicherheit, verlässlichen Thermikanschlusses und schneller Startwiederholung nur dann erfüllen kann, wenn alle Beteiligten ausreichend Erfahrung gesammelt haben. Die dazu notwendige Übung bekommt man nicht mit 20 Starts, wie sie als Minimum in der Ausbildung vorgeschrieben sind. Man kann danach zwar in ruhiger Luft hinter dem UL fliegen, aber meistens dauert es noch einmal so lange, um den sicheren Einstieg in die Thermik zu lernen. Und erst durch regelmäßiges Training bleibt man in der Lage, die Startturbulenzen eines Streckenflugtages am Schleppseil zu meistern.

Abbildung 5.1: Viper-Trike und Exxtacy im Schleppverband

Nicht übersteigen und aufschaukeln Am Anfang der UL-Schleppausbildung müssen besonders Windenflieger ihr gewohntes Steigflugverhalten korrigieren: In der Startphase dürfen sie das UL keinesfalls „überflügeln“ sonst besteht Gefahr für den Schlepppiloten, nicht mehr vom Boden wegzukommen, weil die Höhensteuerfähigkeit seines Fluggerätes durch den ungünstig steilen Seilzug aufgehoben ist. Kann mit kräftigem Ziehen an der Drachenbasis die entstandene Überhöhung nicht mehr abgebaut werden, so hilft nur noch sofortiges Lösen vom Schleppseil, will man nicht einen Unfall riskieren oder den Riss der Sollbruchstelle herbeiführen.

Auch Drachenflieger ohne Windenerfahrung unterschätzen gewöhnlich das Pitch des Hängegleiters bei hoher Schleppgeschwindigkeit und übersteigen das UL allzu gern. Erschwerend kommt die Giertendenz der meisten Drachen im oberen Geschwindigkeitsbereich hinzu, so dass Flugschüler während der ersten Ausbildungsschlepps nicht selten mit der Steuerung überfordert sind und ihr Gerät aufschaukeln.

Abhilfe ist hier auf mehreren Wegen möglich, sie sollte aber nur gemeinsam mit Fluglehrern oder UL-Schlepp-erprobten Piloten versucht werden:

- Schwerpunkt möglichst tief hängen (bei ausreichender Steuerfähigkeit über der Basis),
- Befestigung der Schleppklinke möglichst weit vorn (evtl. Austausch gegen eine Y-Seilzug-Klinke),
- Stärkeres Spannen der VG (hilft bei den allermeisten Drachentypen),
- Hängegleiter ein wenig schneller trimmen (durch Vorverlagerung des Aufhängepunktes) und
- Flächenbelastung überprüfen und wenn möglich steigern (durch größeres Pilotengewicht oder kleineren Drachen).

Wenig sinnvoll erscheint es dagegen, die Schleppausbildung mit einem gänzlich ungewohnten neuen Drachen zu beginnen!

Seilriss Trotz bester Erfahrung bleibt beim UL-Schlepp niemand auf Dauer von einem Seilriss verschont, denn jede Sollbruchstelle gibt irgendwann – auch bei normaler Beanspruchung – ihren Geist auf. Was macht man also mit dem ungeliebten Seilrest am Drachen? Einziehen und in der Thermik wegfliegen ist eine Möglichkeit, die vor Flugbetriebsbeginn ausdrücklich erlaubt worden sein sollte, will man nicht den Zorn der anderen erregen, die ohne Ersatzseil nicht mehr in die Luft können. Bleibt also nur der kontrollierte Seilabwurf – möglichst vor die Füße der startbereiten Drachenflieger?

Seit dem tragischen Unfalltod eines Piloten im Landeanflug, den ein eingeklinktes Restseil durch Verhängen am Zaun buchstäblich in die Erde gerissen hat, gilt allgemein der kontrollierte Seilabwurf als Methode der Wahl. Mehrere Stunden nervenaufreibenden Fußmarsches durch Wiesen und Felder mit nachfolgendem Unmut der Bauern haben allerdings Zweifel aufkommen lassen, ob damit schon der Weisheit letzter Schluss gefunden wurde. Falls genügend Zeit bleibt, empfiehlt sich zumindest bei kurzen Flügen, das Seilende auszuklinken und so lange in der Hand zu behalten, bis es im Endteil des Landevorgangs rechtzeitig vor einer möglichen Hindernisberührung zu Boden gleitet. Aufgrund des leicht zurückverfolgbaren Flugweges kann die Seilabwurfstelle sofort lokalisiert werden. Aus größerer Höhe ist das gezielte Abwerfen wegen der unsicheren Windabdrift und Unaufmerksamkeiten der Bodenmannschaft meist nicht „erfolgreich“, deshalb muss man immer mit dem Verlust des Schleppseiles rechnen und mindestens eine Reserve vorhalten, wenn der Flugbetrieb gesichert bleiben soll.

Seildurchhang Unter turbulenten Bedingungen können selbst geübte Piloten gelegentlich das Durchhängen des Schleppseils nicht verhindern. Befinden sie sich gerade im Kurvenflug, so ist die Korrektur durch Wahl eines größeren Radius einfach. Generell wird kurz vor dem Wiederspannen des Seils mit dosiertem Zug an der Drachenbasis die Sollbruchstelle geschont und die Bremswirkung für das UL gemildert, so dass ein Aufschaukeln des Schleppzuges in Flugrichtung unterbleibt. Wegen der nach unten abgehenden Propellerturbulenzen sollte man dabei nicht zu tief unter das UL tauchen, weil sonst noch schwerer „Ruhe“ in den Schleppverband zu bekommen ist. Nach dem Ausklinken muss sofort das vollständige Lösen des Schleppseils vom Drachen kontrolliert werden, um unangenehme Überraschungen zu vermeiden!

Verlässlicher Thermikeinstieg Der UL-Schlepppilot sollte möglichst viel von Thermik verstehen, nicht ohne ein Vario fliegen und die Flugplatzumgebung bereits vor dem Schleppbeginn nach aktiven Aufwindquellen absuchen. So kann er die Drachen auf direktem Weg dorthin ziehen, wo ein guter Bart steht. Da die Preise deutlich über denen eines Windenstarts liegen, lohnt sich der höhere Aufwand des UL-Schlepps eigentlich nur, wenn jeder Startschuss auch ein Thermik-Treffer wird. Deshalb wird man als Drachenflieger normalerweise nicht unterhalb von 300 Höhenmetern klinken. Es ist mit Sicherheit angenehmer, zeitsparender und billiger, einmal aus 400 Metern aufzudrehen als zweimal aus 250 Metern Höhe abzusaufen.

Hat der Schleppverband die vereinbarte Höhe erreicht, dann schneidet das UL im Idealfall den Einstiegsbart so an, dass der Drachenpilot nur noch klinken und aufdrehen muss. Praktisch läuft die Sache aber meist komplizierter ab: Auf dem Weg in die Thermik werden ständig verschieden große Auf- und Abwindzonen durchflogen, die von beiden Piloten dosierte Höhenkorrekturen verlangen,

Abbildung 5.2: Grenzenlos

wenn ein gleichmäßiger Schlepp zustandekommen soll. In dem mitunter heftigen Wechselspiel braucht es einige Übung, gute Aufwinde zu erkennen und zu zentrieren. Die alte Regel: „Das plötzlich aufsteigende UL markiert den Bart, den der Drachenflieger spätestens dann erreicht hat, wenn das UL wieder abtaucht", ist nur unter zwei Grundbedingungen zutreffend:

- Ruhige Ausgangsfluglage, kein aufgeschaukelter Schlepp mit ständigen Brems- und Beschleunigungsmanövern,
- Kein Wechsel aus einem Saufgebiet in ruhige Luftmassen, der mit dem Anschneiden eines Aufwindes verwechselt werden kann.

Ein klinkbereiter Drachenpilot hat also neben der ständigen Höhenkorrektur hinter dem UL zwei „Variometer" zu berücksichtigen: Das vorfliegende Trike und die absoluten Steigwerte seines Messinstruments. Erst wenn beide gleichsinnig reagieren, verspricht das Lösen vom Schleppseil den erfolgreichen Thermikeinstieg. Trotzdem wird gerade im Anflug auf eine Thermikwolke gegen den Wind gern zu früh, bei den ersten kleinen Hebern, geklinkt. Fast immer folgt wenige Sekunden später des eigentliche und bessere Steiggebiet unter der Luv-Hälfte der Wolke. Einen Spezialfall stellt Kreisen des Schleppverbandes im Aufwind dar. Um sicher zu sein, dass man auch wirklich einen Bart erwischt hat, muss die Varioanzeige im gleichmäßigen Kurvenflug deutlich über den Steigwerten bei ruhiger Luft liegen.

Hat sich unter dem schwungvollen Eindrehen frei vom Schleppseil die erwartete Thermik scheinbar wie eine Seifenblase ins Nichts aufgelöst, sollte man keinesfalls enttäuscht weiterfliegen, führt doch der Weg zu besserem Steigen fast immer durch längeres Saufen. Wenn vorher mit Überlegung geklinkt wurde, muss der Bart irgendwo in der Nähe sein, also gleichmäßige flache Suchkreise ziehen, die in Richtung jedes Flügelhebers gefühlvoll verlagert werden und schnelle, hektische Flugmanöver vermeiden! Aus einem halben Meter Steigen könnte sonst leicht ein endloser Nullschieber werden, der den erwarteten Genussflug zu einem vergeblichen Kampf ums Obenbleiben macht. Temperament ist dagegen in engen starken Aufwinden gefordert, um den Drachen so in die Steilkurve zu bringen, dass er an keiner Stelle wieder herausfällt.
[Andreas Becker und Claus Gerhard]

Finde Deinen Weg am Himmel

Seit Einführung des GPS ist Flugnavigation zum Kinderspiel geworden: Piloten füttern ihre Satellitenempfänger mit den Koordinaten von Start und Ziel, und schon erhalten sie die Kursrichtung, der sie folgen müssen. Beim Fliegen erfahren sie nicht nur, wie weit das Ziel noch entfernt ist, sondern auch wann sie dort ankommen werden. Moderne Geräte verfügen sogar über digitale Landkarten, die die aktuelle Flugposition anzeigen. Einfacher geht es wohl nicht, wenn man als Flieger Orientierung am Himmel braucht.

Doch wie finden Piloten ihren Weg durch die Luft, wenn das elektronische Wunderding plötzlich ausfällt oder überhaupt nicht zur Verfügung steht? –

Die Zeiten, da man auf die Höhe der Bahnhofsschilder abtauchen konnte, um im Vorbeiflug ihre Namen abzulesen, existieren wohl nur in alten Filmen und sind längst vorbei. Wenn außerdem kein Propeller sondern Thermik den Flieger treibt und die Strecke zwischen den Aufwinden Sinkflug bedeutet, sind andere Wegweiser gefragt. „Terrestische Koppelnavigation“ heißt die Zauberformel, deren Gebrauch allerdings erst erlernt sein will.

Abbildung 5.3: Über der Havel bei Brandenburg

Navigation kann lästig sein Soviel zur Klarstellung: Navigation ist zwar die Kunst, sich aus der Luft in fremder Gegend zurechtzufinden, sie setzt aber nicht notwendigerweise ständig exakte Positionsbestimmungen voraus. Während meiner ersten Flachlandflüge war ich dieser irrigen Ansicht. Deshalb versuchte ich mit Hilfe einer Autokarte an der Basis, möglichst jede Häusergruppe unter mir namentlich zu erfassen, was sehr viel Aufmerksamkeit erforderte. Wahrscheinlich glaubte ich damals noch, dies sei die einzige Art, nicht orientierungslos zu werden. Dass es eine völlig ineffektive und überflüssige Pfadfindermethode war, wurde mir erst später klar.

Beim thermischen Streckenflug will man in erster Linie zügig vorankommen. Das gelingt bekanntlich in vertrauten Regionen am besten, wo sich die Konzentration unbehelligt von navigatorischen Fragen ganz auf die Wetterentwicklung und das Ansteuern der Bärte richten kann. Schon aus diesem Grund sollte im Überlandflug der Aufwand zur Orientierung minimal und vor allem einfach bleiben.

Richtiges Kartenmaterial Zu allererst geht es um die geeignete Landkarte, auf der das Flugvorhaben eingetragen wird, damit notwendige Informationen auch unterwegs zur Verfügung stehen. Früher hätte ich ohne langes Zögern zur Generalkarte gegriffen. Sie hat sehr viel drauf und ist gut gegliedert. Bei einem Maßstab von 1 : 200 000 stellt sich allerdings die Frage, ob die Fülle der Details den Piloten im Flug nicht überfordert und was man spätestens nach 50 Kilometern macht, wenn es mit der Thermik über den Rand des Blattes hinausgeht. Mancher behilft sich, indem er die Zielregion in den Kartenhalter legt und auf die Darstellung der meist bekannten Startplatzumgebung verzichtet. Zugegeben, das ist eine Möglichkeit für Flüge bis etwa 100 Kilometer.

Deutlich überlegen finde ich inzwischen die ICAO-Karte 1 : 500 000. Abgesehen davon, dass sie zur Flugvorbereitung sowieso vorgeschrieben ist (zum Beispiel um Luftraumbeschränkungen beachten zu können), bietet sie genau das, was der Überlandflug erfordert: Auf der Fläche eines Aktendeckels überblickt man ein Gebiet von etwa 100 x 150 Kilometern – vollkommen ausreichend für die allermeisten Strecken. Nach dem Motto „weniger ist mehr“ enthält sie nur solche Details, die zur Orientierung nötig und aus der Luft auch gut erkennbar sind.

Vogelperspektive lernen Mit dem Einsatz der ICAO-Karte beginnt nun die „Umschulung“ vom Autofahrer zum Luftfahrer, denn der neue Blickwinkel muss trainiert werden. Dabei ist Flugnavigation eigentlich ganz einfach, zumindest an Tagen, an denen wir als Thermikflieger in der Luft sind, weil bei Sonnenschein und frisch eingeflossener Kaltluft die Sichtweiten oft mehr als 40 Kilometer betragen. Aber gerade die ungewohnte Übersicht in völlig verändertem Maßstab schafft Probleme. So können Anfänger beim Kreisen in starker Luftströmung schnell das Wissen um die eigene Position verlieren, wenn markante Punkte wie etwa Berge fehlen. Auch gibt es dunstige Thermiktage mit geringer Sicht, an denen selbst versierten Streckenfliegern die helfenden Bodenmerkmale entgleiten.

Am Beginn Deiner Überlandflüge wäre es deshalb gut, wenn Du wenigstens einen bekannten Orientierungspunkt im Auge behieltest. Am einfachsten übt sich das mit Start- oder Landeplätzen. Sieh sie Dir aus großer Höhe immer wieder bei unterschiedlichem Sonnenstand und aus verschiedenen Richtungen und Entfernungen an. Du wirst merken, dass es anfangs gar nicht so leicht ist, sie sofort wiederzufinden, vor allem wenn charakteristische Umgebungsmerkmale fehlen. Weitere Übungen könnten Fotos aus großer Höhe sein, die Du später mit der Landkarte oder Bildern aus dem Satellitenatlas vergleichst.

Im zweiten Schritt geht es um eine klare Flugrichtung, die in der Regel vom Wind abhängt. Versuche vor dem Start, den Kurs anhand der aktuellen Höhenwindkarte möglichst genau festzulegen und lerne Deine Strecke „auswendig“, indem Du Dir alle wichtigen Merkmale aus der ICAO-Karte einprägst. Dabei geht es nicht um jedes Detail entlang des Weges, sondern lediglich um ein paar gut erkennbare Strukturen, die Dich leiten können. Das sollten möglichst nicht Punkte sondern markante Linien und Flächen sein, zum Beispiel Autobahnen, Eisenbahnlinien, auch jede Art von Wasserflächen sowie große Wälder mit ih-

Abbildung 5.4: Orientierungslos?

ren spezifischen Umrissen. Jawohl, Du hast richtig gelesen: Wälder können eine gute Orientierungshilfe sein, weil ihre unregelmäßigen Formen schon von weitem Standortbestimmungen erlauben, während markante Punkte, wie etwa eine Straßenkreuzung im Gegenlicht oft erst aus nächster Nähe erkennbar werden.

Wertvoll: Leitlinien und Auffanglinien Wie gelingt es nun, den landschaftlichen Flickenteppich aus der Luft zu strukturieren? Nur selten hat man als Thermikpilot das Glück, an einer Autobahn, einer Eisenbahnlinie, einem Fluss oder einer geraden Waldkante entlangfliegen zu können. Solche angenehmen Leitlinien existieren eher für Motorpiloten. Wichtiger für unsere Orientierung sind sie als Auffanglinien, die wir auf unserem Weg irgendwann kreuzen. Um ihre Existenz sinnvoll zu nutzen, brauchen wir jedoch klare Vorstellungen über die Reihenfolge und den Winkel ihrer Passage, aber auch eine ungefähre Idee, wann das jeweils sein wird. Der Zeitfaktor ist also für navigatorische Einschätzungen unverzichtbar, obwohl man die Durchschnittsgeschwindigkeit thermischer Flüge nur schwer kalkulieren kann.

Damit sind wir beim praktischen Teil. Wie alles, was man häufiger tut, wird auch das Navigieren durch Wiederholung leichter. Voraussetzung ist allerdings die Anwendung des „Luftfahrerblicks“. Nicht das kleine Dorf unter Dir verrät, wo Du bist, sondern großräumige Strukturen, die Deine nächste Auffanglinie bilden. Dazwischen herrscht keinesfalls Orientierungslosigkeit, auch wenn die exakte Position längere Zeit ungewiss bleibt. Als Thermikpilot braucht man nicht maximale Orientierung, weil sie die Aufmerksamkeit vom Wettergeschehen ablenkt, sondern optimale, das heißt gerade so viel, um unter Beachtung luftrechtlicher Bestimmungen ans Ziel zu kommen.

Orientierungsverlust macht Angst Vergiss nicht, es gibt navigatorisch einfaches und schwieriges Gelände, dazu gute und weniger gute Wetterbedingungen. Deshalb können auch geübte Piloten im Eifer der Thermiksuche einmal die Orientierung verlieren. Will man aus solcher Lage den Kurs wiederfinden, so bietet folgendes Schema eine Chance:

- Versuche ruhig zu bleiben und den Flug in der bisherigen Richtung möglichst geradlinig fortzusetzen.
- Merke Dir die letzte sichere Positionsbestimmung.
- Nimm von diesem Punkt ausgehend die nächste Auffanglinie auf der Karte und fliege so lange weiter, bis sie zweifelsfrei erreicht ist.
- An der Auffanglinie lässt sich dann die genaue Position durch Vergleich mit querab liegenden Strukturen bestimmen.

Dieses Rezept klingt einfach und erfolgversprechend, scheitert in der Praxis aber oft an Kleinigkeiten. Auffanglinien werden zum Beispiel verwechselt, weil man nur grobe Ähnlichkeiten beachtet und den exakten Vergleich unterlässt, wie etwa bei ein- oder zweigleisigen Eisenbahnlinien. Nach dem Erscheinen der benutzten Karte können sich Auffanglinien bis zur Unkenntlichkeit verändern, wenn etwa Straßen oder Autobahnen um- und weitergebaut werden. Schon aus diesem Grunde sollte man immer die neueste ICAO-Karte besitzen. Nicht nur für Streckenneulinge kann der Orientierungsverlust so aufregend sein, dass die Konzentration schwindet, deshalb folgt dem Verfliegen oft die vorzeitige Landung. Falls die Karte schließlich nur noch Unsicherheit vermittelt, erlaubt ein mitgeführtes Funkgerät, Kreuzpeilungen von solchen Flugplätzen einzuholen, deren Frequenz auf der ICAO-Karte unterstrichen ist. Dazu erbittet man aus zwei verschiedenen Richtungen ein QDM und überträgt diese Kurswinkel in Gedanken auf den Plan. Am Schnittpunkt liegt die gesuchte Position.

Es lohnt sich also für Drachen- und Gleitschirmflieger, Streckenflüge über nichtalpinem Terrain auch unter navigatorischen Gesichtspunkten umfassend vorzubereiten, denn die Thermik lässt dem einmal orientierunglos gewordenen Piloten wenig Zeit zum Kartenstudium. Gut präpariert steigen dagegen die Chancen, einen vorübergehend verlorenen Weg am Himmel mit navigatorischen Mitteln wiederzufinden.

Mehr als vom Winde verweht

Du fliegst schon lange, weißt was Thermik ist und wie man sie nutzt, aber irgendwann unter einer dunklen Wolke erliegst Du der Versuchung, einfach loszufliegen – weg vom Platz ohne Umkehrmöglichkeit. Vielleicht erreichst Du den nächsten Aufwind mühelos, vielleicht auch nicht. Plötzlich stehst Du wieder am Boden und wunderst Dich, warum. Lag der Fehler bei Dir, oder war das Wetter schuld? Erst wenn andere am selben Tag hoch über Dich hinweggleiten ist klar: Du hast versagt, Du kannst noch nicht Überlandfliegen.

Kann man die motorlose Streckenfliegerei überhaupt lernen und trainieren wie das Autofahren oder eine Fremdsprache? Nützen dabei Bücher und Berichte anderer Piloten oder bleiben weite Drachenflüge im Flachland stets dem Zufall und besonderen Talenten vorbehalten? – Bis vor wenigen Jahren galt die Ansicht, dass Streckenflüge in Norddeutschland mit Drachen oder Gleitschirm ganz unmöglich sind. Erst ein verbessertes Equipment und die immer größeren Zielflüge und Dreiecke norddeutscher Spitzenpiloten haben gezeigt, dass hierzulande sehr wohl mehr passiert, als aufzudrehen und mit dem Wind irgendwohin zu treiben. Um es allerdings vorwegzunehmen: Flachland-Streckenflüge sind schwieriger, als mancher glauben mag, und sie benötigen sehr viel Übung.

Strecken systematisch trainieren Zunächst muss klar sein, dass dem Streckenflugneuling Unterricht und Bücherstudium nicht erspart bleiben, denn ohne Theorie gibt es keine erfolgreiche Praxis! Da man in unseren relativ jungen Sportarten wenig lesbares zum Thema Überlandflug findet, sollten die Erfahrungen der Segelflieger unbedingt genutzt werden, denn das meiste lässt sich problemlos übertragen. Streckenfliegen setzt außerdem die Beherrschung mehrerer Fertigkeiten voraus: Man sollte Thermik optimal zentrieren und auskurbeln können, Kondition für mindestens zwei bis drei Flugstunden haben und etwas von Navigation verstehen. All das lässt sich üben. Beim Wegfliegen gibt

Abbildung 5.5: Up, up and away!

es allerdings zwei riesige psychologische Hürden: Angst vor einer Landung in unbekanntem Gelände und die Überwindung, den Hausbart zu verlassen, um neue Aufwinde zu finden. Auch das kann man durch Training in den Griff kriegen.

Mein persönlicher Genuss als Drachenflieger besteht beileibe nicht nur im Überlandfliegen. Aber wenn es daheim in Brandenburg „geht", probiere ich gern mal eine Strecke, das ist spannender, als am Platz zu bleiben. Sollte der Flug nach zwei oder drei Bärten zu Ende sein, bin ich um eine Erfahrung reicher und weiß, ich muss noch üben. Also auf ein Neues! Der Lernprozess ist zeitraubender als etwa im Segelflugzeug, wo der Lehrer mit im Cockpit sitzt, aber uns bleibt immerhin der gegenseitige Erfahrungsaustausch am Boden, das Ausprobieren von Tipps erfolgreicher Piloten und natürlich das gemeinsame Wegfliegen, am besten mit einer Funkverbindung, damit man sich besprechen kann.

Einfach hinterherfliegen Selbstverständlich geht es auch ohne Funk. Vor ein paar Jahren konnte Lukki, der sich noch nie von unserem Platz weggetraut hatte, seine ersten 90 Flachland-Streckenkilometer quasi im Schlepptau zurücklegen. Wir trafen uns zufällig in der Luft, als er beschloss, mir einfach zu folgen. Gemeinsam drehten wir im selben Bart auf, ich flog zur nächsten Wolke, während er wartete, bis die neue Thermik sicher war, um dann sofort nachzustechen. Später am Badesee in der Schorfheide schwärmten wir von diesem einfachen Prinzip, durch das der Knoten bei ihm platzte. Alleine hätte Lukki sich nie in die unbekannte Gegend und schon gar nicht über die riesigen Wälder der Mark Brandenburg getraut. Jetzt genießt er seine Hunderter ohne fremde Unterstützung.

Typische Streckenflugfehler Neben diesen mehr handwerklichen Fertigkeiten braucht der erfolgreiche Streckenflieger auch eine sichere Wetterbeurteilung, denn bei der begrenzten Gleitleistung unserer Fluggeräte können taktische Fehlentscheidungen schnell zum vorzeitigen Ende eines Fluges führen. Schon deshalb sollte man ständig aus eigenen und fremden Fehlern lernen – zum Beispiel dieses:

- Dem ersten, mühsam gefassten Entschluss zum Losfliegen folgt manchmal ein großer Schreck, wenn der laute Sinkton des Varios überhaupt nicht mehr aufhört. Kopflos dreht man zurück zum rettenden Bart von eben, durchfliegt aber damit gleich zweimal dieselbe sinkende Luftmasse, was den „Absturz“ endgültig besiegelt. Zwar sagen die Lehrbücher, dass am Rand guter Wolken kräftiges Saufen herrscht, dennoch braucht es eine Menge Vertrauen, um mit diesem Wissen bis zum Kern des nächsten vermuteten Aufwindes weiterzugleiten.
- Oder der Anflug auf die falsche Wolke: Eine, die sich beim Erreichen thermisch gerade verabschiedet. Dem geübten Piloten wäre das rechtzeitig aufgefallen, weil ihr Gipfel bereits gekerbt und die Basis unscharf geworden ist (Abb. 5.6).

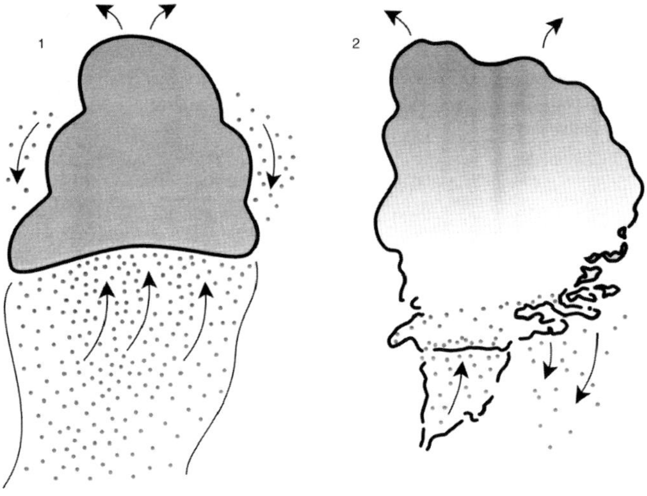

Abbildung 5.6: Thermikwolken im Entstehen und Zerfallen (nach Reichmann)

- Oder das zu frühe Eindrehen beim ersten zarten Heber, obwohl die starke Thermik noch längst nicht erreicht ist. Man kommt in diesen schwachen

„Voraufwinden“, die es im Flachland häufig gibt, zwar auch nach oben, vertut aber kostbare Zeit. Besser wäre es weiterzufliegen, bis das Steigen unter der Wolke am stärksten ist.

Wolken richtig ansteuern In den Lehrbüchern der Meister sind diese Flachlandprinzipien umfassend beschrieben. Neben Helmut Reichmann's „Streckensegelflug“ (Rei98) gefällt mir besonders das Taschenbuch von John Delafield: „Wettkampf Segelflug“ (Del87) (leider zur Zeit vergriffen), weil es viele praktische Lernschritte bringt, die auch Gleitschirm- und Drachenfliegern den Weg zum Streckenflug ebnen. Von Delafield habe ich die Idee mit dem Übungsdreieck rund um den Platz. Bei stärkerer Luftbewegung sollte man das Dreieck allerdings gegen den Wind verlagern, so dass der Startplatz nicht mehr genau im Zentrum sondern nahe der windabgewandten Grundlinie liegt. Letztens wollte ich bei einer Basishöhe von 800 Metern den Test machen – und er funktionierte! Nach $2\frac{1}{2}$ Stunden stiegen die Wolken auf 1300 Meter, da wurde das Dreieck immer größer und belebter, weil andere mitmachten. Auf diese Art kann man das Ansteuern der Wolken üben. Vor dem Abflug kommt zunächst die Entscheidung: Welche Wolke nehme ich und reicht die Höhe zum sicheren Ankommen? Dann die Einschätzung: Wo trägt der Cumulus am besten? – Fast immer ist es die Sonnen- oder Windseite. Wenn die Stelle einmal feststeht, weiß man, dass alle Quellwolken dieses Tages genau dort ihr Aufwindmaximum haben (Abb. 5.7). Diese Gewissheit spart unterwegs viel Zeit und gelegentlich einen Absaufer.

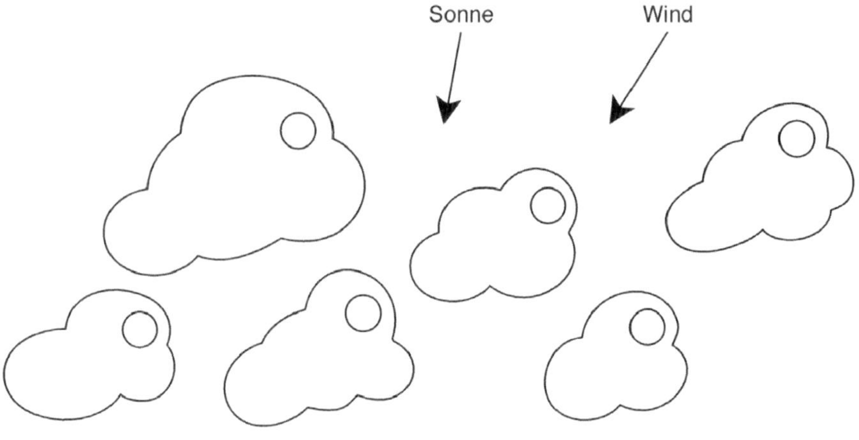

Abbildung 5.7: Aufwindmaximum der Wolken (o)

Nullschieber nicht verachten Jeder, der schon mal über Land geflogen ist, dürfte die Erfahrung bestätigen, dass längere Flüge am Platz irgendwann fad werden. Dagegen bleiben thermische Streckenflüge auch nach Stunden faszinierend, und das nicht nur wegen der wechselnden Kulisse. Der Kampf ums Vorwärtskommen und Obenbleiben fordert ständig wache Sinne. Wenn man allerdings unkonzentriert fliegt, kann einer guten Aufwindphase schon Minuten später die vorzeitige Landung folgen – selbst aus 2000 Metern Höhe. Einmal in Bodennähe geraten, sollte man deshalb über der Ebene keinesfalls wählerisch sein und jeden Nullschieber annehmen, der sich bietet. Wer jetzt noch wegen vermeintlich besserer Thermik-Chancen weiterfliegt, steht meist sofort am Boden!

Die Entscheidung zum Abwarten fällt leichter in dem Wissen, dass die Luft eines Nullschiebers bereits mit mehr als 1 m/sec steigt. Also nicht wegfliegen sondern dranbleiben und versuchen, trotz möglicher Aufgeregtheit optimal zu gleiten, indem man kontrolliert mit der Geschwindigkeit des geringsten Sinkens fliegt, keine hektischen Steuerimpulse gibt und jedes Quäntchen Thermik sauber zentriert. Ungeduld kann das sofortige Ende der Reise bedeuten, während geduldiges Kurbeln fast immer mit einem ordentlichen Aufwind belohnt wird.

Optimiert kurbeln Erst in sicherer Höhe folgt die Überlegung, ob das augenblickliche Steigen zur Wolke über mir passt. Wenn sie beispielsweise für 2 bis 3 m/sec gut zu sein scheint, während das Vario konstant bei einem halben Meter bleibt, ist das bestimmt die falsche Stelle zum Hochkommen. Also verlasse ich die Kreisbahn und verlagere so lange, bis es besseres Steigen gibt. Das kostet Überwindung, funktioniert aber praktisch immer.

Wie kann ein Pilot nun wissen, dass er wirklich im besten Steigen kurbelt? – Ist es Intuition? Bei Zweifeln einfach konzentriert weiterfliegen bis ans Ende der Aufwindregion! Wenn die Thermik endgültig nachlässt, sollte man umdrehen bis zu der Stelle, die beim Durchqueren als besonders gut auffiel. Dann im stationären Geradeausflug auf einseitige Flügelheber achten. Sie verraten, ob der Bart rechts oder links steht. Dementsprechend muss man zur angehobenen Fläche drehen.

Nicht am Aufwind vorbeifliegen Dass man auch mal zu spät eindrehen kann, wäre mir auf meinem Flug nach Tschechien beinahe zum Verhängnis geworden. Über den Beelitzer Spargelfeldern zeigte der Höhenmesser weniger als 250 Meter, als das starke Sinken endlich nachließ. Eigentlich stimmte dort alles: die Superwolke über trockenem Sandboden und Kiefernwälder als Abrisskanten. Jeden Moment musste die Thermik anbeißen. Ein leichtes Flügelheben links bestärkt mich: gleich geht's richtig hoch – doch nichts passiert. In der nächsten Sekunde wird klar: Ich bin am Aufwind vorbeigeflogen! Sofort reiße ich den Drachen nach links herum und gleite zurück. Dann endlich kommt die Erlösung. Ich habe den Bart, der mich mühelos wieder zur Basis trägt. Später beim Nachsinnen über diesen folgenschweren Moment bin ich sicher: Vor ein paar Jahren hätte ich nicht so schnell und konsequent reagiert. Der Flug wäre bei 70 Kilometern zu Ende gewesen, allerdings mit viel frischem Spargel im Gepäck, was auch nicht zu verachten ist.

Saufgebiete kennen Wenn weite Flugrouten mit dem Wind über thermisch unergiebige Regionen führen – was sich im Flachland nie ganz vermeiden lässt – sollte man vor allem unter gealterten Hochdruckbedingungen die Absauffallen auf Kurs kennen, notfalls in der Karte markieren und sie besonders achtsam überfliegen. Es erfordert ähnliche taktische Überlegungen wie die Querung breiter Gebirgstäler. Das heißt, zunächst eine große Ausgangshöhe suchen, beim Überfliegen jeden Thermikfetzen mitnehmen, der sich bietet und schließlich eine sichere Thermikquelle im Auge haben, die man ansteuert.

Gute Streckenfluglagen Trotz solcher Schwierigkeiten hat sich in Segeletz die Nordwestlage neben der Südostlage als erfolgreichste thermische Wetterkonstellation erwiesen. Auf einem Y-förmigen Streifen, der vom Lausitzer Braunkohlerevier südwestlich an Berlin vorbei bis nach Kiel und zur Lüneburger Heide reicht, haben Berliner Drachenflieger seit 1993 in beiden Flugrichtungen mehrere 200er Strecken geschafft. Unter Segelfliegern gilt die Nordostlage als besonders geeignet für weite Flüge, seit am 25. April 1972 Hans Werner Grosse einen Weltrekord von Lübeck nach Biarritz am französischen Mittelmeer (1460 Kilometer freie Strecke) aufstellte. Bei uns Drachenfliegern waren es auf dieser Route bisher „nur“ 175 Kilometer. Am ungünstigsten sind naturgemäß Südlagen, weil warme Luft die Thermik zum Erliegen bringt. Umgekehrt hat die Nordlage mit hohen Windgeschwindigkeiten und Wolkenstraßen schon für schnelle und weite Flüge gesorgt, wobei die Elbe als Wetterscheide heikel sein kann.

Wann ist Streckenwetter Wenn der heimische Segelflugwetterbericht gute bis sehr gute Wolken-Thermik mit Basishöhen von 2000 Metern verheißt, dann ist die Entscheidung einfach: Alle wollen auf Strecke. Leider sind solche Tage bei uns selten, wie anderswo in Deutschland auch. Liegt dagegen die Wolkenbasis unter 1200 Metern, macht das Wegfliegen mit Gleitschirm oder Drachen kaum noch Sinn. Gleich ganz zu Hause bleiben manche Strecken-Cracks bei vorhergesagter Blauthermik. Man kann allerdings auch ohne Wolken sehr weit gleiten, das haben uns 1996 die „Rotter-Route“ zur Ostsee und 2000 mein Havellanddreieck gezeigt! Am liebsten würden wir natürlich nur Dreiecke fliegen, denn nichts ist schöner, als nach großer Reise abends dort einzuschweben, wo man mittags startete. Damit wäre auch das leidige Rückholproblem vom Tisch. Leider sind diese Tage mit Windgeschwindigkeiten unter 15 km/h und hoher Wolkenbasis in Norddeutschland extrem selten. Um so mehr beeindrucken die großen Brandenburger Dreiecksflüge von Andreas.

Ansonsten fliegen wir möglichst weit weg, sitzen nach der Landung irgendwo mehr oder minder bequem und warten auf liebe Menschen, die uns – meist nachts – wieder nach Hause bringen. Gerade im Flachland zeigt sich damit, dass Drachen- und Gleitschirmfliegen Gemeinschaftsunternehmungen sind. Ohne Kameraden, Frauen und Freunde, die uns in die Luft helfen und wieder einsammeln, wäre das Hobby nur halb so schön. Nach Streckenflügen gilt darum gerade ihnen unser besonderer Dank.

Abbildung 5.8: Hammerwetter: Nur der Schlepppilot bleibt am Platz

Psychologische Streckenflug-Hindernisse

- Angst vor Orientierungsverlust
- Sorge, keine Thermik mehr zu finden
- Unsicherheit bei Landungen in fremdem Gelände
- Furcht vor plötzlichen Wetterverschlechterungen
- Scheu vor dem Rückholaufwand

Theoretische Streckenflug-Voraussetzungen

- Meteorologische Grundkenntnisse
- Navigatorisches Verständnis
- Vertrautmachen mit dem Luftraum
  (rechtliche, navigatorische und thermische Besonderheiten)

Praktische Voraussetzungen für Flachland-Streckenflüge

- Kondition für mindestens 2 bis 3 Flugstunden
- Sicheres Auskurbeln von schwacher Thermik
- Gekonntes Anfliegen von Thermikwolken
- Perfekte Landeeinteilung
- Akzeptable Rückholmöglichkeit

Das Potsdamer Passageproblem

Wer bei Nordwestwind von Segeletz einen Drachenstreckenflug plant, hat zwei Schwierigkeiten zu bewältigen, wenn er eine weite Reise schaffen will: Erstens gilt es, die thermisch dürftigen Regionen des Havellandes zu überwinden, und zweitens muss er den Einflug in das Berliner CVFR-Gebiet (Luftraum C) vermeiden.

Über den Feuchtgebieten von Havel und Rhin entstehen besonders zwischen Ketzin und Brandenburg große thermische Lücken. Falls der Wind auffrischt, verlagern sie sich südostwärts, etwa in das Dreieck, das von den Eisenbahnstrecken der Magdeburger und Wetzlarer Bahn gebildet wird. Wer dort im Rausch der bisherigen Steigwerte nicht auf vorsichtigen Flugstil umschaltet, sitzt spätestens bei Werder frustriert am Boden. Schon ab dem Lilienthal-Denkmal von Krielow/Derwitz gilt deshalb die Devise, möglichst hoch bleiben und jeden Aufwind mitnehmen, der sich bietet.

Unter Segelfliegern ist diese thermische Problemzone seit 1933 bekannt, nachdem Heinz Kensche (Ken33) sie auf dem ersten großen Flug von Staaken nach Riesa (135 Kilometer) in der Potsdamer Gegend erlebt und beschrieben hat. Georg Brütting erwähnt sie in seiner Geschichte des Segelfluges von 1944 als die „gefürchteten Sümpfe um Berlin" (Brü44), die sogar anlässlich der Tour Lilienthal im Jahr 1991 zu mehreren Außenlandungen der Segelflieger nordwestlich der Hauptstadt führte.

Die Region hat für Thermikpiloten auch aus einem anderen Grund ihre Tücken, denn mit der Annäherung an Berlins Flughäfen sinkt durch den übergeordneten Luftraum C stufenweise die erlaubte Flughöhe. Zwar liegt sie über Nauen, Potsdam und Saarmund noch bei 760 Metern MSL, damit ist aber eine sichere Querung der thermikschwachen Region mit ihren großen Seen und Wäldern bei Potsdam kaum möglich. Dem erfolgreichen Streckenflieger sei deshalb der frühzeitige Umweg von Segeletz nach Süden über Friesack und die Ribbecker oder Barnewitzer Heide empfohlen. Allein durch diese Taktik bleibt die notwendige Arbeitshöhe, um das Potsdamer Passageproblem sicher zu meistern.

Dabei sollte man möglichst auf einem Kurs außerhalb des südwestlichen Berliner Autobahnringes fliegen, zumindest sich aber westlich des großen Plessower und des Schwielowsees halten, da hier die erlaubten Flughöhen bis 1150 Meter reichen und noch genügend Außenlandemöglichkeiten zur Verfügung stehen. Über den großen Waldflächen zählen fliegerische Besonnenheit und starke Nerven, denn kräftige Aufwinde gibt es erst wieder am Kaniner Luch oder südlich des Seddiner Güterbahnhofs.

Die beschriebene Streckenführung bietet den Vorteil, dass thermisch gute Bereiche der Zauche und der Gegend um Schönhagen und Sperenberg angesteuert werden und die schwierige Querung des Baruther Urstromtals unterbleibt. Später kann man je nach Höhenwind mehr südlich oder östlich fliegen. Im ersten Fall geht es an Jüterbog und dem Flugplatz Holzdorf vorbei bis zur Elbe, wo der Flug am Rand des Dresdener CVFR-Gebietes notgedrungen sein Ende findet. Am 1. Juni 2002 gelang mir mit diesem Kurs eine 204-Kilometer-Strecke.

Abbildung 5.9: Lilienthal-Denkmal bei Krielow/Derwitz

Oder man folgt beim Flugplatz Brand der Autobahn nach Südosten, lässt den Spreewald links liegen und kann mit verlässlicher Thermik die Braunkohlereviere von Calau, Senftenberg und Hoyerswerda queren. Auf der Route flog Andreas am 6. August 1995 erstmals fast bis an die polnisch-tschechische Grenze. Seine 244 Kilometer von Segeletz bis Königshain bei Görlitz sind noch immer zu überbieten.

Während die Passage nach Polen für Drachenflieger weiterhin tabu bleibt, ist der Einflug nach Tschechien über den äußersten sächsischen Zipfel bei Zittau möglich. Wer das nicht will, dem stehen noch 25 Kilometer bis zum Rand des Dreiländerecks offen – eine kaum weniger reizvolle Aufgabe, vor allem wenn man sie als Zielflug schafft.

Die Nordlage

Mit Nordwind ist wohl gut ein Zielflug zum Segelflugplatz Roitzschjora bei Leipzig möglich, was von Segeletz fast einer 140-Kilometer-Strecke entspricht. Wenn der Seitenwindstart gelingt, das Startfoto im Kasten ist und die Kahlschläge des Dreetzer Waldes genug Höhe ergeben haben, liegt das thermisch aktive Friesacker Ländchen direkt auf Kurs und macht die Querung des Rhinluchs zum Kinderspiel. Der große Havelländische Hauptkanal wird etwa an der B-188-Brücke überflogen. Danach muss man zügig der Bundesstraße in südwestlicher Richtung folgen und das „Hohe Rott“ beim Flugplatz Stechow ansteuern, um aus dem kräftigen Saufen vor Kotzen herauszukommen. Erst die umliegenden Getreidefelder erzeugen gute Aufwinde, mit denen der Sprung über die ICE-Trasse westlich von Nennhausen in Richtung Premnitz, Pritzerbe und Brandenburg gelingt.

Wegen der Feuchtgebiete nimmt die Thermik südlich der Domstadt deutlich ab. Anflugpunkt sollte hier der Fichtenberg an der Autobahnausfahrt Brandenburg sein. Von dort fliegt es sich entlang der Zauche ganz leidlich bis Golzow, erst der Sprung in den Fläming vor Belzig kann Probleme bereiten. Während der hohe Fläming vor allem nach Westen hin gute Thermik aufweist, bestehen weiter südlich bis zur Burg Rabenstein große Lücken zwischen den Aufwinden, die einen vorsichtigen Flugstil erfordern.

Die Elbe wird zwischen Coswig und Wittenberg, vor allem aber mit großer Abflughöhe überquert. Als Peilpunkt kann dabei der Bergwitzer See dienen. Einmal über der Dübener Heide angelangt macht der restliche Weg bis Roitzschjora thermisch keine Schwierigkeiten mehr, allenfalls das Aufspüren des Zielflugplatzes, der drei Kilometer südlich der hier in Ost-West-Richtung verlaufenden Mulde am Waldrand liegt. Mit seinem großen und charakteristisch geformten Stausee kurz vor Bitterfeld kann man den Fluss als Ziellinie eigentlich nicht übersehen.

Abbildung 5.10: Mulde-Staumauer bei Friedersdorf

Beim Anflug auf den Platz gilt das Augenmerk einerseits möglichen Fallschirmsabsprüngen, andererseits den fast rechtwinklig gekreuzten Start- und

Landebahnen. Kurz hinter dem Dorf am toten Arm der alten Mulde beginnt bereits die dann in Betrieb befindliche Nord-Süd-Piste, an deren nördlichem Ende Halle und Tower stehen. Dort warten hoffentlich auch Glückwünsche für die 207 Zielflug-Punkte auf Dich!

Falls der Wind im Elbe-Tal mehr aus Nordwesten bläst, sollte man den Genuss einer Landung in Beilrode bei Torgau (143 Kilometer) nicht verschmähen. Abgesehen von dem wunderbaren Blick auf die historische Kleinstadt an der Elbe, in der sich Amerikaner und Russen 1945 die Hände zum Sieg über Deutschland reichten, findet man am Beilroder Agrarflugplatz neben dem Bahnhof eine engagierte Drachen- und Gleitschirmtruppe, die den Besuch sehr schätzt. Von hier fliegt Dieter Münchmeyer mit seinem Gleitschirm seit Jahren erfolgreich ins norddeutsche Flachland. 1996 gelang ihm bei Südwind erstmals eine 100-Kilometer-Strecke in die Nähe von Berlin, und im Jahr 2000 wurde er sogar norddeutscher Streckenflugmeister. Rufe ihn in Belgern an, er wird Deine Kenntnisse zu schätzen wissen. Im Gegenzug kannst Du die thermischen Geheimnisse dieser Region erfahren, mit deren Hilfe der nächste Flug noch weiter führt. Vielleicht verrät er Dir auch, wie man am Airport Dresden vorbeikommst, ohne seinen Luftraum zu verletzen. Von Segeletz wären das 200 Kilometer und mehr.

Südostwind-Rennstrecken in Norddeutschland

Den Anfang machte Ulli Schneider am 1. Mai 1993, als er bei einer Südostlage vom Rande des Spreewaldes an Berlin vorbei ins niedersächsische Gartow zur Elbe segelte. Mit 214 Kilometern war das der weiteste deutsche Drachenflug des Jahres und zugleich die erste Strecke über mehr als 200 Kilometer im Luftraum der ehemaligen DDR.

Riedels Route Die Erfahrungen einer ersten Rennstrecke vom Flugplatz Segeletz verdanke ich dem Lufthansa-Piloten und Flugpionier Peter Riedel. Er flog bereits 1935 im Segelflugzeug von Berlin nach Hamburg und nutzte bei Südostwind die Aufwindreihungen entlang der Elbe, die ihm früher während seiner Linienflüge besonders am nördlichen Flussufer aufgefallen waren. Als ich fast 60 Jahre später, am 23. April 1994, seiner Route mit dem Drachen folgte, beeindruckte mich diese Streckenführung enorm, weil sie auch heute noch ein zügiges Vorwärtskommen unter Wolkenstraßen erlaubt, so dass daraus mit 175 Kilometern bis Lübeck mein damals weitester Flug wurde.

Zwei Jahre später sollte es ohne Riedels Hilfe nach Hamburg gehen, indem der Kurs bei etwas mehr südlichem Wind über Zernitz, Kunow, Perleberg und Karstädt auf Grabow und Ludwigslust zu führte. Bemerkenswert war an jenem 19. August 1996 ein Aufwind über großen hellen Feldern zwischen Barenthin und Görike, der erstmals Basishöhe brachte. Obwohl auch diesmal in der Ferne prächtige Wolken entlang der Elbe standen, schien der Umweg gegen den Wind riskant und nicht lohnend. Trotzdem machte ich meinen ersten Abstecher bei Bad Wilsnack in Richtung Süden mit Erfolg, blieb aber nicht so konsequent

Abbildung 5.11: Bad Wilsnack

wie Andreas, der ebenfalls unterwegs war und dicht am nördlichen Elbufer viel schneller vorankam. So schaffte er wieder einmal eine 204-Kilometer-Distanz bis hinter Bad Segeberg, während ich nach 113 Kilometern an der Autobahn nördlich von Hagenow am Boden saß und den Wolkenresten über mir nachtrauerte.

Auf der Elbe-Südseite nach Hamburg Wenige Tage zuvor waren wir schon einmal in Richtung Nordwesten unterwegs. An diesem Montag, dem 5. August, hatten sich 8 Piloten – mehr als ein Drittel der Vereinsmitglieder – freigenommen, um auf Strecke zu gehen – unglaublich! Gegen 11 Uhr stand bereits die Superwolkenstraße nach Südwesten über dem Platz, leider noch mit einer Basishöhe unter 1000 Metern, deshalb wollte keiner den Anfang machen. Als dann nach 12 Uhr gestartet wurde, verschlechterten sich die Bedingungen: keine Wolkenstraßen mehr und Wind genau aus Ost. So waren mehrere Anläufe für den Thermikanschluss nötig. Noch später, gegen 14 Uhr 30, herrschte Südosttendenz. Deshalb wählte Ulli, der wegen seiner Lilienthal-Rolle spät aus den Babelsberger Studios kam, den Zielpunkt nordwestlich an der Elbe bei Lauenburg (143 Kilometer) und verfehlte ihn bei einer Durchschnittsgeschwindigkeit von 41 km/h nur um wenige Kilometer.

Wir anderen starteten vorher mit westlich gelegenen Zielen und mühseligem Erfolg. Dass dieser Tag einen persönlichen Rekord bringen sollte, hätte ich nicht für möglich gehalten, denn Arno, unser Vorflieger, stand bereits in Havelnähe wieder am Boden. Mike und Paolo, die den Absaufer über Funk mitbekommen hatten, kehrten daraufhin zum Platz zurück. Andreas und ich erreichten hinter Dreetz die erste gute Wolke, aber bis zur Elbe war der Flug ein einziger Kampf ums Obenbleiben. Ohne Sicht- und Funkkontakt flogen wir bei zunehmend besseren Bedingungen südlich an Seehausen vorbei bis Arendsee. Dort folgte Andreas dem noch gut erkennbaren Grenzstreifen nach Westen, während ich den Weg über Lüchow wählte. Die feuchte Gegend zwang ihn bei Proitze (115 Kilometer) zu Boden. Ich hatte Glück und konnte in Zernien am Sender Dannenberg aus 200 Metern Höhe wieder aufdrehen und über dem riesigen Göhrder Staatsforst mit den Wolken bis südlich von Lüneburg gleiten.

Dort schien das Ende meiner spannenden Reise gekommen zu sein, denn die Aufwinde hatten nachgelassen, und ich fühlte mich erschöpft. Eine langgezogene Rauchfahne aus dem Wald am Elbe-Seitenkanal ließ noch einmal Optimismus aufkommen, doch die Thermik-Hoffnung wurde enttäuscht: Trotz Qualm in der Nase war das Feuer scheinbar nicht mehr als einen Nullschieber wert. Verwöhnt von den vorausgegangenen guten Steigwerten wollte ich eigentlich aufgeben, blieb aber engagiert. Und siehe da: Nach wenigen Minuten wandelte sich das spröde Nullerchen in einen ordentlichen Aufwind, der mich noch einmal an diesem Tag zur Wolkenbasis hinauftrug. So reichte die Höhe mit dem Wind zu einem 181-Kilometer-Flug bis ans Autobahnkreuz Maschen bei Hamburg. Es war meine bis dahin weiteste Drachenflugstrecke, und weil der Vorsitzende des Hamburger Vereins, Gerd Olbinsky, im Süden der Hansestadt wohnt, trafen wir uns anschließend beim Bier, um den Erfolg genüsslich zu feiern. Damals wusste ich noch nicht, dass am selben Tag Gerd Langwald seinen 204-Kilometer-Zielflug von Bahrenborstel ans Holländische Ijsselmeer schaffte – großartig!

Abbildung 5.12: Drei Achtel Cumuli, Basis 2100 Meter, Nordostwind 20 km/h!

Abbildung 5.13: Schloss Schwerin

Rotter's Route Noch eine berühmte Rennstrecke für Südostwind-Wetterlagen gibt es im norddeutschen Flachland: Ludwig Rotter, bekannter ungarischer Segelflugpionier, schaffte sie erstmals am 12. August 1936 anlässlich der Berliner Olympischen Spiele. Vom Flugplatz Rangsdorf, wo die Segelflugwettbewerbe stattfanden, flog er bis nach Kiel zum wassersportlichen Austragungsort der Olympiade und nahm dabei eine mehr nördliche Route über Neuruppin, Wittstock, Pritzwalk, Parchim, Schwerin und Lübeck. 60 Jahre später folgten Andreas und Arno dieser Strecke im Drachen fast auf den Tag genau. Allerdings musste Arno vor Schwerin aufgeben, während Andreas an jenem 20. August 1996 der Blick über die Lübecker Bucht zur Ostsee gelang. Nach 4 Stunden und 186 Kilometern landete er überglücklich am Ufer des großen Plöner Sees, nur etwa 30 Kilometer von Rotters damaligem Ziel entfernt.

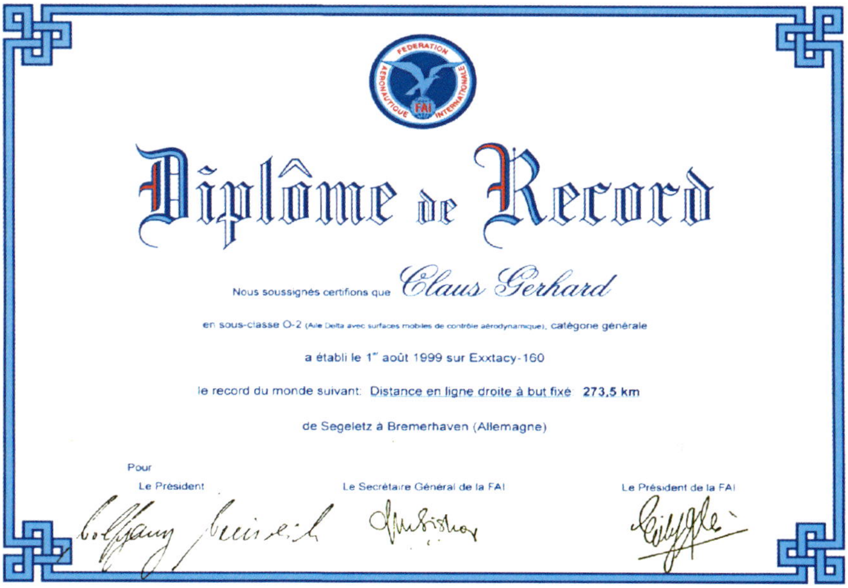
FEDERATION AERONAUTIQUE INTERNATIONALE
FAI

Diplôme de Record

Nous soussignés certifions que Claus Gerhard

en sous-classe O-2 (Aile Delta avec surfaces mobiles de contrôle aérodynamique), catégorie générale

a établi le 1er août 1999 sur Exxtacy-160

le record du monde suivant: Distance en ligne droite à but fixé 273,5 km

de Segeletz à Bremerhaven (Allemagne)

Pour Le Président | Le Secrétaire Général de la FAI | Le Président de la FAI

Abbildung 5.14: Weltrekord-Urkunde

Weltrekord Drei Jahre später ging es wieder von Segeletz erfolgreich nach Nordwesten. Diesmal segelten Andreas, Neithard und ich bis hinter Wittenberge am nördlichen Elbufer entlang, da sich die Wolkenstraße im Süden erst später entwickelte. Bei Basishöhen von mehr als 2500 Metern machte die Flussquerung kein Problem, so dass ich bei einer Durchschnittsgeschwindigkeit von 52 km/h nach $5\frac{1}{2}$ Stunden und 273 Kilometern das vorher festgelegte Ziel Bremerhaven erreichte – ohne zu ahnen, dass dieser Flug einen Weltrekord bedeutete. Meine Mitflieger hatten Pech und mussten in der feuchten norddeutschen Tiefebene nach etwa 220 Kilometern westlich von Hamburg landen. Trotzdem war die gemeinsame Freude riesig. Probleme gab es erst, als ich meinen Rekord vom 1. August 1999 in Lausanne einreichen wollte, denn er war nicht exakt nach den internationalen Regeln dokumentiert. Die FAI stellte deshalb mehrere Rückfragen und brauchte Monate, um die Leistung anzuerkennen.

Fasst man unsere Flugerfahrungen im norddeutschen Flachland unter Südostwind-Bedingungen zusammen, so betreffen sie ein Y-förmiges Gebiet von etwa 500 Kilometern Länge. Der Startplatz Segeletz liegt ungefähr im Zentrum der zwei Schenkel, das bedeutet für uns die fliegerische „Schallgrenze" in 300 Kilometern an der Nordsee. Auf Riedels und Rotter's Rennstrecken dürften solche weiten Drachenflüge mit Meerblick nicht unmöglich sein. Wir bleiben dran!

Mit dem Wind auf den Punkt

Überlegungen zu weiten Flachland-Zielflügen

Jedesmal, wenn beim Drachen- oder Gleitschirmfliegen eine ausgeschriebene Zielstrecke misslingt, wandern die Gedanken frustriert zurück und suchen nach den Gründen des Scheiterns. Sind weite Flüge im Flachland zu vorher festgelegten Zielen tatsächlich so schwierig?

In Segeletz glaubten wir schon öfters, die Ursachen der Fehlschläge erkannt und im Griff zu haben: Manchmal geht es einfach später als geplant in die Luft und auf Strecke, oder nach einem voreiligen Start kommt der frühe Absaufer. Gelegentlich lässt sich auch der ausgewählte Zielpunkt in der Natur nicht wiederfinden, oder Fluggeschwindigkeit und aktuelle Windrichtung werden falsch beurteilt. Besonders das letztere Problem macht uns weiterhin Mühe.

Gibt es eine Zielflug-Formel? Noch 1995 schien alles ganz einfach: Am Beginn eines großen Flugtages zeichnete man die vorhergesagte Höhenwindrichtung als Startplatzvektor in die Karte, nahm die Fluggeschwindigkeit, die sich aus der angegebenen Windstärke und der Eigengeschwindigkeit des Drachens oder Gleitschirms zusammensetzt, multiplizierte diesen Wert mit der Thermikdauer, und schon erhielt man die fliegbare Kilometerdistanz. Sie musste auf dem gezeichneten Pfeil nur noch abgemessen werden, um an seiner Spitze den Zielpunkt des geplanten Fluges zu finden. Ist erfolgreiches Zielfliegen demnach nur eine Frage korrekter Planung von möglicher Streckenlänge in die richtige Windrichtung?

Dass an dieser Faustformel etwas nicht in Ordnung sein konnte, wurde 1996 in Segeletz immer deutlicher. Zwar glückten uns jede Menge großer Streckenflüge nach Westen, aber allzu oft lagen die gesteckten Ziele fernab der tatsächlich geflogenen Routen. War das Zufall? Wurde mit falschen Daten gerechnet oder entscheidende Gesichtspunkte vergessen? Die folgenden Ausführungen sollen Denkanstöße geben, wie sich mit Hilfe der üblichen Wetterwerte und etwas Erfahrung die Trefferquote bei ausgedehnten Flachlandzielflügen erhöhen lässt.

Rechnung mit Erfahrungswerten? Die Thermikdauer als fliegerische „Arbeitszeit“ aller motorlosen Piloten wird erfahrungsgemäß vom Segelflugwetterbericht zutreffend vorhergesagt. Man darf aber nicht übersehen, dass Beginn und Ende der Thermik von der Geländebeschaffenheit abhängen und in manchen Regionen wesentlich früher oder später liegen und dass die Luft im Flachland schneller altert als im Gebirge. Wenn keine „frische“ Luft nachströmt, sinkt die nutzbare Thermikzeit deshalb mit jedem weiteren Hochdrucktag.

Unsere Arbeitshöhe, die etwa dem Abstand zwischen Erdboden und Wolkenbasis entspricht, lässt sich der Segelflugwettervorhersage ebenfalls leicht entnehmen oder unter Einbeziehung des aktuellen Taupunktes nach der Formel (Temperatur minus Taupunkt) x 125 = Basishöhe berechnen, wobei Bodenunterschiede wiederum zu Abweichungen führen. Generell gilt: Je höher die Basis, um so schneller kann es vorangehen. Wer bereits Erfahrung mit großen Streckenflügen hat, wird seine Eigengeschwindigkeit in vertrauten Regionen realistisch einschätzen, daher bei bekannter Windstärke auch das zu erwartende Tempo über Grund. An guten Flugtagen haben wir beispielsweise ab Segeletz Durchschnittsgeschwindigkeiten von 30 bis 50 km/h erreicht. Natürlich kosten Fehler in der Flugtaktik und jedes „schwierige“ Gebiet zusätzliche Zeit, weshalb Geländekenntnisse für die Geschwindigkeitsprognose unerlässlich sind.

Problematischer, als auf den ersten Blick zu vermuten wäre, ist die Bestimmung der korrekten Windrichtung in Flughöhe. Sie zählt zu den wichtigsten Faktoren einer erfolgreichen Zielflugplanung, denn nur bei optimaler Nutzung des Windes bekommt der Flug auch seine größtmögliche Länge. Dazu folgende Beispielrechnung: Nach 200 Kilometern Strecke bedeutet eine Richtungsabweichung um nur 10 Grad bereits die Abdrift von mehr als 34 Kilometern zum vorgesehenen Zielpunkt (ungefähr dem Sinus entsprechend). Diese seitliche Abweichung muss trotz gleichbleibender Entfernung vom Start mit dem Drachen oder Gleitschirm zusätzlich zurückgelegt werden, was die Flugdauer unnötig verlängert. Außerdem erhöht jeder Vorhaltewinkel die Gefahr des Absaufens. Wer schon einmal versucht hat, die Thermik seitlich der Windrichtung zu verlassen, um eine besser auf Kurs liegende Wolke oder Wolkenstraße anzufliegen, kennt das Gefühl, den Rest des Tages aus der Bodenperspektive zu „genießen“.

Theorie und Praxis Damit Startmeldungen im Flachland zukünftig nicht nur unerfüllte Wünsche dokumentieren, müssen Mathematik und Meteorologie bei der Streckenflugplanung zusammenfinden. Jede Wetterprognose betrifft notwendigerweise größere Regionen, deshalb stellt die angegebene Windrichtung immer einen Mittelwert dar. Welcher Höhenwind am heimischen Startplatz weht, verraten zwar die Wolken über uns, ob das Wetter aber so bleibt, sagen sie nicht. Selbst wenn der Wind am Anfang einer Flugreise stimmte, könnte er zum Ende gedreht haben. Manchmal versagt da sogar die aktuellste Vorhersage, was Meteorologen gern als seltene Ausnahmen bagatellisieren. Beim Segelflugwetterbericht kommt hinzu, dass Ausführlichkeit und Qualität trotz der angestrebten Standardisierung innerhalb Deutschlands schwanken. So gab es etwa abends für Brandenburg lange Zeit keine Windangabe für den Folgetag! Leider werden die Berichte jetzt nur noch zweimal am Tag neu aufgelegt, wodurch kurzfristi-

Abbildung 5.15: Stay high, go far

ge Wetterentwicklungen untergehen. Auch erscheinen sie gelegentlich später als erwartet und mit schlecht ausgebildeten Sprechern bei relativ hohen Telefongebühren. Viel Geld und Ärger lassen sich durch einen Internet-Anschluss sparen, mit dem auch die Höhenwind-Vorhersagekarten des Deutschen Wetterdienstes im „pc-met"-Programm abgerufen werden können.

Wie weht der Wind wirklich? Wer optimal mit der Kraft des Windes fliegen will – und darauf sind Drachen- und Gleitschirmflieger besonders angewiesen – darf die wichtigste Überlegung schließlich nicht auslassen: Der Wind weht über längere Strecken fast nie geradeaus sondern „um die Kurve"! Jeder, der eine Wetterkarte lesen kann, weiß das eigentlich. Praktisch bedeutet es die weitgehend parallele Richtung des Windes zu den mehr oder weniger gekrümmten Isobaren oder Isohypsen.

Es gibt nun Streckenflieger, die bestimmen die Windrichtung aus dem Zug der Wolkenschatten am Startplatz und planen ihr Ziel genau in diese Richtung. Abgesehen davon, dass das Verfahren bei Blauthermik nicht funktioniert, können solche Piloten nur hoffen, dass der Wind tatsächlich dieser Richtung folgt. In Segeletz haben wir die Methode bis 1996 angewendet – mit der oben beschriebenen Trefferquote.

Mathematisch gesehen bedeutet die Extrapolation der Windrichtung am Start auf ein 200 km entferntes Ziel das Anlegen einer Tangente an die Isobare vor Ort. Da Isobaren um den Kern von Druckgebilden herumziehen, werden sie nur in seltensten Fällen über so große Entfernungen exakt geradeaus laufen, deshalb eignet sich der gerade Vektor für die Planung weiter Zielflüge eigentlich nicht. Hilfreicher wäre es, die Lage der Druckgebilde genau zu kennen, um an ihrem Isobarenverlauf die aktuelle Windrichtung abzulesen. Genau diese Möglichkeit bietet seit wenigen Jahren das „pc-met" mit seinen ausdruckbaren Windkarten. Seit wir sie kennen und konsequent nutzen, sind unsere Zielflugplanungen treffsicherer geworden.

In der Praxis hat sich zur schnellen Orientierung eine Karte bewährt, die den Wind für 14 Uhr MESZ (00 Uhr UTC + 12 Stunden) in Flugfläche 50 vorhersagt. Bei ihrer Anwendung wird stillschweigend vorausgesetzt, dass der Wind während der Streckenflugdauer mehr oder minder gleichbleibt. Da das Programm die Windvorhersage sowohl in verschiedenen Höhen als auch für unterschiedliche Zeiten darstellen kann, geben die Kartenvergleiche Auskunft darüber, ob und wie der Wind im Tagesverlauf dreht. Wie schwierig das Problem in Wirklichkeit ist, mag folgendes Beispiel verdeutlichen: Ein schneller weiter Flug nach Westen an der Flanke eines kleinen Ostseehochs, das im Tagesverlauf nach Polen wandert, erhält eine geringere Winddrehung nach Norden, als derselbe Flug, wenn er langsamer ausgeführt wird. Noch geringer ist die Winddrehung auf dieser Strecke bei einem großen ortsfesten Hoch mit Kern über der Nordsee. Entsprechend weit auseinander liegen die möglichen Zielflugpunkte, obwohl der Wind in allen drei Fällen am Start anfangs dieselbe Richtung hatte. Unberücksichtigt bleibt bei dieser Betrachtung, dass wir als Thermikflieger nie konstante Flugflächen einhalten können, somit auch den veränderten Windbedingungen unterschiedlicher Höhen ausgesetzt sind. Wenn der Tages-Temp allerdings keine größeren Windsprünge aufweist, sind diese Unterschiede vernachlässigbar, sofern man eine realistische Durchschnitts-Flughöhe einplant.

Wie lässt sich Meteorologie auf den Punkt bringen?

- Der Segelflugwetterbericht liefert die Entscheidungsgrundlage, ob Streckenflugbetrieb stattfinden soll.
- Bei erwarteten Windgeschwindigkeiten von mehr als 15 km/h in 1000 Metern Höhe geht die Planung von Dreiecken auf Zielflüge über.
- Die Angaben einer oder mehrerer aktueller Höhenwindkarten (über Internet im pc met-Programm abrufbar) grenzen die Zielrichtung ein, indem als geplante Flugrichtung vom Startpunkt eine Linie parallel zu den dargestellten Windpfeilen in die Karte gezeichnet wird.
- Abhängig von der Windstärke, Thermikgüte, Geländebeschaffenheit und nicht zuletzt dem eigenen Können wird der Zielpunkt auf der so entstandenen Linie mehr oder weniger weit vom Start entfernt liegen.

Dass man in Zukunft öfter dort ankommt, wäre ein schöner Erfolg unserer Überlegungen. Also dann: Gutes Gelingen für alle geplanten Flachlandzielflüge!
[Andreas Becker und Claus Gerhard]

Auf Dreieckskurs in der Ebene

Welcher Drachenpilot fände es nicht verlockend, ähnlich wie die Segelflieger früh zu einem Streckenflug aufzubrechen, um nach Umrundung von zwei Wendepunkten abends wieder am Startplatz einzuschweben? Trotzdem ist diese Form der Überlandfliegerei mit Hängegleitern längst nicht die Regel. Zwar wählen alpine Piloten immer häufiger geschlossene Flugaufgaben, im Flachland dagegen gelten Dreieckskurse wegen ihrer Gegenwindproblematik oft als undurchführbar. Demzufolge erscheinen in der zentralen Drachenflugstatistik des DHV Flachlanddreiecke fast überhaupt nicht. Aufgrund des besonderen Schwierigkeitsgrades bezeichnen manche Piloten diese Flüge sogar als Königsdisziplin und fordern eine noch höhere Bewertung bei der deutschen Streckenflugmeisterschaft.

Problem Gegenwind Mit der Entwicklung und Verbreitung turmloser Drachen, vor allem aber durch die neuen Starrflügler sind die Erfolgschancen für geschlossene Flugaufgaben gestiegen, denn mit einer höheren Gleitzahl lassen sich Strecken gegen den Wind nun einmal besser bewältigen. Dadurch kommen auch im Flachland Thermikwetterlagen häufiger für Dreiecksflüge in Betracht als bisher. Warum schrecken also die Piloten weiterhin vor dieser reizvollsten aller Flugaufgaben zurück? Sind es die unbekannten Wetterkriterien, die aufwändige Vorbereitung und Dokumentation oder sitzt der Frust über frühere Fehlschläge so tief, dass sie lieber Zielflüge in Windrichtung wählen, die bei ähnlich hoher Punktausbeute ein deutlich geringeres Risiko des Scheiterns enthalten?

Abbildung 5.16: Selten: Rückkehr nach Segeletz

Wer allerdings einmal das Vergnügen hatte, einen geschlossenen Flugkurs sofort und ohne zeitaufwändige Rückholaktion im heimischen Freundeskreis zu beschließen, wird auf die Annehmlichkeit von Dreiecksstrecken bestimmt nicht mehr verzichten.

Die 15er Regel Welche Wetterbedingungen taugen nun im Flachland für geschlossene Flugaufgaben mit modernen Drachen? – Leider gibt es auf diese Frage keine allgemeingültige Antwort. Allerdings sollte nach unserer Erfahrung die Thermik mindestens „mäßig bis gut“ sein, die Wolkenbasis nicht unter 1500 Metern liegen und die Windgeschwindigkeit in Basishöhe keinesfalls mehr als 15 km/h betragen, da sonst auf Gegenwindkursen ein sinnvolles Vorwärtsfliegen nicht mehr möglich ist. Grundsätzlich gilt natürlich, dass je stärker und hochreichender die Aufwinde sind, um so mehr Gegenwind kann man verkraften. Unter optimalen Flugbedingungen mit sehr guter Thermik über 6 bis 8 Stunden dürften demnach auch in Norddeutschland bald Dreiecke um 200 Kilometer geflogen werden.

Richtgrößen Hat man aufgrund der aktuellen Wetteranalyse einmal eine geschlossene Flugaufgabe im Visier, so beginnt die Vorbereitung sinnvollerweise mit der fliegbaren Dreiecksgröße, die als Produkt von Durchschnittsgeschwindigkeit und nutzbarer Thermikzeit aufgefasst werden kann. Die Werte sollten anfangs vorsichtig kalkuliert sein, das heißt beispielsweise, die Durchschnittsgeschwindigkeit nicht über 20 km/h anzusetzen, damit auch bei unvorhersehbaren Schwierigkeiten genügend Zeit für den erfolgreichen Heimflug bleibt. Für ein 100-Kilometer-Dreieck wären demnach mindestens fünf Flugstunden einzuplanen. Dabei empfiehlt es sich, den kürzesten der drei Schenkel nicht kleiner als 28 Prozent der Gesamtstrecke (FAI-Norm) zu wählen, denn nur so erhält man für jeden geflogenen Kilometer die doppelte Punktzahl, während bei flachen Dreiecken und Zielrückkehr-Flügen, die vom Wind her gesehen im Flachland die gleiche Mühe machen, nur 1,75 Punkte pro Kilometer herauskommen.

„Thermische" Geometrie Nachdem nun die Gesamtgröße des Dreiecks feststeht, ist zur weiteren Planung die Richtung des Höhenwindes erforderlich. Man benutzt dafür am besten eine Windkarte, etwa in Flugfläche 50, damit Lage und Länge der einzelnen Dreiecksschenkel sinnvoll bestimmt werden können. Dabei gelten folgende Grundsätze:

- Der erste Schenkel sollte möglichst lang sein (maximal 44 Prozent der Gesamtstrecke eines FAI-Dreiecks sind machbar, siehe Abb. 5.17) und in Windrichtung liegen. Das erleichtert den frühen Start, verringert die Absaufgefahr und gibt dem Piloten am ersten Wendepunkt die Möglichkeit, seine Flugaufgabe zu überprüfen. Bei unerwartet starkem Gegenwind kann er den Flug ohne wesentliche Punkteinbuße in Windrichtung als freie Strecke mit einem Wendepunkt fortsetzen.

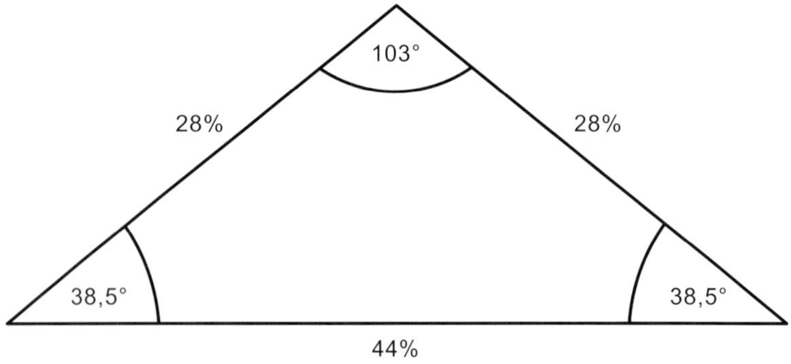

Abbildung 5.17: FAI-Dreieck mit größtmöglicher Länge des ersten Schenkels.

- Da die Geschwindigkeit des Windes aufgrund der thermischen Luftdurchmischung tagsüber etwas abnimmt, sollte der schwierige Gegenwindschenkel in der besten Thermikzeit, also als zweite der drei Teilstrecken geflogen werden. Dabei sollte er möglichst kurz sein, das heißt nahe an der 28-Prozent-Marke liegen, und über thermisch bestes Gebiet führen.
- Die Wendepunkte müssen markant und kleiner als 500 Meter im Durchmesser (FAI-Bestimmung) sein, sowie in unmittelbarer Nähe eines zuver-

lässigen Aufwindes liegen, damit sie nicht zur Flugbremse oder gar zur Absauffalle werden. Angaben der Thermikkarte und eigene Geländekenntnisse aus früheren Streckenflügen helfen hier gegen unnötigen Frust.

Theorie und Praxis Wer nun versucht, nach diesen Hinweisen ein Dreieck in die Fliegerkarte zu zeichnen, sollte dies nicht erst unmittelbar vor Flugbeginn tun sondern am besten in der thermikfreien Jahreszeit und dann gleich für mehrere Wetterlagen. Dabei wird er feststellen, dass es niemals hundertprozentig gelingt, weil der kleinstmögliche Winkel zwischen dem ersten Schenkel in Windrichtung und dem zweiten gegen den Wind ca. 38,5 Grad beträgt (Abb. 5.17). Eine der beiden Strecken wird also immer außerhalb der gewünschten Richtung verlaufen, im günstigsten Fall um diese 38,5 Grad. Wenn man nun der exakten Ausrichtung des ersten Schenkels in Windrichtung den Vorzug gibt (Variante A), wird der zweite Schenkel zwar einfacher, der letzte wegen der auftretenden Gegenwindkomponente aber schwieriger (im Extremfall ebenso schwierig wie die mittlere Strecke). Dabei mag es nützlich sein, nicht im Eck sondern bereits auf dem Schenkel des Dreiecks zu starten, damit man die letzten Kilometer nach Hause mit reinem Rückenwind segeln kann. Bei Variante B (zweite Strecke genau gegen den Wind) gewinnt der erste Schenkel an Schwierigkeit, während der Heimflug mit Querwind oder gar Rückenwindunterstützung leichter wird. Man muss somit zwischen beiden Varianten irgendwie abwägen – aber nach welchen Kriterien?

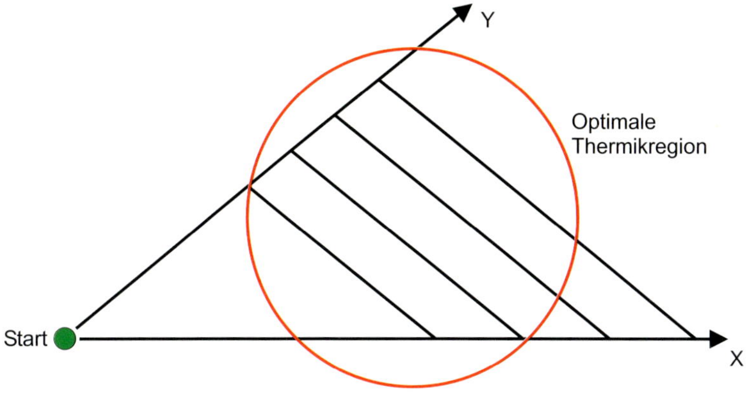

Abbildung 5.18: Dreiecksbildung unter Nutzung zweier bekannter Rennstrecken (X und Y).

Grundsätzlich bleibt der Gegenwindanteil bei Dreiecksflügen im Flachland immer gleich, denn es gibt hier – anders als im Gebirge – keine Talwindsysteme, die man geschickt umgehen oder ausnutzen kann. Allerdings lässt sich planen, wo und wann gegen den Wind geflogen werden soll. Für diese Entscheidung sind thermische Geländeerfahrungen wertvoll, denn wer häufig in derselben Gegend fliegt, kennt Hammerbärte und Rennstrecken ebenso wie schwierige Routen und

Absauffallen und kann diese bei der Planung berücksichtigen. Die beschriebenen Überlegungen bilden also nur ein geometrisches Grundgerüst, das mit persönlicher Flugerfahrung aus der jeweiligen Region ausgefüllt und abgewandelt werden muss. Am Anfang helfen dabei Piloten, die bereits Dreiecke geflogen haben, später wird man erfolgsträchtige Kurse selbst bestimmen können, die

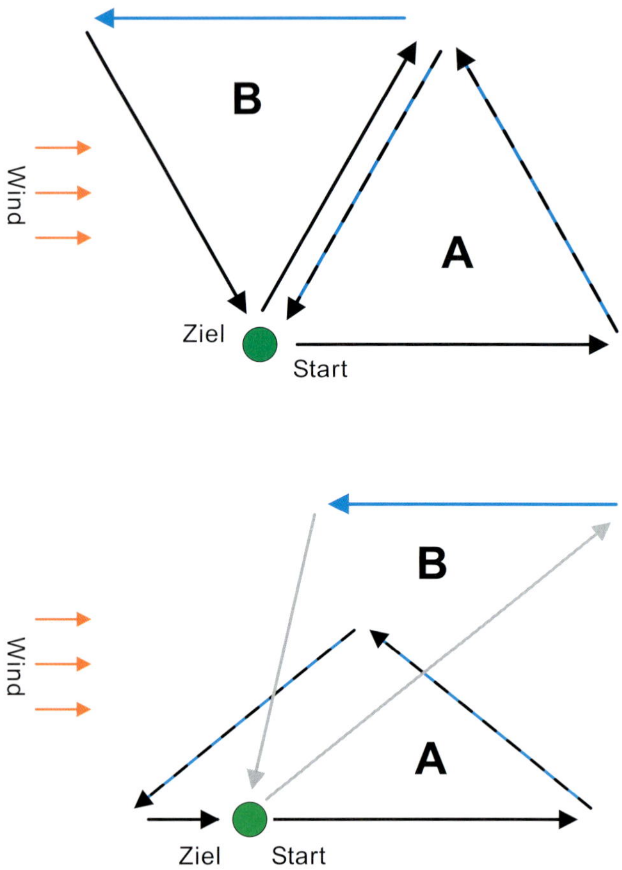

Abbildung 5.19: Dreiecks-Varianten A (erste Teilstrecke genau in Höhenwindrichtung) und B (zweite Teilstrecke genau gegen den Höhenwind) als gleichseitige Dreiecke oder als „Drachen-optimierte" FAI-Dreiecke.

sich an bekannte (Renn-)strecken anlehnen (Abb. 5.18). Dass dieselbe Wetterlage durchaus unterschiedliche Dreiecksaufgaben zulässt, ist verständlich, denn das Planungsergebnis hängt maßgeblich davon ab,

- welche der beiden Varianten A oder B jemand bevorzugt,
- welche Form das FAI-Dreieck hat (gleichseitig oder „Drachen-optimiert")
- und in welcher Richtung es umrundet werden soll (Abb. 5.19).

Für einen Startpunkt lassen sich demnach bis zu 8 verschiedene Aufgaben gleicher Größe entwerfen. Ob das gewählte Dreieck allerdings der Situation, dem Wetter und dem persönlichen Können des Piloten wirklich entspricht, kann nur die Praxis erweisen. Dabei gibt es immer wieder Fehleinschätzungen, die dann leider zu erheblichen Punktverlusten führen. Ein Beispiel aus Segeletz mag dies abschließend verdeutlichen:

Am Morgen des 13. August 2000 bestand unter den Piloten zwar Einigkeit in der Beurteilung der Dreieckswetterlage, nicht jedoch in der Routenwahl. Bei leichtem Südwestwind favorisierte Andreas ein 66-Kilometer-Dreieck gegen den Uhrzeigersinn, das er einmal am 27. April 1996 unter Südostwindbedingungen geflogen hatte, mit den Wendepunkten Bork Kirche und Breddin Bahnhof. Dabei lag der erste Schenkel etwa 65 Grad außerhalb der Windrichtung bei exaktem Gegenwindkurs für die zweite Strecke (Variante B). Claus bevorzugte dagegen ein 111-Kilometer-Dreieck, dessen erster Schenkel über 37 Kilometer genau mit dem Wind unter einer Wolkenreihung verlief (Variante A). Die Gegenwindstrecke hatte eine Differenz zur Windrichtung von etwa 70 Grad. Auch dieses Dreieck sollte aufgrund der regionalen Thermikverteilung und der Nähe zum Berliner Luftraum gegen den Uhrzeigersinn geflogen werden.

Die Unvollendeten Im Ergebnis blieb der Flugtag leider für alle Segeletzer enttäuschend, denn keiner von uns kam ins Ziel: Diejenigen, die Andreas gefolgt waren, mussten bereits vor der ersten Wende kapitulieren, vermutlich wegen Seitenwind im ersten Drittel bei der eher mäßigen Thermik. Außerdem hat dieses Dreieck den Nachteil, dass der zweite Schenkel Bork – Breddin laut Thermikkarte nicht über thermisch optimales Gebiet führt. Bezeichnenderweise flog Andreas die Strecke 1996 nicht bei Gegen- sondern bei Seitenwind und dann auch nur mühsam auf einem Umweg.

Claus hatte am Anfang seines Dreiecks mehr Glück und erreichte unter der Wolkenbasis von zunächst 1400 Metern nach 80 Minuten den ersten Wendepunkt Köpernitz, um sich auf den 33 Kilometer langen Gegenwindschenkel zum Flugplatz Wittstock zu begeben. Inzwischen betrug die Wolkenuntergrenze 1900 Meter, und über der thermisch hervorragenden Wittstocker Heide schaffte sein „Exxtacy“ eine Gegenwindgeschwindigkeit von 22 km/h (gegenüber 28 km/h auf dem ersten Schenkel). Beide Wendepunkte liegen in unmittelbarer Nähe von sicheren Aufwindquellen, weshalb die Umrundung einschließlich der Fotodokumentation problemlos verlief. Leider waren vor dem Start unerwartet Verzögerungen durch einen Klinkendefekt am Schlepptrike aufgetreten, deshalb hätte Claus bei seinem Start um 14 Uhr 30 das Dreieck auf jeden Fall verkleinern müssen, zum Beispiel bis zur Autobahnausfahrt Herzsprung als zweiten Wendepunkt (Gesamtgröße 92 Kilometer), denn schließlich fehlte trotz hartnäckiger Kurbelei im Nullschieber eine Dreiviertelstunde für die erfolgreiche Rückkehr nach Segeletz – schade! So blieben ihm von den 222 möglichen Punkten noch 120, obwohl er kaum 25 Kilometer vor dem Ziel landete.

Neue Regeln Inzwischen hat der Sportausschuss des DHV aus der Entwicklung beim Segelflug Konsequenzen gezogen und grundlegende Änderungen für Dreiecksflüge mit Hängegleitern beschlossen. Dadurch erhalten die Piloten endlich eine angemessene Bewertung ihrer Flugleistungen bei erheblich reduziertem Dokumentationsaufwand:

- Die Wertung als FAI-Dreieck (mit 2 Punkten pro geflogenem Kilometer) bekommt man bereits, wenn 80 Prozent der geplanten Dreiecksstrecke erreicht wurden. Das Nach-Hause-Kommen ist also für den Dreiecks-Erfolg nicht mehr unbedingt notwendig.
- Die Wendepunkte können auch nach dem Start festgelegt oder verändert werden, womit die Anpassung des Fluges an das aktuelle Wettergeschehen erleichtert werden soll.
- Die Dokumentation ist jetzt mittels GPS/Logger möglich, indem das Gerät den Flugweg aufzeichnet, der später mit einer speziellen Software ausgewertet wird. Dadurch entfällt die aufwändige Fotodokumentation.
- Aufgrund der beschlossenen Erleichterungen wurde die Frist zum Einreichen der Flüge allerdings verkürzt: Jeder Streckenflug muss nun spätestens am übernächsten Dienstag bis 24 Uhr beim DHV gemeldet sein.

Mit diesen „Verbesserungen" dürfte auch bei Flachlandpiloten die Lust auf Dreiecke deutlich zunehmen!

Checkliste für Dreiecksflüge im Flachland

- **Ist Dreieckswetter zu erwarten?**
  Möglichst gute Thermik über mehrere Stunden, große Arbeitshöhe, Wind in der Höhe nicht mehr als 15 km/h.
- **Wie groß kann die Flugaufgabe gewählt werden?**
  Einschätzung der Durchschnittsfluggeschwindigkeit aufgrund eigener Leistungsfähigkeit und Thermikgüte, Bestimmung der verfügbaren Thermikzeit.
- **Welche guten Strecken gegen die Tageswindrichtung stehen als mittlerer Dreiecksschenkel zur Verfügung?**
  Erster Schenkel möglichst lang und in Windrichtung, zweiter Schenkel möglichst kurz und gegen den Wind; Wendepunkte markant und mit sicheren Aufwindquellen?
- **Mit welchen Windkomponenten und zu welchen Tagesrandzeiten werden die Ab- und Anflugstrecken beflogen?**
  Wo ist aufgrund der Streckenqualität, des frühen Starts oder der späten Heimkehr die größte Rückenwindunterstützung nötig?

[Andreas Becker und Claus Gerhard]

Drachenfliegen heute

Nachdem der Flugpionier Otto Lilienthal (Sch79) vor nunmehr 111 Jahren durch die Erfindung seiner Segelapparate die Menschheit das Fliegen lehrte, geriet die Idee des fußstartfähigen Hängegleiters mit seinem Tod 1896 wieder in Vergessenheit. Die heutigen Flugdrachen entstanden erst nach dem zweiten Weltkrieg und sind ein Abfallprodukt der amerikanischen NASA-Forschung. Francis Rogallo konstruierte 1948 einen zusammenfaltbaren Flügel, um damit Raumkapseln sicher zur Erde zurückzubringen. Die NASA verzichtete dann aber auf seine Erfindung zugunsten einer anderen Lösung. In den 60er Jahren griff ein Forscher-Kollege, der Australier Bill Moyes, die Idee auf und machte den Rogalloflügel durch die pendelartige Aufhängung des Piloten unterhalb der Flügelfläche und das Anbringen eines „Trapezes“ sehr einfach steuerbar. Das Sportgerät Drachen war geboren.

In Europa verhalf der Amerikaner Mike Harker dem Drachenfliegen zu Popularität, als er am 15. April 1973 unter großem Augenmerk der Presse von der Zugspitze startete. Innerhalb weniger Jahre verbreitete sich nun das Drachenfliegen über die ganze Welt. Einzig in der DDR, wo die Wiege der Luftfahrt steht, blieb es bis zur Wende streng verboten. Zu groß war dort die Angst vor dem Fluchtpotenzial dieser Luftsportart. Anfangs als gefährliches Abenteuer verschrien, ist Drachenfliegen heute eine seriöse Luftsportart, wozu vor allem die technischen Verbesserungen an den Fluggeräten und das hohe Ausbildungsniveau der Piloten beigetragen haben (JT93).

Seit Mitte der 80er Jahre gibt es eine neue, dem Drachenfliegen verwandte Disziplin, das Gleitschirmfliegen, das sich ursprünglich aus dem Fallschirmspringen entwickelte. Trotz rasanter Verbreitung – man fliegt inzwischen häufiger Gleitschirm als Drachen – wird hier auf diese Sportart nur am Rande eingegangen (JST02).

Wie kam es zu der raschen Verbreitung? Für die motorlose Fliegerei verkörpern Drachenflug und Gleitschirmsport vor allem im Gebirge vorteilhafte und zeitgemäße Prinzipien einer modernen Freizeitgesellschaft.

- Weitgehende Unabhängigkeit
  - Im Idealfall braucht man weder eine Hilfsperson noch einen Verein.
- Große Mobilität
  - Der Drachen- und Gleitschirm-Transport ist leicht im oder auf dem Auto möglich.
- Einfachste Handhabung
  - Die Aufbauzeit beträgt nur wenige Minuten, die Steuerung ist leicht zu lernen.
- Relative Sicherheit
  - Fallschirm, Helm, Gestänge, Räder, Airbag, Rückenprotector gehören zum schützenden Repertoire.
- Ausreichende Gleitleistungen
  - Unterwegs im Gebirge sind die Aufwinde fast immer gut erreichbar.

Während beim Drachenfliegen die beiden letzten Punkte besonders hervorstechen, verdankt der Gleitschirmsport seine große Akzeptanz mehr den ersten drei Punkten.

In der Anfangszeit wurden Drachenflieger beim Deutschen Aeroclub als Luftsportpartner nicht ernstgenommen, was zur Gründung einer eigenen Vereinigung, dem Deutschen Hängegleiterverband (DHV), führte. Er zählt inzwischen 31 500 Mitglieder und ist seit 10 Jahren außerordentliches Mitglied im Deutschen Aeroclub. Bei den Piloten gibt es ein deutliches Nord-Süd-Gefälle, das heißt der überwiegende Teil wohnt oder fliegt nach wie vor in Alpennähe. Der Organisationsgrad der etwa 26 000 Gleitschirm- und 17 500 Drachenpiloten ist höher als in jeder anderen Luftsportart. Während beim Drachenfliegen der Anteil des weiblichen Geschlechts nur etwa 6 % beträgt, liegt er unter Gleitschirmfliegern mehr als doppelt so hoch, was vor allem der einfachen Handhabung der leichten „Rucksackflieger“ zuzuschreiben sein dürfte. Die Altersverteilung der Piloten in beiden Sportarten sieht folgendermaßen aus:

Alter	Drachen	Gleitschirm
16 bis 29 Jahre	7 %	23 %
30 bis 39 Jahre	51 %	48 %
40 bis 49 Jahre	28 %	20 %
über 50 Jahre	14 %	9 %
Durchschnittsalter	39 Jahre	36 Jahre

Da es inzwischen vor allem den Drachenfliegern an Nachwuchs mangelt, strebt der DHV neben schulischen Kooperationsprojekten auch die Vorverlegung des Ausbildungsbeginns – ähnlich dem Segelflug – auf das 14. Lebensjahr an.

Nach einer Umfrage der Gesellschaft für Konsumforschung würden etwa 7 bis 8 Millionen Deutsche (darunter mehr als ein Drittel Frauen) Drachenfliegen oder Gleitschirmfliegen gern einmal ausprobieren. Als Hinderungsgründe nannten die Befragten allerdings neben Flugangst (21 %), hohen Kosten (22 %) und zu hohem Lebensalter (24 %) vor allem Sicherheitsbedenken (39 %).

Wie steht es um die Sicherheit? Waren im Anfang überwiegend gerätebedingte Unzulänglichkeiten wie etwa zu geringe Festigkeiten, Aufbaufehler, der Flattersturz oder mangelndes Pitch der Flügelfläche, Ursache tödlicher Abstürze, so sind inzwischen die weitaus meisten Unfälle beim Fliegen auf Pilotenfehler zurückzuführen. Hierbei stehen – nicht zuletzt wegen der geringen Fluggeschwindigkeiten – falsche Einschätzungen der aktuellen Wettersituation speziell im Gebirge an oberster Stelle der Unfallstatistik. Durch die konsequente Verbesserung der Pilotenausbildung sind die Unfallzahlen jedoch – nach einer vorübergehenden Häufung durch den Gleitschirm-Boom Anfang der neunziger Jahre – kontinuierlich zurückgegangen und entsprechen denen anderer Luftsportarten. Bemerkenswert bleibt dabei, dass sich tödliche Unfälle mit Drachen nur halb so oft ereignen wie mit Gleitschirmen. Die Gesamtzahl der Drachenunfälle beträgt sogar weniger als ein Drittel aller Gleitschirmunfälle, dies allerdings bei ständig abnehmender Zahl der aktiven Drachenpiloten.

Unfälle (Tote) der Jahre 1997 bis 2001

Jahr	Drachen	Gleitschirme
1997	50 (5)	166 (10)
1998	43 (6)	127 (8)
1999	33 (3)	116 (7)
2000	42 (5)	122 (9)
2001	34 (4)	160 (15)
Durchschnitt	40 (4,6)	138 (9,8)

Quelle: DHV-Info Nr. 113; 114; 115

Bei den Fluggeräten gilt seit den achtziger Jahren eine Musterzulassungspflicht für Hersteller und Importeure. Neugeräte unterliegen nach der Abnahme durch den DHV oder eine andere, vom Luftfahrtbundesamt zugelassene Prüfstelle einer Stückprüfungspflicht. Der Halter muss sein Gerät nach den Anweisungen des Herstellers regelmäßig nachprüfen (lassen). Die Musterprüfungspflicht erstreckt sich auch auf andere wesentliche Teile der Ausrüstung wie das Gurtzeug, die Schleppklinke und den mitzuführenden Rettungsfallschirm.

Wie fliegt man mit einem Drachen? Nach dem etwa zwanzigminütigen Aufbau, bei dem sich die 5 Meter lange und bis zu 40 Kilo schwere „Teppichrolle" vom Autodach zu einem modernen Hängegleiter – inzwischen ohne Turm – verwandelt, die Fluginstrumente (Höhenmesser, Speedmesser, Variometer, evtl. Barograph und GPS) am Trapez montiert sind, klinkt sich der Pilot mit seinem angelegten Gurtzeug, in das der Rettungsfallschirm integriert ist, mittels eines gesicherten Karabinerhakens in die Aufhängung des Drachens ein, setzt den Helm auf, in den normalerweise ein Headset für den Funkkontakt eingebaut ist, und führt die obligatorische Liegeprobe in Bauchlage durch. Danach kann er zur Startrampe gehen, den Drachen gegen den Wind ausrichten und unter Beobachtung des Luftraumes seinen Startlauf beginnen. Wenn der Drachen abgehoben hat, zieht der Pilot die Beine ins Gurtzeug zurück und schließt dieses mit einem Seilzug-Reißverschluss. Im Flachland ist bei Starts an der Seilwinde oder hinter dem UL (Flugzeug-Schlepp) die Benutzung von zwei kleinen Rädern an den Trapezecken vorgeschrieben. Abgesehen von Notfällen erleichtern sie das Landen, indem ein Ausrollen des Drachens möglich wird, falls der Pilot nicht rechtzeitig auf die Füße kommt. Während man im Gebirge bei Benutzung einer Seilbahn keine weitere Hilfe für seinen Sport benötigt, sind Flachlandflieger stets auf eine Mannschaft angewiesen, die sie in die Luft schleppt.

Steuern lassen sich Hängegleiter ausschließlich durch Verlagerung des Körpergewichtes. Weil der Schwerpunkt weit unterhalb des Flügels liegt, entfällt die kraftfordernde Akrobatik, die Lilienthal einst zur Beherrschung seiner Gleiter aufwenden musste. Bei den neuen Starrflüglern mit ihrer größeren Streckung sind zur Verbesserung der Steuerbarkeit Querruder-Klappen an der Oberseite des Flügels montiert, die ebenfalls durch Gewichtsverlagerung betätigt werden. Da die Größe des Flügels dem Pilotengewicht entsprechen sollte, existieren von den meisten Drachenmodellen mehrere Ausführungen mit unterschiedlichen Flügelflächen zwischen 12 und 16 Quadratmetern.

In manchen Flugphasen erweist sich die Gewichtskraftsteuerung als nachteilig, zum Beispiel während der Beschleunigung, bei der die Schwerkraft abnimmt. Aber auch im Steigflug an der Winde, wenn vor allem der Seilzug auf dem Drachen lastet, ist ihre Wirksamkeit deutlich vermindert. Treten in solchen Phasen Luftverwirbelungen auf, die den Drachen in eine Schieflage bringen, bestehen für den Piloten kaum Korrekturmöglichkeiten. Am Windenseil kann das bei seitlichem Ausbrechen des Drachens („Lock out") in Bodennähe sehr gefährlich sein.

Kunstflug mit Drachen ist in Deutschland nach wie vor verboten. Dennoch werden im Ausland Kunstflugwettbewerbe – aus Sicherheitsgründen über Wasserflächen – durchgeführt. Bei Loopings besteht neben dem möglichen Gerätebruch durch Überlastung vor allem die Gefahr, bei zu geringer Geschwindigkeit am oberen Punkt ins Segel zu fallen und damit jede Steuermöglichkeit zu verlieren. Sehr gefürchtet sind auch Vorwärtsüberschläge, die in starker Thermik oder bei vermindertem Pitch der Flügelfläche entstehen können. Hier macht sich die geringere Nickstabilität eines Nurflüglers gegenüber dem herkömmlichen Flugzeug negativ bemerkbar.

Abbildung 5.20: Steuern durch Gewichtsverlagerung

Zur Landung wird das auch sonst für Flieger übliche Verfahren mit Gegenanflug, Queranflug und Endteil praktiziert. Beim Ausgleiten über dem Boden drückt der inzwischen aufgerichtete Pilot kurz vor dem Strömungsabriss den Steuerbügel des Trapezes entschlossen nach vorn, was zum Aufbäumen des Drachens mit abrupter Verminderung der Geschwindigkeit und des Auftriebs führt, so dass er nach wenigen Schritten auf den Füßen landet. Moderne Starrflügler, die in der Luft eine Geschwindigkeit von mehr als 120 km/h erreichen, besitzen zur Verringerung ihres Landetempos auf unter 30 km/h eine Wölbklappe, mit der die Gleitzahl von 18 auf etwa 6 gesenkt werden kann.

Welche Voraussetzungen sind fürs Drachenfliegen nötig? Neben einer körperlich guten Verfassung gehört – wie für alle Luftsportarten – etwas Mut zum Drachenfliegen. Darüber hinaus braucht man eine Flugschule, von denen es in Deutschland ca. 120 vorwiegend in Alpennähe gibt. Dort kann man sich entweder für einen Doppelsitzerflug, einen Schnupperkurs oder gleich zum Drachen-Grundkurs (L-Schein) anmelden. Dieser dauert eine Woche und kostet etwa 250 Euro. Neben theoretischem Unterricht erhält der Schüler eine praktische Ausbildung, die ihn befähigen soll, Flüge bis zu einem Höhenunterschied von 50 Metern mit Start und Landung sowie einfachen Richtungsänderungen zu bewältigen. Die dafür notwendige Ausrüstung wird ihm von der Schule gestellt. Ist man bisher bei der Anfängerschulung am Übungshang nach dem Prinzip „trial

Abbildung 5.21: What a feeling!

and error“ verfahren, so setzt sich neuerdings die beim Segelflug längst übliche Doppelsitzerschulung durch. Sie erleichtert dem Flugschüler gerade die ersten Lernschritte erheblich.

Auf den Grundkurs folgt die A-Schein-Ausbildung, die bereits eine eigene Ausrüstung voraussetzt und nach bestandener Prüfung zum freien Fliegen im Gleitwinkelbereich eines Fluggeländes berechtigt. Sie ist mit etwa 500 Euro Schulungskosten zu veranschlagen. Nach einer einjährigen Flugpraxis und durch die dann erfolgreich abgeschlossene B-Schein-Ausbildung erhält der Drachenpilot schließlich die Überlandflugerlaubnis. Der erteilte Luftfahrerschein mit dem Beiblatt F gilt lebenslang, er ist aber alle zwei Jahre durch einen Checkflug in Anwesenheit eines Fluglehrers zu aktualisieren.

Was kostet Drachenfliegen? Neben den Ausbildungskosten, die insgesamt mit etwa 1000 Euro zu Buche schlagen, muss jeder Drachenpilot seine eigene Flugausrüstung erwerben, denn anders als beim Segelflug werden die empfindlichen Geräte normalerweise nicht gemeinschaftlich genutzt. Zum Glück gibt es für Einsteiger viele gute Gebraucht-Ausrüstungen, so dass man am Anfang mit einer Investition von weniger als 2500 Euro auskommt. Neugeräte sind dagegen wesentlich teurer, verlieren aber wegen ihrer begrenzten Lebensdauer und den spürbaren Entwicklungsfortschritten schnell an Wert. So kostet beispielsweise der „Atos“ als eine der letzten neuen Starrflüglerkonstruktionen derzeit 9000 Euro. Für ein Gurtzeug der Spitzenklasse mit integriertem Rettungsfallschirm sind bis zu 1500 Euro zu zahlen. Derselbe Preis kommt noch einmal für die vollständige Instrumentierung hinzu. Schließlich fehlen noch „Kleinigkeiten“ wie Helm, Funkgerät, Headset, Schleppklinke, Brille, Handschuhe und angemessene Kleidung, ein Dachträger für den PKW mit gepolsterter Leiter zum Transport und last but not least Startmöglichkeiten in Form von Vereins- oder Gastmitgliedschaften mit Start- und Landegebühren, Beförderungskosten der benutzten Bergbahnen oder Maut für befahrene Gebirgsstraßen. Nicht zu vernachlässigen ist auch der Aufwand für die Nachprüfungen und die notwendigen Ersatzteile, denn allzu leicht bricht bei einer harten Landung der eine oder andere Steuerbügel, was sich im Budget bereits mit 50 Euro Verlust niederschlägt. Alles in allem ein nicht gerade preiswerter Sport! Da werden die wenigen Tage in Deutschland, an denen gute Streckenflugbedingungen herrschen, zu besonderen Kostbarkeiten. Viele Piloten versuchen deshalb, die besseren Wetterlagen anderer Länder in ihrer Freizeit zu nutzen.

Was leisten moderne Flugdrachen? Lag die Gleitzahl der ersten Drachenmodelle noch zwischen 4 und 6, so bewegt sie sich inzwischen mit 14 bis 18 auf der Höhe von Segelflugzeugen aus den dreißiger Jahren wie etwa dem „Grunau Baby“. Ursache der Leistungsverbesserung ist vor allem die aerodynamische Vervollkommnung des flexiblen Flügels, der anfangs – wie beim Lilienthalgleiter – nur aus einem einfachen gewölbten Segel bestand, dann nach Einführung des Doppelsegels mehr und mehr zu einem aerodynamisch geformten Flügelprofil mutierte. Auch die schädlichen Widerstände wurden reduziert: Durch

Abbildung 5.22: Starrflügler – die neue Drachengeneration

konstruktive Änderungen konnte der Turm mit seinen Spannseilen entfallen, der frei im Luftstrom sitzende Pilot wurde in eine Liegeposition gebracht und möglichst stromlinienförmig verkleidet. Die teilweise Umstellung von Aluminiumrohren auf die Carbon-Faser-verstärkten Kunststoffe (CFK) hat Festigkeitsverbesserungen bei weiterer Gewichtseinsparung ergeben und zu einer bisher nicht dagewesenen Optimierung des Flügelprofils geführt. Somit bestehen heute akzeptable Voraussetzungen für Streckenflüge, die allerdings im Flachland meist in Windrichtung durchgeführt werden. Geschlossene Flugaufgaben lassen sich wegen der besseren Thermik leichter im Gebirge bewältigen, werden aber zunehmend auch von Flachlandpiloten in Angriff genommen. Hauptproblem bleibt dabei der Windeinfluss, der auf Gegenwindstrecken mit den modernen Starrflüglerdrachen erfahrungsgemäß nicht stärker als 15 km/h sein darf.

Die Weltrekordmarken im Drachenflug bewegen sich derzeit für freie Strecken bei 700 Kilometern, für Zielstrecken um 320 Kilometer und für Dreiecksflüge um 350 Kilometer. Die in Deutschland geflogenen Rekorde liegen wegen den hierzulande allgemein schlechteren Wetterbedingungen deutlich niedriger. So steht mein Zielflug vom 1. August 1999 über 273,5 Kilometer, der damals Weltbestleistung war, immer noch als deutscher Rekord. Während im Alpenraum Drachendreiecke von mehr als 250 Kilometern möglich sind und im Mittelgebirge bereits 150 Kilometer geflogen wurden, hält die weiteste Dreieckstrecke im norddeutschen Flachland mit 110 Kilometern weiterhin der Berliner Andreas Becker.

Abbildung 5.23: Auf Rekordjagd im Gebirge

Wo kann man Drachenfliegen? Allein in Deutschland gibt es mehr als 400 registrierte Drachen- und Gleitschirmfluggelände, die überwiegend von Vereinen, seltener von kommerziellen Flugschulen unterhalten werden. Meistens sind sie in der ICAO-Karte eingezeichnet und für beide Flugsportarten zugelassen. Darüber hinaus werden an zunehmend mehr Flugplätzen Drachen- und Gleitschirmschlepps durchgeführt. Regelmäßigen Flugbetrieb findet man in der näheren Umgebung Berlins zum Beispiel an den Flugplätzen Saarmund, Altes Lager, Stölln, Segeletz, Kyritz und Cottbus-Neuhausen.

In unseren Nachbarländern, Holland, Dänemark, Polen, Tschechien, Österreich, Schweiz, Italien und Frankreich wird ebenfalls reichlich Drachen- und Gleitschirmflugsport betrieben. Auch Portugal, Spanien, Griechenland, Jugoslawien und die Türkei gelten als beliebte Reiseziele für deutsche Piloten. Wenn sich die Flieger den einheimischen Regeln unterwerfen, sind sie überall gern gesehene Gäste.

Was bringt die Zukunft? In der knapp dreißigjährigen Entwicklungsperiode, die der moderne Drachenflug inzwischen hinter sich hat, wurde die von Lilienthal entworfene Idee des fußstartfähigen flexiblen Hängegleiters derart vervollkommnet, dass wesentliche Verbesserungen in Zukunft nicht mehr zu erwarten sind. Trotzdem mangelt es nicht an Versuchen, den Drachenflug leistungssteigernd fortzuentwickeln. Hauptansatzpunkte sind dabei die Optimierung des flexiblen

Abbildung 5.24: Der Swift der Firma Aériane

Flügels und die Reduzierung schädlicher Widerstände, insbesondere die des frei im Luftstrom hängenden Piloten. Vor etwa 10 Jahren konstruierte Günther Rochelt einen fußstartfähigen Gleiter, bei dem der Pilot verkleidet auf dem Flügel lag, war deshalb aber gezwungen, aerodynamische Steuerhilfen einzusetzen. Durch einen tödlichen Absturz in der Erprobungsphase wegen unvorhergesehener Schwerpunktverschiebung kam das kostspielige Projekt abrupt wieder zum Erliegen.

Neueste Kreation in diese Richtung ist der 50 Kilo schwere, fußstartfähige „Swift", bei dem der Oberkörper des Piloten in einer nach unten offenen Plexiglas-Kanzel unterhalb der Flügelfläche hängt. Nach dem Startlauf, der ohne Hilfspersonen kaum noch möglich ist, zieht er seine Beine nach vorne oben ein und kommt dadurch in eine Liegeposition wie im Segelflugzeug. Auch bei dieser relativ teuren Konstruktion ist die aerodynamische Steuerung unumgänglich.

Man kann nicht übersehen, dass mit solchen Entwürfen die Hängegleiter-Entwicklung in eine Richtung geht, die wesentliche Grundlagen ihres bisherigen Erfolgs missachtet. Gerade die Leichtigkeit und Unabhängigkeit des Drachenfliegens gepaart mit vertretbaren Kosten und einem Naturerlebnis, das nicht durch Plexiglasverkleidungen getrübt wird, sind entscheidende Merkmale seiner Akzeptanz. Erfolgversprechend für die Zukunft scheint mir deshalb nicht die konstruktive Annäherung an den Segelflug, die immer unvollkommen bleiben wird, sondern solche Verbesserungen, die bewährte Prinzipien nicht vernachlässigen. In diesem Sinn ist meines Erachtens auch die Gleitschirm-Entwicklung zu deuten, die es versteht, Sicherheits- und Leistungssteigerung ohne Verlust von Unabhängigkeit und Einfachheit zu verwirklichen und dadurch dem Sport großen Zulauf verschafft. Drachenfliegen dürfte durch diesen Prozess weiter an Boden verlieren!

Erfolgsstory Segeletz

Die Wurzeln der Berliner Drachenfliegerei liegen an den Abhängen von Müll- und Schuttbergen im Westteil der Stadt, in Lübars, Staaken, Marienfelde und im Grunewald. Denn wer vor der Wende als „Frontstadt-Insulaner" Drachenfliegen wollte, musste sich entweder mit den dürftigen Übungsmöglichkeiten im Stadtgebiet zufrieden geben oder 200 Kilometer Transit-Strecke zum nächsten bundesdeutschen Startplatz in Kauf nehmen, galt doch für das Umland der DDR ein strenges Drachenflugverbot.

Zwar gab es auch in Ostdeutschland Drachenflug-Begeisterte, sie konnten aber allenfalls in der benachbarten Tschechoslowakei fliegen, und dort auch nur mit erheblichem Risiko, weil die dortigen Behörden der Stasi in die Hände arbeiteten. So wurde mancher beim Grenzübertritt verhaftet und sein selbstgebasteltes Fluggerät beschlagnahmt, denn nicht nur das Fliegen sondern schon der Besitz eines Drachens stand in der DDR unter Strafe (Dö82).

Abbildung 5.25: Am Teufelsberg-Westhang

In West-Berlin hatte man bereits in den siebziger Jahren amerikanischen und deutschen Behörden den West- und Südhang des 50 Meter hohen Teufelsbergs im Grunewald als Drachenfluggelände abgetrotzt. Seitdem trafen sich hier regelmäßig flughungrige Berliner. Sogar der Generalsekretär der CDU, Heiner Geißler, ließ sich im August 1994 als Gleitschirmflieger einmal am Teufelsberg sehen, verzichtete aber vor versammelter Presse auf einen Start.

Dieser Berg mit den Resten einer amerikanischen Radarstation ist bis heute ein Kuriosum: halb Naturschutzgebiet und Forst, halb Vergnügungspark für alle möglichen Sportarten. Als einziges Drachenfluggelände Deutschlands liegt es innerhalb einer Flughafen-Kontrollzone und hat eine Höhenbegrenzung von 80 Metern über Grund. Eigentlich taugt der Hügel nur zum Abgleiten, aber man munkelt, ein Gleitschirmflieger habe einmal Thermik erwischt und sei über den Wald ins zwei Kilometer entfernte Olympiastadion gesegelt. Auch wird behauptet, bei kräftigem Wind könne man am Südhang soaren. Die erlaubte Startüberhöhung wurde aber auch durch die Handschlepp-Versuche Til Kaisers nicht erreicht. Mehr als eine Notlösung ist der Teufelsberg also für ambitionierte Drachenflieger nicht. Damit er bei Piloten und Bevölkerung als Flugberg nicht in Vergessenheit gerät, veranstaltet der DCB jedes Jahr im Herbst dort einen Ziellandewettbewerb.

Frust an der Winde Als 1989 die Mauer fiel und das Drachenfliegen in der DDR endlich erlaubt wurde, zog es uns – wie alle Berliner – in die Mark Brandenburg. Fast jeden der zahllosen Agrarflugplätze im Umkreis von 100 Kilometern um Berlin probierten wir aus, bis klar wurde, dass Agrarflugplätze primär nichts mit Thermik zu tun haben. Es war die Zeit, als Drachenstarts an der Winde zum Dauerfrust gerieten, denn zweimal 100 Kilometer Autofahrt auf holprigen DDR-Straßen für maximal drei Fünf-Minuten-Flüge machte einfach keinen Spaß. Immerhin vermittelten uns die Luftsprünge so manche überraschende Draufsicht auf ein Land, das sich in den 45 Nachkriegsjahren bis an die Zähne bewaffnet hatte. Selbst im Nachhinein blieb es beklemmend festzustellen, wie viele Raketenstellungen einmal auf West-Berlin zielten.

Wirkliche Thermikflüge brachten wir damals im Windenschlepp nur selten zustande. Aber im Sommer 1991 kam der Durchbruch, als mir bei Til Kaisers Autoschlepp mit 130 Kilometern der erste dokumentierte Streckenflug über dem Gebiet der ehemaligen DDR gelang. Zwei Jahre später schrieb Ulli Schneider Drachenfluggeschichte in den neuen Bundesländern mit einer 214-Kilometer-Strecke. Andreas hätte ihn auf diesem Flug am 1. Mai 1993 vom Rande des Spreewaldes nach Niedersachsen gerne begleitet, aber der Thermikanschluss klappte wieder einmal mit der Winde nicht.

Rekordschmiede Segeletz Das gab für mich den letzten Anstoß zum UL-Schlepp. Nachdem im Havelland ein vielversprechendes Fluggelände gefunden war, gründeten wir mit einer Handvoll Freunden am 28. November 1992 die Schleppgemeinschaft Segeletz-Berlin. Zuvor hatten wir an einem Winterwochenende bei minus 10 Grad und völlig vereister Landebahn einen UL-Schleppkurs erfolgreich absolviert. Der Tipp für unsere Wiese, 80 Kilometer nordwestlich von Berlin, stammt von Klaus Reinhard, einem ehemaligen DDR-Segelflugmeister aus Stölln. Mit Hilfe guter Beziehungen zur Luftfahrtbehörde wurde Segeletz rechtzeitig zu Ostern 1994 als Sonderlandeplatz zugelassen, und im April flogen Andreas und ich von dort bereits erfolgreich in Richtung Hamburg. Dabei kamen uns Peter Riedels Rekordflugbericht von 1935 und seine Flusslauftheorie über die Elbe zu Hilfe, die ich zufällig beim Schmökern in alten Segelflugbüchern entdeckt hatte (Rie90).

Am wichtigsten für die Entwicklung von Segeletz zum Leistungszentrum war zweifellos das Engagement Peter Schühles. Als Fluglehrer und routinierter UL-Pilot versorgte er uns mit Tipps und ermöglichte bei vielen Schleppflügen den Thermikeinstieg. Von Anfang an einte die Gemeinschaft der ehrgeizige Wunsch, im Nordosten Deutschlands erfolgreiche Drachenflüge durchzuführen. Dabei war die Vorstellung, Rekorde aus dem Alpenraum zu überbieten, nur ein angenehmer Nebengedanke. Wir wollten einfach zu Hause schöne und gute Flüge haben. Dass das teurer als an der Winde sein würde, war allen klar.

Abbildung 5.26: Schlepptrike im Anflug

Routine im UL-Schlepp In den ersten Jahren stellten vier Vereinsmitglieder, die auch UL-Piloten waren, ihre Schlepp-Trikes zur Verfügung und investierten für die Gemeinschaft eine Menge Kleingeld. Später half uns der Berliner Senat mit Zuschuss und Darlehen beim Kauf eines Vereinstrikes. Unsere Piloten lernten innerhalb kurzer Zeit den sicheren Thermikeinstieg, so dass sie zum Obenbleiben kaum mehr als einen Start brauchen. Die Schlepppiloten fliegen auch bei bockigem Wetter, wenn „normale" UL-Piloten lieber zu Fuß gehen. Trotzdem sind wir von ernsthaften Zwischenfällen bisher verschont geblieben. Ein Armbruch beim Fehlstart eines Drachenpiloten war der schwerwiegendste Unfall in Segeletz. Einmal brachte mein Freund Pepe das spannende Meisterstück fertig, ein Trike auf zwei Rädern (das rechte Hinterrad war im Flug abgefallen) so zu landen, dass dabei fast nichts zu Bruch ging. Meine Hochachtung!

Flachlanderfolge 1995 wurde das Erfolgsjahr für Andreas. Am 3. August flog er bei Nordwestwind von Segeletz 244 Kilometer weit und schaffte damit die längste Deutschlandstrecke des Jahres. Drei Tage später gelang ihm mit seinem „Ramair" das Kunststück eines 108-Kilometer-FAI-Dreiecks im Havelland. Nur noch 58 Punkte trennten ihn zum Jahresende von Gerd Langwald, dem norddeutschen Favoriten aus Bahrenborstel. Das stachelte den Ehrgeiz unserer Vereinsmitglieder derart an, dass wir 1996 erstmals mit zwei Mannschaften an der Deutschen Streckenflugmeisterschaft teilnahmen und – man staune – Norddeutscher Vereinsmeister vor den Bahrenborstelern wurden, obwohl Andreas mit seinen drei Streckenflügen um 200 Kilometer dicht hinter dem Konkurrenten Langwald blieb.

Inzwischen hatten auch andere gut zu fliegen gelernt. So gelang uns am 20. Juli 1996 ein besonderer Leckerbissen, als fünf Piloten gemeinsam 700 Kilometer zurücklegten. An diesem Tag wäre noch mehr drin gewesen, aber Henry Maek wollte unbedingt ins feuchte Wolfsburg und versenkte sich kurz vor den VW-Werken, während alle anderen nordwestwärts weiter flogen.

1997 schlugen die Bahrenborsteler mächtig zu: Mit drei 200-Kilometer-Zielflügen in Richtung Holland wurde Gerd Langwald deutscher Streckenflugmeister. Der begehrte Titel ging damit erstmals in der Geschichte des Drachenfliegens an einen Norddeutschen - Glückwunsch! Andreas flog wieder 244 Kilometer, diesmal allerdings turmlos und von der Winde des Drachenfliegerclubs Berlin in Altes Lager. Gemeinsam mit Lukas Bader solle es am 11. August eigentlich ein 211-Kilometer-Zielflug werden, aber das Startpunktfoto misslang, so wurde daraus „nur" eine riesige freie Strecke. Im Havelland bewies Andreas seine Klasse außerdem durch zwei FAI-Dreiecke von 106 und 109 Kilometern. Am 12. August flogen sechs Vereinsmitglieder nochmals gemeinsam 700 Kilometer weit in Richtung Hamburg. Beim Rückholen von dieser Tour kam Andreas VW-Bus letztmalig zum Einsatz, denn wenige Wochen später wurde das Fahrzeug in Berlin vor seiner Haustür geklaut und blieb seitdem verschwunden.

Die 98er Flugsaison entwickelte sich für viele norddeutsche Drachenflieger zum Trauerfall, denn das Wetter spielte verrückt. Ich hatte Glück und flog mit dem „Ramair" am 18. Mai 241 Kilometer weit bis nach Tschechien hinein. An diesem Tag war die Wettervorhersage morgens so ungünstig, dass wir beinahe überhaupt nicht gestartet wären – unglaublich! Den ganzen Sommer über blieb die Thermik nach Westen hin noch schlechter als im Osten, deshalb konnten die Segeletzer den Bahrenborstelern zum zweiten Mal den Titel des norddeutschen Vereinsmeisters abjagen und nach Berlin holen, was natürlich gebührend gefeiert wurde.

Abbildung 5.27: „Exxtacy"-Probefliegen in Kyritz

Wechsel in die S-Klasse Inzwischen zählte mein „Ramair" längst nicht mehr zu den aktuellen Fluggeräten. Folglich hatte ich den Drachenwechsel mehrfach ins Auge gefasst, war aber nie zu einer befriedigenden Entscheidung gelangt. Da kam mir Neithard Müllers Wunsch nach einem „Exxtacy" wie gerufen, denn er organisierte im Herbst 1998 für alle interessierten Berliner ein Probefliegen. Wir waren von dem Starrflügler und seinen Flugeigenschaften so beeindruckt, dass sofort drei Geräte und wenig später ein vierter „Exxtacy" für den Verein geordert wurden. Holger Figura kaufte ohne Probeflug – allein im Vertrauen auf unsere Begeisterung – und wurde nicht enttäuscht.

Das 99er Frühjahrswetter verwöhnte uns zunächst überhaupt nicht. Bei einer überentwickelten Südostlage flog ich am 24. April eine 140-Kilometer-Strecke bis kurz vor Hamburg, musste allerdings hinter Wittenberge einem riesigen Schauer nordwärts ausweichen. Kaum hatte ich den „Exxtacy" nach der Landung in Boitzenburg zusammengebaut, ging dort ein heftiges Gewitter nieder. Am 20. Juni wollten wir bei Südwestwind von Segeletz zur Insel Usedom fliegen und hatten die Drachenlandungen vorsichtshalber per Telefon beim Flughafen Heringsdorf angemeldet. Doch der Tower wartete vergeblich auf uns. Holger kam als einziger weg, verfehlte allerdings die Richtung und strandete nach 146 Kilometern nördlich von Anklam, in Sichtweite zur Ostsee. Ein spektakulärer Zielflug gelang Neithard am 18. Juli bei Südwestwind, als er nach 136 Kilometern am polnischen Autobahngrenzübergang Pomellen niederging. Gerne wäre er weitergeflogen, aber die Polen erlauben im Gegensatz zu den Tschechen Einflüge mit Drachen nicht. Die Beschlagnahme seines „Exxtacys" durch den polnischen Zoll wollte Neithard nicht riskieren.

Hochsommerliche Hammertage Als die Flachlandthermik im Juli endlich richtig auf Touren kam, waren einige unserer Schlepppiloten gerade im Urlaub, aber zum Glück konnten wir an der Winde des Drachenfliegerclubs Berlin in Altes Lager starten. In dem Supergelände westlich von Jüterbog ist der Thermikeinstieg bei einer nutzbaren Seillänge von mehr als 1500 Metern kein Problem, so dass auch von dort weite Flüge möglich sind. So schaffte ich zwei Tage nach dem Bremerhaven-Zielflug (273,5 Kilometer ab Segeletz) am 3. August von Altes Lager einen weiteren Zielflug über 252 Kilometer nach Hamburg mit den Wendepunkten Gardelegen und Uelzen. Bei einer CVFR-Freigabe wäre es sogar noch weiter gegangen! Dabei segelten Andreas, Neithard, Bernd und ich überwiegend im Blauen, was ohne gegenseitige Hilfe über Funk sicher nicht geklappt hätte, denn gemeinsam fliegt sich's bekanntlich nicht nur schöner sondern auch einfacher und dadurch besser. Außerdem haben zwei Faktoren zum Gelingen dieses Fluges beigetragen:

- Die Beachtung thermischer regionaler Besonderheiten und
- eine korrekte Windeinschätzung für die Strecke.

Grundlage aller unserer Flugplanungen ist die Thermikkarte. Darüber hinaus berücksichtigen wir Windkarten im pc met-Programm des Deutschen Wetterdienstes, wodurch die Zielpunktfestlegungen wesentlich treffsicherer geworden sind. Meistens liegt man mit der 14-Uhr-Prognose in Flugfläche 50 richtig. So auch an jenem 3. August, als meine Route mit der Höhenwindrichtung genau übereinstimmte und in Kursrichtung gelegentlich einzelne kleine Wolken auftauchten, während die Umgebung völlig blau blieb. So gelang mir mit dem „Exxtacy" nochmals eine Schnittgeschwindigkeit von fast 50 km/h, obwohl der Wind schwach war. Aufgrund der weiten Flüge wurde ich in jenem Jahr deutscher Streckenflugmeister. Den übrigen Vereinsmitgliedern bescherte die Hammerwoche vom 26. Juli bis 3. August drei Flüge oberhalb der 200-Kilometer-Marke und acht weitere Strecken zwischen 100 und 200 Kilometern. Keiner dieser Flüge dauerte bei relativ schwachem Wind und Basishöhen bis zu 3000 Metern länger als $5\frac{1}{4}$ Stunden. Unter optimaler Thermikausnutzung wären demzufolge noch wesentlich größere Distanzen möglich gewesen.

Einen Supertag gab es noch einmal am 17. Juni 2000, als vier Piloten gemeinsam 600 Kilometer weit in Richtung Lausitz segelten. Bei einer Wolkenbasis oberhalb von 2000 Metern und drei Achtel Cumuli wäre deutlich mehr drin gewesen. Leider kamen wir an diesem Tag aber viel zu spät in die Luft, so blieb unsere weiteste Strecke knapp unter 200 Kilometern.

Bei den ostdeutschen Drachenflug-Meisterschaften, die jährlich wechselweise in den Alpen oder im Flachland stattfinden, siegten während der letzten neun Jahre – bis auf eine Ausnahme – immer Piloten der SGS. Herausragend sind dabei die Leistungen von Henry Maek, der den Wettbewerb dreimal in Folge gewann.

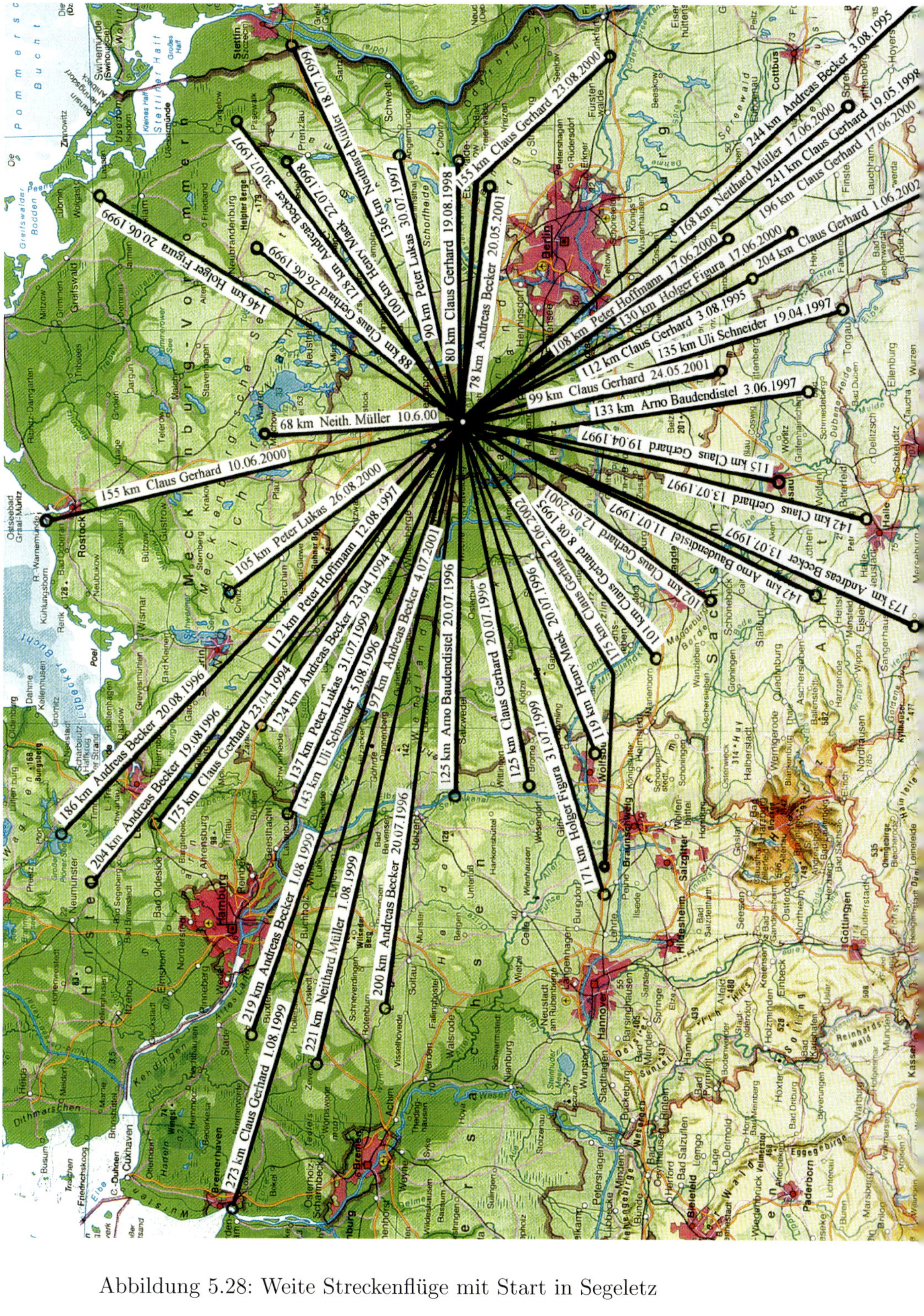

Abbildung 5.28: Weite Streckenflüge mit Start in Segeletz

Zukunftsvisionen An langen Winterabenden wandern die Gedanken manchmal zurück zu eindrucksvollen Flugerlebnissen, aber ebenso oft tauchen Erwartungen an die neue Saison auf. Nach zehn Jahren Segeletz träumen wir immer noch von einem stets verfügbaren UL-Piloten, der uns in die Thermik schleppt. Im Freundeskreis werden Planungen für eine mögliche 300-Kilometer-Flachlandstrecke durchgespielt, große Dreiecke auf die Karten der Mark Brandenburg projiziert, verworfen und wieder neu gezeichnet. Das macht Laune und verleiht den Gedanken Flügel.

Gerne würden wir auch endlich die Erlaubnis erhalten, frei über die Grenze nach Polen zu gleiten, denn jenseits der Oder liegt thermisch bestes Gebiet, was schon Berliner Segelfliegerinnen in den dreißiger Jahren erlebten, als sie von ihren männlichen Kollegen aus der Umgebung der Reichshauptstadt vertrieben wurden (Ger94). Es war jene braune Zeit, als Frauen nicht fliegen sondern kochen und Kinder für den Führer bekommen sollten. Seit dem NATO-Beitritt Polens sind unsere Chancen für einen Einflug in diese Region gestiegen. So dürfen wir neuerdings – mit Anmeldung – immerhin nach Stettin gleiten. Also – let's go east!

Abbildung 5.29: Gleis der Wriezener Bahn über die Oder nach Polen

Wo wir fliegen

Wenn Berliner „zu Hause" Drachenfliegen wollen, müssen sie mindestens 70 Kilometer weit ins Umland fahren, denn erst ab dieser Entfernung ist der Luftraum der Hauptstadt so frei, wie ihn Thermikpiloten für ihre Streckenflüge brauchen. Dementsprechend liegt die Wiese, auf der wir seit 10 Jahren Drachen in den Himmel ziehen, nicht gerade um die Ecke sondern mitten im Havelland, am nördlichen Rand des Rhinluchs zwischen den Dörfern Segeletz und Nackel. Von dort sind es gut 35 Kilometer zur Elbe. Wie alle ehemaligen Agrarflugplätze in Ostdeutschland besteht er aus einem langgezogenen Rechteck, 100 mal 1000 Meter groß, und ist so einsam, dass nachts gelegentlich Wildschweine die Piste zerwühlen und im Herbst Scharen von Graugänsen den Abflug üben.

Die Umgebung Während der Platz im Norden an endlose Felder grenzt, bedeckt nach Süden zum Luch hin dichter Kiefernwald die märkischen Sanddünen. Sie liefern die Thermik, die uns so oft schöne Flüge beschert. Bis zu den Hügeln von Stölln auf der anderen Seite des Rhin sind es kaum 10 Kilometer Luftlinie. Dort an den Hängen des Gollenberges brach sich am 9. August 1896 der Flugpionier Otto Lilienthal den Hals und verlor dabei sein Leben (Sch79). Theodor Fontane, der die Landschaft mit seinen „Wanderungen durch die Mark" (Fon77) bekannt und berühmt gemacht hat, wurde ganz in der Nähe geboren. Er stammte aus Neuruppin, einem Garnisonsstädtchen 20 Kilometer nordöstlich von Segeletz und war seit seiner Jugend mit der wohlhabenden Familie Gentz befreundet, die ihren Reichtum dem Torfabbau im Rhinluch verdankte. Ihr Rittergut Gentzrode übernahm nach dem Krieg die Sowjetarmee und baute in den umliegenden Wäldern so manche Abschussrampe für mobile Atomraketen.

Südlich von Segeletz verbirgt der riesige Kiefernforst ein Geheimnis ähnlicher Art. Hier wurde 1938 im Eiltempo eine Pulvermühle mit mehr als 100 Gebäuden und Bunkern errichtet, deren gesprengte Reste längst im Dickicht verrotten. Dass die Munitionsherstellung nicht ungefährlich ist, bezeugen Grabplatten auf dem Friedhof des benachbarten Domänendorfes Dreetz. Allein bei einer Explosion am 3. April 1945 kamen im Dreetzer Wald 38 junge russische Frauen neben 19 deutschen Arbeitern ums Leben! Kurz vor Kriegsende erwischte es auf dem Segeletzer Güterbahnhof sogar einen ganzen Zug mit 186 Zwangsarbeitern, die aus dem KZ Nordhausen zur Arbeit herangeschafft worden waren. Sie starben allerdings bei einem Angriff britischer Jagdflugzeuge.

Seit im Havelland vor mehr als einem Jahrhundert die Eisenbahn und Provinzial-Chaussee nach Hamburg gebaut wurden, die den Wald in spitzem Winkel schnurgerade durchschneiden, hat sich hier wenig verändert. Industrielle Ansiedlungsversuche misslangen, statt dessen prägen Land- und Forstwirtschaft die Region. Früher bestimmten Rittergüter adeliger Familien den Lebensrhythmus der Menschen, nach der Bodenreform waren es die Landwirtschaftlichen Produktionsgenossenschaften. Seit der Wende versuchen Bauern ihr Glück auf eigene Faust.

Abbildung 5.30: Rittergut Gentzrode bei Neuruppin

Abbildung 5.31: Bunkerruinen der Munitionsfabrik im Dreetzer Wald

Nackel Während Segeletz durch seine Lage an der B 5 bei Reisenden einen bescheidenen Bekanntheitsgrad genießt und wegen der Pulvermühle im Krieg sogar über einen Güterbahnhof verfügte, fristet das drei Kilometer weiter östlich gelegene Nackel sein Dasein als Aschenputtel unter den Luch-Siedlungen – dies eher zu Unrecht, denn Dorf und Rittergut an der alten Hamburger Poststraße haben die längere Tradition. Sieben neue Windmühlen drehen sich auf den Feldern nahe am Ort, der seit Jahren zwei Gaststätten besitzt, von denen wir die der Familie Lock als Vereinslokal nutzen.

Dennoch gibt es aus Nackel kaum Weltbewegendes zu berichten, es sei denn die Geschichte mit dem arbeitslosen Bankräuber, der 12 Geldinstitute immer nach derselben Masche mit einem zur Probefahrt geliehenen Auto überfiel, wodurch ihn die Kripo schließlich enttarnen und festnehmen konnte – oder die Einrichtung eines Bordells, das trotz regem dörflichem „Verkehr“ nach einer Schießerei zwischen rivalisierenden Zuhältern wieder geschlossen wurde. Erwähnen sollte man auch die Auflösung der Grundschule infolge allgemeinen Kindermangels, weshalb das frei gewordene Schloss jetzt als Künstlerherberge dient.

Der Unfall Einmal, vor mittlerweile 90 Jahren, stand Nackel allerdings für wenige Tage im Rampenlicht der Weltöffentlichkeit. Damals versammelten sich dort mehr adelige und gekrönte Häupter, als jemals vor- oder nachher, und das nichtsahnende Dorf hätte leicht Anlass zu weltpolitischer Verwicklung geben können. Was war der Grund?

Ein spektakulärer Verkehrsunfall, jederzeit auch anderswo möglich, sorgte für die Schlagzeile. Ausgerechnet auf der schnurgeraden B 5, die in dieser Gegend zu Nackel gehört, war der hannoversche Kronprinz Georg Wilhelm von Großbritannien und Irland, Herzog von Braunschweig und Lüneburg, mit seinem Kammerdiener an einer Baustelle von der Fahrbahn abgekommen und in den Wald gerast. An jenem 20. Mai 1912 befand sich der 31-jährige Prinz, der als leidenschaftlicher Autonarr galt, aus Prag kommend auf dem Weg zur Beerdigung seines 69-jährigen Onkels, des dänischen Königs Frederik VIII. Diesen hatte der plötzliche Herztod pikanterweise bei einem Ausflug ins Hamburger Nachtleben ereilt. Nach dem Autounfall versuchte der leicht verletzte Fahrer des Prinzen, Hilfe herbeizuholen, aber sie kam zu spät. Man barg die beiden Leichen und transportierte sie zur feierlichen Aufbahrung in die Kirche von Nackel.

Während im Dorf jeder sofort seine Pflichten erkannte und der Kriegerverein die Totenwache stellte, trafen an den folgenden Tagen etwa 20, meist adelige Würdenträger aus Deutschland und Österreich am Unglücksort ein, unter ihnen auch die beiden Söhne des Deutschen Kaisers. Sie alle fanden Unterkunft im Nackeler Schloss auf dem Rittergut des Herrn von Hagen. Mit militärischen Ehren wurden nun die Toten zum 7 Kilometer entfernten Bahnhof Friesack gebracht. Bei glühender Hitze bewegte sich der Trauerzug zu Fuß auf der Straße durchs Luch, angeführt von einem Schwadron Rathenower Zieten-Husaren und dem Kommandeur des 24. Infanterie-Regiments aus Neuruppin mit drei seiner Offiziere. Am Bahnhof verlud man die Särge in Anwesenheit städtischer Vertreter und unter den Gesängen des Friesacker Männerchores feierlich in den bereitgestellten Zug, der den Kronprinzen zur Beisetzung ins österreichische Gmunden in die Welfengruft brachte.

Da die Nackeler bei diesem Ereignis so mitfühlend und hilfreich gewesen waren, zeigte sich das Königshaus allenthalben erkenntlich: Noch im August gingen Geldspenden an die Kirche, den Kriegerbund, den Jungfrauenverein sowie den Friesacker Männerchor. Pastor Wolfram und Lehrer Nebert aus Nackel bekamen Bilder des Verstorbenen, Bürgermeister Voß eine kostbare „Busennadel“ mit den Anfangsbuchstaben des Prinzen übersandt. Wenig später gab die Familie ein „Gedenkbüchlein an den Heimgang seiner königlichen Hoheit ... für das treue Hannoversche Volk“ heraus und ließ zur Erinnerung den Stein aufstellen, der bis heute die Unfallstelle an der B 5 kennzeichnet.

Der Platz Schließlich wäre da noch – nach all den Geschichten – unser Flugplatz selbst zu beschreiben: Eine verträumte Wiese, auf der Champignons gedeihen, mit Kirschbäumen und Korkenzieherweiden am Rand, wo abends manchmal Rehe äsen, Bussarde nach Mäusen jagen und im Hochsommer Störche ihre Nahrung finden – mit einem Badesee am anderen Ende des großen Waldes.

Ein Sprungbrett zum Himmel ist dieses kleine Paradies allemal, wenn das Trike die Bahn entlanggleitet und einen nach dem anderen in die Thermik schleppt. Unser Mini-Tower neben dem großen Windsack besteht zwar nur aus einer einfachen Holzhütte mit Veranda, aber etwas Besseres würde wohl höchstens den Vandalismus in der einsamen Gegend beflügeln. Die Bank vor der Hütte stammt von einem abgerissenen Berliner S-Bahnhof. Kürzlich hat sie uns jemand geklaut, inzwischen gibt es jedoch eine neue alte Bank, auf der man wieder in der Sonne sitzen und die vorbeifliegenden Vögel beobachten kann.

Manchmal übernachten wir auch am Flugplatz, entweder im Zelt oder in der Hütte oder vornehmer im Birkenhof der Familie Lock. Dort bekommt man am Kneipentresen Familienanschluss und morgens, wenn die Sonne längst hoch am Himmel steht, ein Frühstück auf dem Rasen unterm Birnbaum serviert. Dann trudeln die Vereinsmitglieder ein, sie räumen ihre Drachen aus der Scheune, und es wird höchste Zeit für einen neuen, hoffentlich schönen Flug über die Mark Brandenburg.

Einmal im Jahr, am Ende der Flugsaison, ist die Beschaulichkeit allerdings für ein Wochenende dahin. Dann steigt das Flugplatzfest, bei dem sich trifft, wer fliegen kann oder will: Segel- und Motorflugzeuge, motorisierte Gleitschirme, Ballone, Flugmodelle, und natürlich unsere Drachen füllen den Himmel zwischen Nackel und Segeletz. Agrarflieger der Brandenburgischen Waldbrand-Staffel zeigen, wie man aus der Luft ein Feuer zielgenau löscht, Fußgänger haben Gelegenheit, das Havelland einmal von oben zu erleben, und besonders Mutige können beim Kunstflug die Welt auf dem Kopf betrachten. Im dem Feld neben der Landebahn wird derweil gegessen, getrunken, gefeiert und geklönt. Kinder machen Spiele, und wer sich nicht in die Luft traut, kann an einem Flugsimulator immerhin so tun, als sei er Pilot. Manchmal wird es einer dann auch …

Abbildung 5.32: Am Flugplatz Segeletz

Abbildung 5.33: Otto Lilienthal an seinem Fliegeberg in Berlin-Lichterfelde

Kapitel 6

Gedanken, die leise fliegen

Nachdenkliches über den Flug ohne Motor

Abseits der Hauptstraßen, fern vom pulsierenden Stadtalltag und meist im Schatten unserer modernen Medien gibt es eine junge menschliche Fortbewegungsart, die seit Jahrtausenden den Vögeln vorbehalten war: der freie Flug durch die Luft. Sehnsuchtsvoll haben Generationen vor uns versucht, den Vogelflug zu erlernen, aber erst seit einem Jahrhundert sind Menschen diesem Wunschtraum mit Erfolg näher gekommen. Nicht von Ballonfahrern und Luftschiffern soll hier die Rede sein, auch nicht von Flugmaschinen und Raketen, die laut und abgasspeiend den Himmel erobert haben. Meine Zeitrechnung beginnt mit Otto Lilienthal, dem Mann, der – getragen allein von der Kraft des Windes – auf einer einfachen Flügelkonstruktion fliegen lernte.

30 Jahre nach seinem tödlichen Absturz in den Rhinower Bergen haben Lilienthals geistige Erben, die Segelflieger, neben dem Hangwind eine zweite Kraftquelle der Luft erkundet: durch Sonnenwärme erzeugte Aufwindfelder, in denen man mühelos segelnd Höhe gewinnen kann. Diese Entdeckung machte den motorlosen Flug erst zu dem, was er heute ist: Stilles Abenteuer im Meer der Lüfte.

Es erstaunt immer wieder, wie wenig gebildete Menschen heutzutage über das Fliegen ohne Motorkraft wissen. Die Tatsache, dass es möglich ist, allein mit Hilfe thermischer Aufwinde viele Stunden in der Luft zu bleiben und dabei mit einiger Übung Hunderte von Kilometern zurückzulegen, versetzt die Zuhörer regelmäßig in ungläubige Verwunderung. Das war nicht immer so. In den Anfängen der Fliegerei nahm man mehr Anteil an der Entwicklung der Luftfahrt, denn ihre Vertreter galten als tollkühne Helden, die man bewunderte. Der Nationalsozialismus förderte das aufstrebende Flugwesen und mit ihm den Luftsport in einem Maß wie nie zuvor in Deutschland. Anlässlich der Berliner Olympiade von 1936 wurde Segelfliegen sogar in den Kreis olympischer Wettkampfdisziplinen gerückt und erhielt dadurch besonderes öffentliches Ansehen. Das geschah nicht ohne Eigennutz, denn Luftsport sollte vor allem für Nachwuchs bei der wieder aufzubauenden Luftwaffe sorgen. Nach 1939 fanden gewonnene Flugerfahrungen ihre Umsetzung in der Rüstungsproduktion. Es entstanden Lastensegler, mit deren Hilfe Menschen und Material lautlos hinter feindlichen Linien abgesetzt werden konnten. Auch die DDR verknüpfte den Traum vom Fliegen mit handfesten militärischen Interessen: Segelfliegen als paramilitärischer Sport war der Gesellschaft für Sport und Technik (GST) zugeordnet und nur politisch Zuverlässigen erlaubt. Er diente häufig als Einstieg in die Volksarmee.

Seit der Einheit bestimmen in Deutschland endlich wieder sportliche Motive den Segelflug, und nach dem Abzug der GUS-Truppen ist auch der Himmel im Osten frei befliegbar. Die Segelflug-Entwicklung geht weiter stürmisch voran: Neue Flugzeugkonstruktionen haben Gleitleistungen ermöglicht, die vor wenigen Jahren noch undenkbar erschienen, und die Technik des Wellenfluges hat Lufträume erschlossen, in die thermische Aufwinde allenfalls im Gewitter hineinreichen. So wurden motorlose Flüge bis zur Stratosphäre fast gefahrlos möglich.

Weitgehend unbelastet von allen politischen und militärischen Strömungen entwickelt sich seit einem Vierteljahrhundert der Drachenflugsport in Europa. Zwar stammt die Grundidee des zusammenlegbaren dreieckigen Gleitflügels aus der amerikanischen NASA-Forschung, die damit Weltraumkapseln zur Erde zurückbringen wollte. Nutzbar gemacht für die Freizeitflieger hat diese Erfindung aber der Australier Bill Moyes durch den Einbau seiner genial einfachen Gewichtskraft-Steuerung. Was Otto Lilienthal noch mit höchst akrobatischen Körperbewegungen leisten musste, ist dank einer trapezförmigen Rohrkonstruktion und der pendelartigen Aufhängung des Piloten unterhalb des Flügels zum Kinderspiel geworden. Noch einfacher geht es beim Gleitschirmfliegen zu, einer Luftsportart, die sich vor 15 Jahren aus dem Fallschirmspringen entwickelte und die wegen ihrer Unkompliziertheit vor allem in den Bergen großes Interesse findet.

„Fliegen für Jedermann" könnte also die Devise lauten, wäre auf dem Weg dorthin nicht so manche Mühsal zu überwinden: Während Segelflugvereine am Ausbildungsbeginn ein aufwändiges Gesundheitszeugnis ihres zukünftigen Piloten verlangen und von den aktiven Mitgliedern möglichst totale Wochenendeinsätze unter straffer Aufsicht erwarten, bilden die Drachen- und Gleitschirmflugschulen ihre Aspiranten überwiegend nach Methoden aus, wie sie in den Anfängen der Fliegerei praktiziert wurden. Das Motto lautet dabei: Man soll jeden Fehler allein und am eigenen Leib ausprobieren. Das dient der „natürlichen" Auslese. So brechen immer noch viel zu viele Alu-Rohre und mancher Knochen, und nicht selten endet ein Flug in den Bäumen, obwohl bei konsequenter Doppelsitzer-Schulung die meisten Fehler durch rechtzeitiges Eingreifen des Fluglehrers korrigierbar wären.

Dass auch das angeblich so kinderleichte Fliegen mit Einfachseglern und Gleitschirmen gut gelernt sein will, belegt die Unfallstatistik des Luftfahrtbundesamtes sehr deutlich, denn jedes Jahr sterben in Deutschland beim Drachen- und Gleitschirmfliegen bis zu 20 Menschen! Hatte man dafür in der Anfangszeit des Sports vor allem technische Gerätemängel verantwortlich gemacht, so können neuerdings schwerwiegende Pilotenfehler als Hauptunfallursache nicht mehr übersehen werden. Erfahrungsgemäß schreckt aber die Gefährlichkeit eines Sports potenzielle Interessenten kaum ab. Andere Faktoren stehen der weiteren Verbreitung der faszinierenden Gleitflugidee viel mehr entgegen: Ihre erhebliche Wetterabhängigkeit, bürokratische Hemmnisse sowie der hohe Aufwand und Preis.

Und noch einen grundlegenden Nachteil muss der motorlose Flugsport hinnehmen: Seine launische Energiequelle, die Thermik, erlaubt nur selten exakt planbare Flugstrecken, und der tatsächliche Landeort entspricht nicht immer den ursprünglichen Pilotenvorstellungen. Deshalb bleiben Gleitschirm-, Drachen- und Segelflieger gern hoch am Himmel, denn Höhe ist ihre Kraftreserve, die sie vorwärts und ans gewählte Ziel bringt. Wenn sie tief über der Erde kreisen, haben sie keinen Blick mehr für Details, die sie dann aus der Nähe betrachten könnten. Entweder gilt es jetzt, einen Landeplatz zu treffen, oder wieder hinaufzukommen in die rettende Höhe. Das macht sie ein wenig einsam, denn nur fernab der Erde fühlen sie sich sicher.

Da sie zudem in ihren Fluggeräten meist allein unterwegs sind, muss Gemeinschaft unter den Piloten vorwiegend am Boden nachgeholt werden. Dabei zeigt sich schmerzhaft, dass Flugerlebnisse mit ihren gewaltigen Sinneseindrücken, die häufig zwischen Schönheit und Gefahr wechseln, anderen Menschen nur sehr unvollkommen weitergegeben werden können. „Fliegerlatein“ heißt oft das Ergebnis solcher Verarbeitungsversuche. Die Einsamkeit eines Gleitfliegers löst sich dadurch nur vordergründig auf …

Abbildung 6.1: Drachen über Lanzarote

Nachwort

Selten gibt es Abschnitte im menschlichen Leben, deren Grenzen messerscharf gezogen sind, und kaum eine Veränderung offenbart sich schlagartig aus dem Nichts heraus. Trotzdem spürt man gelegentlich sehr klar, dass eine Lebensphase zu Ende geht und neue Perspektiven fortan den Weg bestimmen.

Segeletz 1993 bis 2002: Das bedeutet für mich zehn Jahre Drachenfliegen mit Freunden in Brandenburg, viele glückliche Erfahrungen, ein wenig Pioniergeist nach der Wende, Kennenlernen der märkischen Heimat für einen Wahlberliner, der 1973 diese faszinierende Halbstadt zum einzig befriedigenden Lebensraum erklärte – trotz Transitstrecken und Mauer.

Erst mit 36 Jahren hatte ich den Mut, die Welt bewusst von oben zu betrachten. So wurde unter der starken beruflichen Belastung durch Krankenhaus und Bereitschaftsdienst Berlins Teufelsberg für lange Zeit mein regelmäßiges Wochenendausflugsziel. Im Urlaub ging es entweder mit dem Drachen in die Berge oder zum Segelfliegen an den Teuto, dorthin wo Robert Kronfeld im Jahr 1929 Segelfluggeschichte schrieb (Kro00), als er die erste 100-Kilometer-Strecke schaffte.

Nach der Wende ließ bei mir die aufgekommene Begeisterung für den Drachen-Windenstart sehr schnell nach, denn zu selten gab es dabei jene glücklichen Momente des Thermikanschlusses. Günstigen Fügungen ist es zu verdanken, dass der Flugplatz Segeletz, 80 Kilometer nordwestlich von Berlin, dauerhaft für den UL-Schlepp von Drachen zugelassen werden konnte. Dankbar erwähne ich hier vor allem zwei Segelflieger-Freunde: Klaus Reinhard aus Stölln, der uns die thermischen Qualitäten des Platzes vor Augen führte, und Wolfgang Fried vom Brandenburger Luftfahrtministerium, mit dessen konsequenter Hilfe das Gelände in kurzer Zeit luftrechtlich gesichert wurde. Auch andere haben beim Aufbau mitgeholfen: Reinhard Krüger von der Motorflugschule „Ardex“ sorgte für eine tragfähige Zusammenarbeit, Peter Schühle als unser Fluglehrer trieb die Aus- und Weiterbildung voran, und Andreas Becker machte Segeletz durch seine Spitzenflugleistungen deutschlandweit zum Begriff für erfolgreiches Flachlanddrachenfliegen.

Inzwischen spüre ich, dass die Phase Segeletz für mich zu Ende geht, obwohl längst nicht alle Wünsche wahr wurden. Zwar kam ich 1999 völlig überraschend zu einem Weltrekord im Zielflug und zum deutschen Meistertitel, aber ebenso gern hätte ich zuvor das erste 100-Kilometer-Flachlanddreieck im Havelland geflogen, von dem ich seit Jahren träumte. Auch die große Westwind-Strecke nach Polen steht noch offen ebenso wie die magische 300-Kilometer-Grenze. Immerhin: 1991 schaffte ich aus Til Kaisers Autoschlepp den ersten großen DDR-Drachenflug von 130 Kilometern über märkischem Sandboden. Dabei werde ich die Elbe-Querung am Jessener Schießplatz ebenso wenig vergessen wie den Anflug auf den Fliegerhorst Allstedt, denn zu tief saß damals noch die Furcht vor den überall gegenwärtigen russischen Militärs.

Nun ist das alles Geschichte geworden. Der Drachfliegerclub Berlin nutzt seit 1994 die Piste des verlassenen Militärflugplatzes Altes Lager, in dessen Platzrunde ich schon mit dem Drachen Thermik auskurbelte, als von dort noch russische Transportflugzeuge aufstiegen. Die Zeitschrift „Fly and Glide“ schrieb kürzlich von mir als dem Ost-XC-Pionier, und neuerdings werde ich zu Fernsehsendungen und Vorträgen für die ältere Generation eingeladen. Es ist also Zeit – wofür? Abzudanken und ein paar Erfahrungen festzuhalten, um sie jüngeren Drachenfliegern weiterzugeben. Die Schleppgemeinschaft Segeletz-Berlin ist seit der tödlichen Krankheit meiner Frau Anne-Rose bei Dr. Neithard Müller in guten Händen und wird sich positiv weiterentwickeln. Lisa, die wir uns als Tochter so sehr gewünscht hatten und die nun ohne ihre Mutter aufwachsen muss, will ich wenigstens ein guter Vater sein. Natürlich bleibe ich dem Drachenflug in der Umgebung Berlins verbunden. Bestimmt werde ich hin und wieder auf Strecke gehen, denn das ist es ja, was mich seit 20 Jahren an diesem Flugsport so unendlich fasziniert.

Abbildung 6.2: Flugplatz Segeletz

Abbildung 6.3: Aufwindsuche im Hochgebirge

Anhang

Abkürzungen und Erklärungen

Ablösung	Aufsteigendes Luftmassen-„Paket“
A-Schein	Abschluss der Fortgeschrittenen-Ausbildung für Hängegleiterpiloten
Atlas	Sowohl älterer Standard-Drachen der Firma La Mouette als auch älteres Gleitschirm-Modell
Absaufen	Landen müssen wegen mangelndem Aufwind
Avgas	Flugbenzinsorte
Bart	Thermischer Aufwindschlot
Basis	Sowohl Wolken-Untergrenze als auch Querstange des Drachentrapezes, die man zum Steuern in der Hand hält
Barograph	Gerät zur kontinuierlichen Messung und Dokumentation des Luftdrucks, als Höhenschreiber verwendet
Bräuniger	Fluginstrument der Firma Bräuniger mit Variometer, Höhenmesser, Speedmesser und Barographen
B-Schein	Überlandflugberechtigung für Hängegleiterpiloten
Cessna	Hier: weit verbreitetes einmotoriges Flugzeug des amerikanischen Herstellers
CFK	Carbon-Faser-verstärkter Kunststoff
Cumulus	Haufenwolke, Schönwetterwolke, Thermikwolke
CVFR-Gebiet	Teil des Luftraumes, in dem kontrollierter Sichtflug durchgeführt wird
DAeC	Deutscher Aeroclub, Braunschweig
DAeC LV Berlin	Luftsport-Landesverband Berlin
Datsche	Wochenendhaus im DDR-Sprachgebrauch
DCB	Drachenfliegerclub Berlin
Delphinflugstil	Langsames Durchfliegen von Aufwinden ohne zu kreisen
DHV	Deutscher Hängegleiterverband, Gmund a. T.
DULV	Deutscher Ultraleichtflugverband, Backnang
Dust devil	Kleiner rotierender und sehr starker Aufwind, Staubwirbel, Windhose
ED-R	Flugbeschränkungsgebiet in der Bundesrepublik
Exxtacy	Erster Starrflüglerdrachen der deutschen Firma Flight design
FAI	Internationale Vereinigung für Luftfahrt und Flugwesen
FDJ	Zentrale Jugendorganisation der DDR

FL 70	Flugfläche 70, entspricht einer Höhe von 7000 Fuß oder ca. 2100 Metern
Flattersturz	Unkontrollierter Absturz eines Drachens mit flatterndem Segel
Foil	Flexibler Drachen der australischen Firma Enterprise Wings
F-Schlepp	Flugzeugschlepp von Segelflugzeugen
Garmin	Weit verbreitete Herstellermarke eines GPS
Gieren	schwingungsförmige Drehbewegung um die Hochachse
Gleitzahl	Gemeint ist das Gleitverhältnis eines Fluggerätes: Horizontale Flugstrecke zum dabei auftretenden Höhenverlust
Gorbi	Michail Gorbatschow, Generalsekretär der KPdSU (1985-1991)
(Groß)Trappe	Einer der größten, in Deutschland sehr seltenen, flugfähigen Bodenvögel
GST	Gesellschaft für Sport und Technik in der ehemaligen DDR
GPS	Satelliten-Navigationsgerät
Grunau Baby	Weit verbreitetes Standard-Segelflugzeug aus den dreißiger Jahren
GUS	Gemeinschaft Unabhängiger Sowjetrepubliken
Headset	In einem Schutzhelm eingebautes Mikrophon mit Kopfhörer
hPa	Hektopascal, Einheit für den Luftdruck
Honni	Erich Honnecker, Staatsratsvorsitzender der DDR (1976-1989)
ICAO-Karte	Amtliche Luftfahrerkarte der internationalen Zivilluftfahrt-Organisation
Inversionsgrenze	Höhe, bei der die Atmosphärentemperatur wieder zunimmt
Isobaren	Linien gleichen Luftdrucks am Boden, bezogen auf Meereshöhe
Isohypsen	Linien gleicher Höhe einer Druckfläche
K8	Einsitziges Segelflugzeug in Gemischtbauweise, Schulterdecker
Kontrollzone	Kontrollierter Luftraum um einen Flughafen, meist quaderförmig
Laminar ST	Turmloser Drachen der italienischen Firma Icaro
Lande-T	T-förmiges Aufsetzzeichen links am Anfang einer Landebahn
Lee	Die dem Wind abgewandte Seite
Lock out	Gefährliches seitliches Ausbrechen eines Drachens während des Windenschlepps
LPG	Landwirtschaftliche Produktionsgenossenschaft der DDR
LSB	Landessportbund Berlin
L-Schein	Abgeschlossene Hängegleiter-Grundausbildung

Luch	Mit Bäumen und Gesträuch bewachsene Sumpf- oder Moorgegend
Luv	Die dem Wind zugewandte Seite
Magic	Älteres Drachenmodell der englischen Firma Airwave
MESZ	Mitteleuropäische Sommerzeit
MEZ	Mitteleuropäische Zeit
MiG	Baureihe sowjetischer Kampfflugzeuge
MSL	Meereshöhe
NASA	Amerikanische Raumfahrtbehörde
NATO	Nordatlantisches Bündnis zur politischen, wirtschaftlichen und militärischen Zusammenarbeit
NN	Normal Null
Nullschieber	Kreisen in einem Aufwind, der das Eigensinken des Fluggerätes gerade kompensiert
Nurflügler	Fluggerät ohne separates Seiten- und Höhenruder
NVA	Nationale Volksarmee der DDR
Okklusion	Zusammentreffen von Kalt- und Warmfront
Platzrunde	Standardisiertes Ab- und Anflugverfahren für Flugplätze, mit Querabflug, Gegen-, Quer- und Endanflug
Pc-met	Umfangreiches online Wetter-Informationsprogramm des Deutschen Wetterdienstes (DWD)
Pitch	Aufrichtendes Moment an der Flügelhinterkante durch Anheben derselben
QDM	Himmelsrichtung zum Funkpeiler (in Grad)
QNH	Luftdruck an einem Ort bezogen auf Meereshöhe
Querruder	Steuerklappen am Flügel eines Fluggerätes zur Drehung um die Längsachse
Ramair	Hochleistungsdrachen mit Turm (1996) der amerikanischen Firma Wills Wings
Rotor	Starker Luftwirbel
Rückenprotector	Beweglicher aber stabiler Wirbelsäulenschutz im Gleitschirmgurtzeug
SGS	Schleppgemeinschaft Segeletz-Berlin e.V.
Soaren	Im Hangwind segeln und dabei keine Höhe verlieren
Speedbar	Ergonomisch geformte Drachenbasis
Splitterbox	Schutzwall um abgestellte Kampfflugzeuge
Stall, stallen	Durch zu langsames Fliegen in den Sackflug geraten
Starrflügler	Moderner Drachen mit relativ starrem Flügelprofil und aerodynamischen Steuerhilfen
Stasi	Ministerium für Staatssicherheit der DDR
Streckung	Spannweiten-Quadrat geteilt durch die Flügelfläche
Swift	Moderner Starrflügler mit Kanzel der belgischen Firma Aériane
Taupunkt	Temperatur, bei der abgekühlte feuchte Umgebungsluft kondensiert
Temp	Wetterdaten einer Luftmasse über einem bestimmten Ort

Thermik	Durch Wärme und Wind erzeugte Aufwindfelder der Luft
Tower	Sitz des Flugleiters, meist in einer turmartigen Kanzel gelegen
Trabbi	Automarke „Trabant“ aus Zwickau, Volkswagen der DDR
Trapez	Triangelförmiges Gestänge mit Basis und Seitenrohren zur Drachensteuerung
Trike	Gewichtskraftgesteuertes Ultraleicht, motorisierter Drachen mit Fahrwerk
UL	Ultraleichtflugzeug
UTC	Koordinierte Universalzeit, entspricht in etwa der mittleren Greenwichzeit (GMT)
Vario	Gerät zum Messen der Steig- oder Sinkgeschwindigkeit eines Körpers
VG	Variable Geometrie, im Flug veränderbare Geometrie des Drachens durch Spannen oder Lockern seines Segels
VK3	Einfachsegler des Berliner Drachenbauers Hannes Wujasin
Vopo	Volkspolizist in der DDR
Wellenflug	Ausnutzen wellenförmiger Auf- und Abwinde der Luft, die durch Resonanz im Lee von Erhebungen entstehen
Wing over	Steilkurve mit bis zu 90 Grad Querneigung
XC-Listen	Plazierungslisten für Streckenflugwettbewerbe

Datierungen und Abbildungs-Nachweis

Luftsprünge

Der Traum	1.07.2002
Angst vorm Fliegen?	25.04.1983
Drachenfliegen lernen	27.08.1983

Als Mauersegler unterwegs

Saisonstart für einen Flieger	5.04.1984
Porta - das Tor zum Himmel	28.09.1986
Gesellenstück im Segelflug	2.06.1987
Streckenflug mit Hindernissen	10.06.1989
Heldenflugtage in den Alpen	24.05.1993
Love is in the Air	4.07.1993

Start in den ostdeutschen Himmel

Zur Warnung	9.11.1996
Am Hausberg Otto Lilienthals	5.05.1990
Ausbildung im UL-Schlepp	1.02.1991
Zielflug nach Gutengermendorf	6.04.1991
Erster „DDR"-Streckenflug	28.07.1991
Zwischen Hamburger und Currywurst	1.05.1993

Über sonnige Weiten

Flieg' nie nach Malz	29.08.1993
Riedels Route	23.04.1994
Kleiner Geburtstagsflug ins Havelland	2.05.1994
Engel in Wutzetz	12.06.1994
Liebe Anke	7.05.1995
Homage an Frankendorf und Friesack	10.05.1995
Von Segeletz nach Görlitz	3.08.1995
Die Leiden eines Schlepppiloten	6.08.1995
Der 700-Kilometer Tag	20.07.1996
Rotters Route	20.08.1996
Ankunft bei Junkers	19.04.1997
Staubwolken über der Mark	13.07.1997
Rekord mit Überraschung	19.05.1998
Schöne Blauthermik	9.08.1998
Heimflug	16.08.1998
Zum eisernen Vorhang	18.07.1999
Weltrekord im Drachenzielflug	1.08.1999
Tagebuch einer Hammerwetterlage	1.08.1999
Blaues Dreieck zwischen Havel und Elbe	14.05.2000
Badeausflug zur Ostsee	10.06.2000

Bildnachweis

Aériane	Seite 184
Barüske, Christian	Seite 7, 9, 12, 41, 42, 143, 157, 185, 189
Becker, Andreas	Seite 24, 44, 58, 60, 76, 77, 82, 83, 89, 112, 113, 135, 150, 155, 162 oben
Figura, Holger	Seite 123
Flight design	Seite 180, 182
Gerhard, Claus	Seite 1, 4, 5, 10, 16, 20, 25, 30, 31, 34, 36, 38, 40, 45, 47, 51, 52, 53, 54, 57(2x), 61, 63, 67, 70, 72, 74, 79, 81, 85, 88, 91, 92, 97, 99, 100, 101, 103, 106, 109, 110, 115, 118, 120, 124, 126, 129, 130, 131, 133, 136, 137, 139, 141, 145, 158, 160, 162 unten, 169, 191, 192, 194(2x), 196, 197, 198, 201, 203
Hertling, Steffen	Seite 27, 69, 132, 147, 166, 175, 179, 183, 204
Maek, Henry	Seite 187
Wernicke, Helmut	Seite 122

Literaturverzeichnis

[Ber00] Berger, Paul: *Befehl Filigran.* 2. Auflage. FBV Eigenverlag, Berlin, 2000.

[Brü44] Brütting, Georg: *Segelflug erobert die Welt.* 4. ergänzte, erweiterte Auflage. Knorr & Hirth, München, 1944.

[Del87] Delafield, John: *Wettkampf Segelflug. Eine Einweisung.* 1. Auflage. Motorbuch, Stuttgart, 1987.

[Dö82] Dörpinghaus, Rolf: *Segelfliegen in der DDR. Die schwere Bürde des Sozialismus.* Aerokurier, (26):736–738, 6 1982.

[Fon77] Fontane, Theodor: *Wanderungen durch die Mark.* 5 Bände. Nymphenburger, München, 1977.

[Fon01] Fontane, Theodor: *Herr von Ribbeck auf Ribbeck im Havelland.* In: *Die Provinz Brandenburg in Wort und Bild.*, Seiten 234–235. Weltbild, Augsburg, Unveränderter Nachdruck der 1900 im Verlag Klinkhardt erschienenen Ausgabe. Auflage, 2001.

[Fre98] Freundt, Lutz: *Sowjetische Fliegerkräfte Deutschland 1945–1994.* Band 2. Freundt, Diepholz, 1998.

[Gaz97] Gazis, Paul: *Doing it with style.* Sunnyvale, CA, 1997.

[Ger94] Gerhard, Claus: *Mit Elan durchgesetzt. Berliner Segelfliegerinnen zwischen 1932 und 1945.* Aerokurier, (38):74–75, 5 1994.

[Hei00] Heinkel, Ernst: *Stürmisches Leben.* 2. Auflage. Hrsg. Jürgen Thorwald, Aviatic, Bonn, 2000.

[Hel95] Heller, Giesela: *Unterwegs mit Fontane in Berlin und Brandenburg.* Nicolai, Berlin, 1995.

[JST02] Janssen, Peter, Karl Slazek und Klaus Tänzler: *Gleitschirmfliegen.* 12. überarbeitete Auflage. Nymphenburger, München, 2002.

[JT93] Janssen, Peter und Klaus Tänzler: *Drachenfliegen für Meister.* 3. erweiterte und überarbeitete Auflage. Nymphenburger, München, 1993.

[Ken33] Kensche, Heinz: *Erster Thermikfernflug von Berlin aus.* Der Segelflieger, (7):10–11, 7 1933.

[KM99] KOPF, VOLKER und STEFAN MARTENS: *Görings Reich. Selbstinszenierungen in Carinhall.* Links, Berlin, 1999.

[Koh93] KOHL, PAUL: *Zyklon B – na und? Die schweigenden Bürger von Dessau.* Hörspiel aus der Reihe Passagen. Sender Freies Berlin, Berlin, 1993.

[Kro00] KRONFELD, ROBERT: *Mein Rekordflug am Teutoburger Wald.* Aerokurier, (44):85–89, 2 2000. Abdruck aus: Der Flugsport vom 26. Juni 1929.

[Mäc39] MÄCKLER, HERMANN: *Ein deutsches Flugzeugwerk: Die Heinkel-Werke Oranienburg.* Architekt Herbert Rimpel. Wicking, Berlin, 1939.

[Rei98] REICHMANN, HELMUT: *Streckensegelflug.* 9. Auflage. Motorbuch, Stuttgart, 1998.

[Rie90] RIEDEL, PETER: *Erlebte Rhöngeschichte.* Band 2, 2. Auflage. Motorbuch, Stuttgart, 1990.

[RS85] REICHARDT, HANS J. und WOLFGANG SCHÄCHE: *Von Berlin nach Germania. Über die Zerstörungen der Reichshauptstadt durch Albert Speers Neugestaltungsplanungen.* 3. verbesserte und veränderte Auflage. Transit, Berlin, 1985.

[Rüh84] RÜHMANN, HEINZ: *Glück über den Wolken. Die schönsten Fliegergeschichten.* Heyne, München, 1984.

[Sch79] SCHWIPPS, WERNER: *Lilienthal.* Arani, Berlin, 1979.

[Sch01] SCHMIDT, W.: *Sagen aus dem Havelwinkel. Die Kamernberge.* In: *Die Provinz Brandenburg in Wort und Bild.*, Seiten 232–233. Weltbild, Augsburg, Unveränderter Nachdruck der 1900 im Verlag Klinkhardt erschienenen Ausgabe. Auflage, 2001.

[Thi01] THIE, W.: *Volkssagen aus der Umgegend Rathenows.* In: *Die Provinz Brandenburg in Wort und Bild.*, Seiten 188–193. Weltbild, Augsburg, Unveränderter Nachdruck der 1900 im Verlag Klinkhardt erschienenen Ausgabe. Auflage, 2001.

Abbildungsverzeichnis

Index